钢-混凝土组合梁
界面特性、非线性分析与性能提升

占玉林　向天宇　邵俊虎　黄文峰　著

中国建筑工业出版社

图书在版编目（CIP）数据

钢-混凝土组合梁界面特性、非线性分析与性能提升 /
占玉林等著. — 北京：中国建筑工业出版社，2024.3
ISBN 978-7-112-29626-2

Ⅰ.①钢… Ⅱ.①占… Ⅲ.①桥梁结构—钢筋混凝土
结构—组合体系桥—研究 Ⅳ.①U448.38

中国国家版本馆 CIP 数据核字（2024）第 040065 号

本书首先介绍了钢-混凝土组合梁的特点与发展历程；其次，以组合梁界面性能与整体力学性能为关键点，详细探究了钢-混凝土组合梁在各类复杂条件下的性能变化并完善了界面性能表征的理论模型；随后，聚焦于组合梁力学性能的有限元分析方法，介绍了退化梁单元基本理论及应用，并尝试将上述界面性能应用于退化梁单元的有限元分析中；最后，提出新型钢-混凝土组合梁（板）以提升界面力学性能，并在此基础上拓展研究了组合梁的时变性及耐久性，力求全面体现钢-混凝土组合梁界面性能及力学性能的基础研究内容。

本书内容紧密贴合国内外相关领域的发展趋势，兼具学术性与应用性，可供从事钢-混凝土组合梁的科研人员阅读，也可作为开发新型钢-混凝土组合结构技术人员的参考资料。

责任编辑：刘婷婷
责任校对：赵　力

钢-混凝土组合梁界面特性、非线性分析与性能提升

占玉林　向天宇　邵俊虎　黄文峰　著

*

中国建筑工业出版社出版、发行（北京海淀三里河路 9 号）

各地新华书店、建筑书店经销

国排高科（北京）信息技术有限公司制版

建工社（河北）印刷有限公司印刷

*

开本：787 毫米×1092 毫米　1/16　印张：16¾　字数：415 千字

2024 年 3 月第一版　　2024 年 3 月第一次印刷

定价：**78.00** 元

ISBN 978-7-112-29626-2

（42313）

钢-混凝土组合梁是一种钢梁和混凝土梁结合的新型结构形式，具有广泛的工程应用前景。随着城市化进程的加快和建筑结构对性能要求的不断提高，钢-混凝土组合梁在大跨度桥梁、高层建筑等领域得到了广泛的应用。然而，在实际工程应用中，钢-混凝土组合梁的性能提升仍面临着一系列挑战，例如，界面分析如何实现精细化，如何模拟多种材料叠加后的非线性、界面不连续后的高度非线性及非连续结构行为，如何科学、有效地提高钢-混凝土组合结构的长期性能等。

为了满足钢-混凝土组合梁在复杂条件下的性能需求，并解决其在发展与工程应用过程中所遇到的技术挑战，作者基于多年的系统研究工作，撰写完成了本书，旨在从宏观层面全面总结和讨论钢-混凝土组合梁的界面特性、非线性分析方法与性能提升策略，为相关领域的科研人员和工程技术人员提供学术与应用方面的参考资料。

本书既注重学术性又强调应用性，既有严谨的科学研究，也有深入的实践探索，以期将学术研究成果与实际工程应用相结合。作者通过试验、有限元模拟、理论分析等多种方法，对钢-混凝土组合梁的界面特性和整体力学性能进行了详细的探究，并提出了一系列创新性的理论模型和计算方法。这些工作为钢-混凝土组合梁的设计、施工和性能评估提供了重要的参考依据。同时，本书通过提出新型的组合梁结构形式以及针对复杂条件下的界面性能的改进措施，以进一步改善钢-混凝土组合梁的力学性能和耐久性能。

本书由西南交通大学占玉林组织编写，共分为6章。其中，第1章、第2章、第4章由占玉林执笔，第3章由向天宇执笔，第5章由邵俊虎执笔，第6章由黄文峰执笔。同时，要对在编写过程中做出大量工作的研究生表示感谢。

最后，作者衷心希望本书能够对钢-混凝土组合梁界面性能、非线性分析与性能提升等方面的研究产生积极影响，并向所有关注和支持这项工作的读者表示由衷的感谢，期待与您共同推动钢-混凝土组合结构领域的进一步发展。

由于作者水平有限，书中不足之处在所难免，欢迎读者斧正。

作 者

2023 年 12 月

CONTENTS 目　录

第 1 章

绪 论

1.1 钢-混凝土组合梁的特点与发展

1.1.1 钢-混凝土组合梁的特点

钢-混凝土组合结构在现代桥梁工程中占据了重要的地位。作为继砌体结构、钢筋混凝土结构、钢结构、预应力混凝土结构后的第五大类结构形式,钢-混凝土组合结构为现代桥梁工程提供了一种有效且独特的解决方案。从力学性能的角度来看,钢材因其高强度的特性,被认为是最佳的承受拉力的材料;而混凝土具有良好的抗压性能,但对拉力的抵抗能力较弱。因此,通过将两种材料巧妙地结合在一起,可充分利用两者的力学优势,从而增强整体结构的强度、刚度和稳定性。此外,钢材在耐腐蚀方面存在天然的弱点,但混凝土在组合梁中可以对下部钢梁起到一定的防护作用。因而,通过科学的设计和施工技术,再配合防水和防腐措施,钢-混凝土组合梁的耐久性也能得到充分保证。

钢-混凝土组合梁具有较好的抗震性能。这主要得益于钢材的高强度和良好的延性,使其在地震作用下能够承受较大的变形并吸收相应的能量,从而降低地震作用对桥梁结构的破坏性影响。而混凝土的结构质量和精心的抗震设计策略为结构提供了坚固的支撑。经过实践验证,钢-混凝土组合梁具有优越的抵御地震作用的能力。

评价一个结构形式的优劣并不仅仅局限于其力学性能指标。众多的工程应用实践已经证明,除了继承钢梁和混凝土梁的各自优点外,钢-混凝土组合梁在施工效率、成本效益等方面也展现出了显著的优势。例如,钢材因其较高的回收率,能够促进资源循环,最大限度地减少环境负担;同时,钢-混凝土组合梁的高强度和高刚性属性使得整体结构材料用量得以减少,进一步降低了建筑成本。另一方面,混凝土作为一种普遍使用的建筑材料,其主要原材料如水泥和骨料的生产会带来较大的能耗,对自然资源形成压力。通过优化钢-混凝土组合结构的设计和施工方法,我们可以更加高效地利用这些资源,实现桥梁工程的绿色低碳和可持续发展。

1.1.2 钢-混凝土组合梁的发展与创新

钢-混凝土组合梁起源于 20 世纪早期,最初是由于钢梁防火的需要,在外侧包裹一层混凝土材料形成了钢骨混凝土梁,也称型钢混凝土梁。由于两种材料之间没有剪力连接件,仅通过表面粘结和摩擦传力,所以并不能视为真正意义上的钢-混凝土组合结构。1922 年,Maining 等对外包混凝土 T 形钢梁进行了研究,发现钢梁和混凝土界面上存在的粘结力可以产生组合作用。同时期,Andrews[1] 提出组合梁计算的弹性理论换算截面法。20 世纪 30 年代,出现了通过机械咬合作用将钢梁和混凝土板连接成整体的机械型剪力连接件，以及T形截面组合梁。20世纪40年代，美国国家高速公路和交通运输协会（AASHTO）首次将组合梁的相关条文列入其在1944年制订的相关规范。德国于1945年也颁布了有关组合梁的规范条款。20世纪50年代，考虑了钢梁与混凝土交界面上的相对滑移的界面纵向剪力微分方程解法被提出。20世纪60年代，组合梁开始由按弹性理论设计逐步转变为按塑性理论分析。此后，越来越多的学者投入组合梁的科学研究中，从剪力连接件性能、组合梁抗裂及抗扭等多个方面进行了深入的探索，极大地加快了组合梁在工程中的实际应用。由于此类钢-混凝土组合梁具有优越的力学性能和经济效益，且施工便利，所以得到了广泛的应用并不断地发展创新[2]。

组合梁在国内的研究与应用起步相对较晚。20世纪60年代，我国开始引进和研究钢-混凝土组合结构桥梁技术。1964年，中国首座钢-混凝土组合结构桥梁——安徽省枞阳县董家河特大桥建成并投入使用。这座桥梁采用了预应力混凝土桁架与钢箱梁结合的形式，标志着中国在钢-混凝土组合结构桥梁领域取得了重要突破。

目前，我国的钢-混凝土组合结构桥梁多应用于城市立交桥及高速公路的跨线桥，如1991年建成的我国第一座钢-混凝土组合斜拉桥——上海南浦大桥［图1.1-1（a）］；1993年建成的我国首座钢-混凝土叠合梁桥——北京国贸桥［图1.1-1（b）］；2013年建成的首次采用1联（80m+168m+80m）的连续梁-钢桁架组合结构的跨兰西高速公路特大桥［图1.1-1（c）］；2021年建成的四川沿江高速钢-混凝土叠合梁桥——盐坪坝长江大桥［图1.1-1（d）］。这些都是我国钢-混凝土组合梁发展的成功案例，在提高交通运输效能、促进区域经济发展等方面发挥了重要作用，同时为后续的工程实践提供了重要的参考。

(a) 上海南浦大桥

(b) 北京国贸桥

(c) 跨兰西高速公路特大桥

(d) 盐坪坝长江大桥

图1.1-1　钢-混凝土组合结构桥梁

通过近30年的发展，钢-混凝土组合梁在桥梁工程中得到了广泛的应用。随着智能建造、绿色低碳以及可持续建造理念的普及，桥梁工程产业结构转型升级加速。可以预见，适用于标准化和工业化建造的钢-混凝土组合梁将在公路、铁路桥梁中取得更广泛的应用[2]。

虽然钢-混凝土组合梁在基础理论、设计方法和工程应用上都取得了长足的发展，但在一系列基础理论和设计理念上还存在不足与欠缺，一定程度上制约了钢-混凝土组合梁的精细化设计与建造。

剪力连接件是实现钢梁与混凝土板协同工作的核心部件，是钢-混凝土组合梁表现出独特力学行为的关键性因素。长期以来，对剪力连接件的结构形式、力学行为特点、破坏机理以及耐腐蚀等问题的研究一直是钢-混凝土组合结构领域的重点。

基于剪力连接件的特殊力学行为，钢-混凝土组合梁的结构计算与传统的钢筋混凝土结构和钢结构有所区别。尤其是当材料非线性、几何非线性和时变行为等因素耦合时，钢-混凝土组合梁的结构分析就变得更加复杂。如何通过精细化的计算指导设计与施工，也是工程界迫切关注的问题。

作为一种新型结构，对钢材和混凝土两种材料充分地取长补短，是钢-混凝土组合梁的核心结构理念。利用这一理念，实现钢-混凝土组合梁的结构形式再创新，也是近年来学术界和工程界的一个重要探索方向。

就耐久性而言，钢-混凝土组合结构的性能虽然相比传统钢结构有了显著的提高，但这一问题在实际工程中同样不容忽视。首先，由于混凝土的时变收缩等行为受到了钢梁的约束，加大了混凝土的开裂风险；其次，虽然有混凝土板的遮盖作用，但钢梁仍然面临某些腐蚀源，比如盐雾等的侵蚀威胁。因此，钢-混凝土组合梁的耐久性问题存在着机理的复杂性，有待不断探索。

1.2 剪力连接件

剪力连接件是钢-混凝土组合梁桥中保证上部混凝土桥面板和下部钢梁协同工作的关键构件，连接件除了能够传递下部钢梁与上部混凝土桥面板之间的纵向剪力，还能提供一定的抗拔力，防止两者发生竖向分离。剪力连接件种类较多（图 1.2-1），从工作性能上可分为刚性剪力连接件和柔性剪力连接件两大类；从材料上可分为金属型剪力连接件和非金属型剪力连接件两类。近年来，由于具有能够有效减少应力集中、界面传力连续、无须焊接、适用预制拼装施工、可降低混凝土板纵向开裂风险等优势，非金属连接件越来越受到广大研究者和工程师的重视。

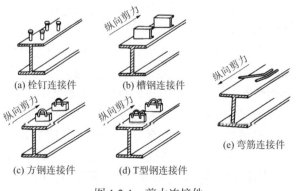

(a) 栓钉连接件   (b) 槽钢连接件
(c) 方钢连接件   (d) T型钢连接件   (e) 弯筋连接件

图 1.2-1　剪力连接件

1.2.1　金属剪力连接件

20 世纪中叶是钢-混凝土组合梁迅速发展的阶段，各国学者都在这一时期针对剪力连接件开展了系统性的研究。钢-混凝土组合梁桥中常用的连接件有栓钉连接件、开孔板连接件（也称 PBL 连接件）、槽钢连接件、弯筋连接件等[2]。

1. 栓钉连接件

栓钉连接件是目前使用范围最广、公认度最高的连接件形式。栓钉的承载能力计算式由推出试验的结果得出，主要影响参数包括其布置的数量、间距、位置等。推出试验的结果可以作为梁式试验结果下限值[3]。目前，各国规范均给出了栓钉连接件的设计方法。然而，栓钉连接件作为一种柔性连接件，在使用时梁与板之间会产生一定的滑移。此外，活荷载作用下的疲劳损伤也是栓钉连接件面临的一个重要问题。

2. 开孔板连接件

开孔板连接件由沿梁纵向焊接的开孔钢板构成，通过钢板孔内混凝土抵抗钢梁与混凝土间的纵向剪力及竖向掀起力。最初由德国的莱昂哈特公司所开发，并首次运用于委内瑞拉的第三卡罗尼河大桥中。典型的开孔板连接件的抗剪能力主要由混凝土榫的销栓作用、横向钢筋的抗剪切作用、混凝土端承托作用及混凝土-钢界面之间的摩擦和粘结效应组成。开孔板连接件为典型的刚性连接件，在混凝土收缩和温度作用下，可能会引起混凝土板的断裂破坏。

3. 槽钢连接件

采用槽钢连接件的组合梁截面变形近似符合平截面假定，连接件的极限承载力由钢材强度、混凝土强度以及型钢尺寸决定，其计算式被写入多国规范。典型的破坏模式包括混凝土板纵向劈裂、混凝土板局部压坏和槽钢腹板拉断[4]。

4. 弯筋连接件

弯筋连接件在钢-混凝土组合梁中处于复杂的拉-剪复合受力状态，同时界面的摩擦作用对试验结果有较大影响，其承载能力的影响因素主要包括钢筋拉力、界面摩擦力和焊接端混凝土的局部压力，试验结果一般大于钢筋的极限抗拉强度[5]。

1.2.2　非金属剪力连接件

尽管金属（机械）型剪力连接件已成为现今使用最广泛的钢-混凝土组合梁剪力连接件，但其存在一些不可忽视的问题，如剪力传递的不连续性、局部应力集中以及容易产生疲劳破坏等。目前，已有越来越多的学者开展了新型剪力连接件的探索研究，其中非金属剪力连接件就是一个重要的发展方向。

从 20 世纪 60 年代开始，国外学者开始尝试寻找新的剪力连接件，其中用有机胶粘型剪力连接件来代替传统机械型剪力连接件是最具开创性的尝试。考虑机械型剪力连接件的种种不利因素，Swamy[6]提出了胶粘作为另一种有效的组合方式。胶粘型剪力连接件通过胶粘剂将钢梁与混凝土板连接在一起，粘结力的分布较为均匀，如图 1.2-2 所示。但由于当时制胶工艺的落后，以及机械型剪力连接件的蓬勃发展，胶粘型剪力连接件的设想并未得到重视。最近十几年来，随着制胶工艺的快速发展，越来越多的学者开展了将胶粘剂作为钢-混凝土组合梁中的剪力连接件的研究。研究结果表明，有机胶粘型剪力连接件的界面强度比传统的机械型剪力连接件强度高，且具有均匀的界面传力效果。

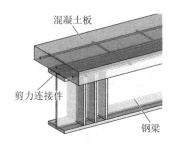

图 1.2-2　胶粘型剪力连接件组合梁

1.3　钢-混凝土组合梁非线性有限元分析

自 20 世纪 60 年代有限元法被正式提出以来，经过不断发展，这一方法已成为解决结构工程问题最行之有效的数值方法，被广泛应用于桥梁结构的设计与分析。尤其是近 30 年，随着计算机软硬件技术的快速发展，有限元方法已成为与理论分析和试验研究具有同等重要作用的科学研究和工程设计手段。

相比钢结构或者钢筋混凝土结构而言，在钢-混凝土组合结构中，两种材料用量占比相当，其有限元分析难度更高。同时，在实际工程的计算和分析中，还会涉及大量的非线性问题，这里面除了常见的材料非线性问题与几何非线性问题外，在钢-混凝土组合梁中，还包括了界面非线性问题，这更加增大了分析的困难程度。

当前，经过各国学者的努力，钢-混凝土组合结构的非线性有限元分析研究取得了长足的进展。通过非线性分析，可以提供大量结构全过程反应信息，如结构位移、应力和应变的变化、混凝土压溃、钢材塑性流动、界面滑移以及结构的破坏荷载等，可以从机理上对结构进行比较全面的研究，为设计提供更为可靠的依据。同时，有限元分析可以改进试验研究方法并取代一部分试验，易于对影响结构性能的重要参数做系统研究。非线性有限元分析因此在钢-混凝土组合梁的理论研究中发挥出越来越重要的作用。

实际工程应用中，对钢-混凝土组合梁非线性有限元分析的需求也日益剧增。在这种情况下，如果仍然采用在实验室研究中经常采用的三维实体元和板壳元，将会面临如下困难：实际工程结构的尺度要远远大于实验室模型，且在建造过程中，结构形式、边界约束、荷载及几何构型往往在不断地变化。若采用三维实体元和板壳元进行大型实际结构的非线性分析，势必导致单元数众多，计算开销急剧增大，甚至存在计算难以收敛的问题，将严重影响工程应用上的可行性。因而，各国学者就基于梁单元的钢筋混凝土结构非线性分析也开展了大量的研究工作。相比于二维及三维单元的非线性有限元分析方法，采用梁系单元开展钢-混凝土组合结构的非线性分析，从概念上易于被工程技术人员所接受。同时，通过合理地构建梁系单元有限元列式，可在抓住钢-混凝土组合结构的重点非线性行为的同时，实现大型结构非线性分析的高效、快速计算。

1.4　新型钢-混凝土组合梁

如前文所述，通过创新性地引入剪力连接件，钢-混凝土组合梁最高效率地实现了钢与混凝土两种材料的协同工作。在这一开创性的设计思维的导引下，各国学者通过不断努力，设计出了多种新型钢-混凝土组合梁（板），极大地拓宽了钢-混凝土组合结构的应用范围。

桥面板作为桥梁结构的重要组成部分，直接承受车辆轮压，其工作状态直接影响到桥梁的使用性能。因此，正确地选用桥面板结构，在桥梁设计中意义重大。钢-混凝土组合桥面板是由钢底板和上层混凝土通过栓钉或开孔板（PBL）连接件等各种形式的剪力连接件结合而成的新型桥面板[7]，如图1.4-1所示。在荷载作用下，这种新型桥面板能够充分利用钢材抗拉性能强与混凝土抗压性能强的优势。钢-混凝土组合桥面板具有如下优点：①在施工阶段，钢底板可作为浇筑混凝土的永久模板，节省了模板安装与拆除的工序，能够加快施工进度；②在使用阶段，由于剪力连接件的存在，发挥钢底板与混凝土的组合效应，钢底板可以部分代替下层受力钢筋，从而减少钢筋用量和制作加工的工作量；③组合桥面板可以减少混凝土用量，减轻结构自重，有利于结构抗震。这种新型的组合结构能够满足现代结构对功能的需求，在桥梁结构领域具有重要的理论意义和广阔的发展前景，显示出了良好的社会效益和技术经济效益。

图1.4-1　钢-混凝土组合桥面板[8]

随着工业建筑和科学研究的不断发展，有关矩形钢箱混凝土结构的研究工作也不断出现，已与圆形钢管混凝土结构逐步处于并列的地位。由于截面形式为矩形（图1.4-2），在平面建筑中，矩形钢箱混凝土结构较圆形钢管混凝土结构更受欢迎，特别适合于带混凝土核心内筒的高层建筑中。但是，对钢箱混凝土的研究多数集中于受压构件，其优异的抗弯性能往往被忽视。然而对于桥梁工程而言，钢箱混凝土梁的弯曲性能具有重要的工程应用意义，且已在佛山东平大桥上得到应用（图1.4-3）。与圆形钢管混凝土相比，矩形钢箱混凝土具有以下特点：①构造上便于与钢梁或钢-混凝土组合梁连接；②圆形钢管混凝土结构的外表防火需要用价格昂贵的防火喷涂，而矩形钢箱混凝土结构只需采用便宜的防火板；③尽管矩形钢箱混凝土的约束效应不如圆形钢管混凝土，但是仍然具有较好的结构变形和耗能能力；④浇注混凝土时，钢箱可兼作永久性模板，并能支撑相当大部分的施工荷载；⑤便于工厂标准化生产，对焊接技术的要求较圆形钢管低，可以加快施工进度。

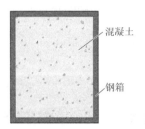

图1.4-2　矩形钢箱混凝土　　　　图1.4-3　佛山东平大桥

1.5　钢-混凝土组合梁时变行为及耐久性

1.5.1　收缩徐变效应

基于钢-混凝土组合梁突出的体系优势，其在实际工程中的应用越来越广泛，但随之也产生了一系列的工程问题，其中最为突出的是混凝土时变特性导致的结构性能退化问题。一方面，随着时间推移，混凝土在（长期）荷载作用下会产生徐变，若维持加载的应变不变将导致应力松弛；另一方面，混凝土为由水泥、砂石等胶结而成的工程材料，收缩是其固有的时变效应，同样将导致结构产生额外的变形。在静定混凝土构件中，收缩（徐变）未受到自身内部的其他约束，称为自由收缩（徐变）；而组合梁中混凝土的收缩（徐变）受到钢梁、剪力连接件等的约束，是一种约束收缩（徐变）。这种约束变形将导致静定组合梁内部发生截面应力重分布，对于超静定组合梁还会额外引起随时间变化的收缩（徐变）次内力，由此出现结构内力重分布，从而导致最终应力状态的改变。严重时，甚至会导致混凝土的开裂。

针对收缩而言，早期约束收缩裂缝（图 1.5-1）的产生会使得梁体的整体刚度减小，影响结构长期承载能力，同时成为有害元素进入混凝土深层区域的途径，导致钢梁、钢筋、剪力钉等腐蚀、碳化。随着结构工程的不断发展，对混凝土强度要求不断提升，使得其水胶比不断降低，密实度逐渐上升，通常造成混凝土在前期水化作用加剧，带来更为剧烈的收缩效应，进一步造成了混凝土结构的体积不稳定性，增加了开裂风险。混凝土若是自由收缩，不会产生应力或只会产生极小的内部应力，并不会使结构产生裂缝，然而，当收缩因为约束的限制无法自由变形时，这种限制作用会导致混凝土受拉；若是达到混凝土对应龄期的极限拉应变，混凝土便会开裂。

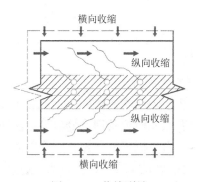

图 1.5-1　收缩裂缝

正是由于上述钢-混凝土收缩徐变产生的复杂效应及其可能对结构性能产生的不利影响，各国学者从混凝土材料设计、结构模型试验、理论分析以及数值计算等多方面对这一问题开展了全面的研究，相关研究成果已成功地应用于工程实践。

1.5.2　耐久性能

在钢-混凝土组合结构桥梁长期的服役过程中，暴露出较多的耐久性方面的不足，而我国在钢-混凝土组合梁的设计中，主要从安全性和适用性出发，对耐久性的关注较少[9]。

对于使用金属剪力连接件的钢-混凝土组合结构，可直接对钢梁进行防腐处理，但对钢-混凝土结合面及混凝土内部的剪力钉一般不进行处理。对于连续梁桥或大跨度斜拉桥等的负弯矩区，在荷载作用下极易产生裂缝，与错动开裂的钢-混凝土界面均成为腐蚀物质进入结构内部的有利途径，加速了钢梁和剪力钉的锈蚀，导致剪力钉的抗剪性能和钢梁的抗弯性能受到削弱，组合梁中的混凝土板和钢梁的协同变形能力降低。而抗弯性能的降低又导致裂缝进一步开展，形成一种恶性循环。可见，锈蚀导致的组合结构的耐久性问题同样不容忽视。

造成钢材锈蚀的主要原因是其暴露在大气环境中发生氧化还原反应。在滨海环境及内陆盐碱地等地区，大气中加剧钢材锈蚀的氯离子、硫酸根离子等浓度大，因此这些地区更应该考虑盐雾环境带来的耐久性问题。2001 年的一项调查显示，某公路上 3000 多座桥梁都有不同程度的锈蚀问题，仅加固修补便耗资近 4 亿元[10]。美国联邦公路管理部门的统计表明，国防部每年在解决腐蚀问题上的花销约为 200 亿美元，并推断美国所有部门每年在腐蚀问题上的花销为 2760 亿美元，约占 GDP 的 3.7%。英国的统计[11]显示，存在锈蚀问题的建筑物约占 36%，8 年间消耗在锈蚀问题上的费用约为 5.5 亿英镑。

钢-混凝土组合梁在我国发展时间相对较短，过去工程界的主要关注点是钢梁的耐腐蚀问题，对剪力连接件的腐蚀问题研究不足。而作为钢-混凝土组合梁的核心部件，剪力连接件一旦锈蚀，不但对结构的性能会产生不利的影响，同时其加固处置也非常困难。相较而言，目前对这方面的研究工作开展尚不够深入，亟需通过系统研究探明因锈蚀引起结构性能劣化的机理并提出针对性的解决措施。

1.6　本书主要内容

针对前述的钢-混凝土组合梁在发展和工程应用过程中所遇到的各种性能提升需求带来的技术挑战，本书作者在过去 20 余年中开展了系统的研究工作，本书内容是这些研究工作的一个系统性的总结，全书共分 6 章。

第 1 章绪论，梳理了钢-混凝土组合梁的特点与发展历程，介绍了组合梁常用剪力连接件及有限元分析方法，总结了组合梁的时变效应与耐久性能。第 2 章着眼于钢-混凝土组合梁界面性能，通过试验检测、有限元模拟及理论分析等方法研究了各类复杂条件下组合梁的界面性能，以期加深对其界面力学机理的认知及完善界面性能表征的理论模型。第 3 章介绍了钢-混凝土组合梁的退化梁单元非线性计算方法，通过考虑前述部分复杂条件建立了综合考虑多重非线性及界面变形不协调性等因素下的组合梁界面行为的有限元分析计算方法。第 4 章根据复杂界面性能提升方法提出了多种新型钢-混凝土组合梁（板），并通过试验、理论分析等方法研究了其宏观力学行为，为实际工程应用提供理论基础。第 5 章聚焦钢-混凝土组合梁的时变特性，从组合梁整体收缩、湿接缝约束收缩等方面研究了收缩对其性能的影响。随后通过退化梁非线性计算方法，开展复杂应力历程下钢-混凝土组合梁的收缩徐变效应分析。第 6 章针对滨海盐雾腐蚀环境介绍了钢-混凝土组合结构桥梁的耐久性能，从材料、构件和结构三个层面分析了环境腐蚀对钢-混凝土界面及组合梁整体力学行为的影响，建立了相应的耐久性分析模型。

参考文献

[1]　ANDREWS E. Elementary Principles of reinforced concrete construction[M]. London: Scott, Greenwood and Sons, 1912.

[2]　聂建国. 钢-混凝土组合梁结构——试验、理论与应用[M]. 北京: 科学出版社, 2005.

[3]　SLUTTER R G, DRISCOLL G C. Flexural strength of steel-concrete composite beams[J]. Journal of the structural division, 1965, 91(2), 71-99.

[4]　聂建国, 孙国良. 钢-混凝土组合梁槽钢剪力连接件的研究[J]. 工业建筑, 1990(10): 8-13, 57.

[5]　李铁强, 朱起, 朱聘儒, 等. 钢与混凝土组合梁弯筋连接件的抗剪性能[J]. 工业建筑, 1985(10): 6-12.

[6]　SWAMY R N, JONES R, BLOXHAM J W. Structural behavior of reinforced concrete beams strengthened by epoxy-bonded steel plates[J]. Structural engineer: Part A, 1987, 65(2): 59-68.

[7]　刘玉擎. 组合结构桥梁[M]. 北京: 人民交通出版社, 2005.

[8]　KIM H Y, JEONG Y J. Experimental investigation on behaviour of steel-concrete composite bridge decks with perfobond ribs[J]. Journal of constructional steel research, 2006, 62(5): 463-471.

[9]　龚匡晖. 氯离子作用下钢-混凝土组合梁的耐久性研究[D]. 长沙: 中南大学, 2009.

[10] 李治国, 张继奎. 病害隧道调查及裂缝治理技术[C]//中国土木工程学会隧道及地下工程分会第十二届年会. 2002.

[11] 洪定海. 大掺量矿渣微粉高性能混凝土应用范例[J]. 建筑材料学报, 1998(1): 84-89.

第 2 章

钢−混凝土组合梁界面性能

2.1 概述

混凝土和钢材是我国基础建设中不可或缺的两种材料,而钢-混凝土组合结构则是在充分发挥各自结构优势的前提下提出的一种新型结构,该结构通过剪力连接件连接下部受拉钢梁和上部受压混凝土并使其传递钢梁和混凝土板间剪力,是广泛应用于桥梁中的一种承重构件。相较于钢结构而言,钢-混凝土组合梁可以减少钢材的使用和维护费用、增强截面的稳定性和刚度、提升结构的耐久性和抗火能力,具有显著的技术经济效益和社会效益[1]。

剪力连接件是钢-混凝土组合结构中重要的组成,主要起到两方面作用:①承担剪力,限制钢桥面板和混凝土桥面板之间的相对滑移;②在负弯矩区,混凝土桥面板存在掀起现象,栓钉抵抗钢材与混凝土桥面板之间的竖向分离[2]。只有在受剪、受拉状态栓钉性能均满足的条件下,钢桥面板与混凝土桥面板之间才能协同受力与变形。

近年来,剪力连接件成为钢-混凝土组合结构领域最为活跃的研究方向之一。目前,对于剪力连接件拉拔力学性能的研究主要集中在栓钉连接件方面,其抗拉拔理论比较成熟,但应用范围限制在钢-混凝土组合结构中的混凝土板采用普通混凝土材料的情况,对于工程中应用逐渐增加的高强纤维混凝土,其拉拔破坏模式以及相应的抗拔承载力预测计算式相关研究则比较缺乏。在剪力连接件的受剪承载力研究方面,研究的主要对象为栓钉连接件及 PBL 连接件,对于受剪承载力的预测已日趋完善,但预测方法考虑的影响因素目前尚有不足,例如,栓钉的焊接环及组合梁侧向压力导致的受剪承载力的预测误差,现有剪力连接件预测方法中尚未考虑。此外,随着组合梁结构形式的发展及对服役环境的要求不断提高,新型的剪力连接件结构形式也有着较大的研究意义。

本章针对栓钉剪力连接件,开展了采用早强低收缩玄武岩纤维混凝土栓钉拉拔试验研究,分析了栓钉剪力连接件的拉拔破坏现象,并建立了对应的抗拔承载力预测方法。通过理论与试验研究,明确了栓钉焊接环及组合梁侧向压力对栓钉受剪承载力的影响机理,并在受剪承载力计算方法中考虑了上述影响因素,确定了计算式应用范围,改善了受剪承载力预测计算式的精度。最后,结合实际工程需求,开发了 T 形 PBL 剪力连接件以及新型的胶结剪力连接件,并开展了系列理论与试验研究,为提升组合梁的力学性能提供了支撑。

2.2 栓钉抗拔性能

为探究采用早强低收缩玄武岩纤维混凝土时栓钉抗拔力学性能,本节采用预埋栓钉连接件进行拉拔试验。以 0.3%掺量的早强低收缩玄武岩纤维混凝土为基材，以栓钉直径及栓钉埋深作为变量共设计了 9 组试验，探究不同栓钉直径、埋深对栓钉抗拔力学性能的影响，结合莫尔圆理论，在试验数据的基础上提出混凝土锥体破坏极限抗拔承载力计算模型。

2.2.1　栓钉拉拔试验设计

本试验中混凝土强度等级采用 C60，但混凝土立方体抗压强度标准值均超过 80MPa，混凝土中外掺剂主要有早强减水剂及粉煤灰等。以不同栓钉直径（13mm、16mm、19mm）和埋深（40mm、60mm、80mm）作为变量，共设计了 9 组试验（表 2.2-1），深径比变化范围为 2.11～6.15。每组栓钉连接件制作 2 个试件，共制作 18 个试件。试件在标养 28d 后进行拉拔试验。试验试件中混凝土部分为直径 270mm、高度 120mm 的圆柱状。混凝土圆柱体的高度是栓钉最大埋深（80mm）的 1.5 倍，混凝土圆柱体直径是栓钉最大埋深的 3 倍以上，以保证混凝土圆柱体的最小尺寸，从而排除边缘效应对于栓钉连接件拉拔行为的影响[1]。

栓钉拉拔试验组			表 2.2-1
试件编号	公称直径 D/mm	钉头直径 D_h/mm	埋深 H/mm	深径比 H/D
P-HD-1	13	22	40	3.08
P-HD-2	13	22	60	4.62
P-HD-3	13	22	80	6.15
P-HD-4	16	29	40	2.50
P-HD-5	16	29	60	3.75
P-HD-6	16	29	80	5.00
P-HD-7	19	32	40	2.11
P-HD-8	19	32	60	3.16
P-HD-9	19	32	80	4.21

本试验自主设计了一种能够应用于拉拔试验的液压机夹持与加载装置，主要由连接杆、主体框架、夹持装置及传感器（LVDT）组成，如图 2.2-1 所示。

图 2.2-1　拉拔试验加载装置

2.2.2 深径比对栓钉连接件拉拔试验破坏模式的影响

1. 栓钉拉拔试验结果

本次试验过程中，9组试件出现了两类破坏模式：混凝土锥体破坏（C）和栓钉颈缩破坏（S）。试件拉拔试验结果包括初始刚度$K_{0.3}$、极限抗拔承载力N_u、峰值位移U_N、最大位移U_{max}、系数μ（U_N/N_u）。其中，初始刚度为0.3倍峰值荷载处的荷载-位移曲线切线斜率。各组栓钉连接件拉拔试验结果见表2.2-2。

栓钉连接件拉拔试验结果   表2.2-2

组别	破坏模式	初始刚度$K_{0.3}$/（kN/mm）	极限抗拔承载力N_u/kN	峰值位移U_N/mm	系数μ/（mm/kN）	最大位移U_{max}/mm
D13H40-1	C	28.22	28.32	1.04	0.037	1.38
D13H40-2	C	27.28	27.34	1.15	0.042	1.55
D13H60-1	C	33.76	44.81	1.84	0.041	2.03
D13H60-2	C	29.59	44.82	1.94	0.043	2.01
D13H80-1	S	35.65	68.78	4.57	0.066	8.04
D13H80-2	S	36.68	64.26	4.09	0.064	7.86
D16H40-1	C	37.61	30.14	1.01	0.034	1.34
D16H40-2	C	36.48	32.91	1.06	0.032	1.17
D16H60-1	C	44.61	52.22	1.36	0.026	1.66
D16H60-2	C	39.72	49.85	1.31	0.026	1.50
D16H80-1	C	41.29	76.22	2.20	0.028	2.30
D16H80-2	C	47.59	80.76	2.09	0.025	2.14
D19H40-1	C	43.81	27.19	0.79	0.029	0.92
D19H40-2	C	43.56	27.69	0.72	0.026	0.91
D19H60-1	C	49.73	44.43	0.97	0.022	1.23
D19H60-2	C	50.2	54.43	1.12	0.021	1.18
D19H80-1	C	54.59	79.83	1.52	0.019	1.59
D19H80-2	C	52.42	81.94	1.4	0.017	1.62

2. 栓钉颈缩破坏模式

所有试件中仅有P-HD-3组发生了栓钉颈缩破坏模式，在整个加载过程中，核心部分混凝土并未产生明显破坏现象，仅有部分试件与加载装置接触边缘混凝土被压碎。在加载初期，栓钉未产生明显变形；当荷载达到70%峰值荷载时，栓钉在与混凝土底面交接部位开始产生颈缩现象；随着荷载进一步增加，栓钉产生明显的颈缩现象，直至断裂。如图2.2-2所示。

图 2.2-2　栓钉颈缩破坏

P-HD-3 组栓钉埋深为 80mm，栓钉直径为 13mm，是 9 组试件中栓钉埋深最大且栓钉直径最小的一组，即深径比最大，其破坏模式与普通混凝土试件拉拔破坏所呈现的结果一致。当试件中栓钉直径一致时，较大的埋深会导致连接件的极限抗拔承载力提高，并最终导致栓钉失效[3]。在本试验中，深径比为 6.15 时，栓钉颈缩破坏模式已经发生。这是由于对于相同性能的栓钉，在相同的深径比下，C80 玄武岩纤维混凝土相比普通混凝土具有更高的强度，从而提高了栓钉的抗拔承载力。因此，在相同的埋深和栓钉直径下，C80 玄武岩纤维混凝土比普通混凝土更容易出现栓钉的颈缩破坏模式。

根据美国规范 ACI 318-19[4]，可得到栓钉颈缩破坏模式下的强度计算结果。对不同直径栓钉的抗拉强度与埋深 80mm 下的栓钉极限抗拔承载力（N_u）进行比较，如图 2.2-3 所示。可以看出，仅栓钉直径为 13mm 时，栓钉的抗拉强度与栓钉极限抗拔承载力十分接近，说明栓钉的强度控制着栓钉的极限抗拔承载力，试件也会发生栓钉颈缩破坏。对于直径较大的栓钉（16mm 和 18mm），其抗拉强度大于极限抗拔承载力，说明栓钉直径较大的试件在拉拔过程中，混凝土先于栓钉破坏，且栓钉未达到极限抗拉强度，此时混凝土发生锥体破坏。

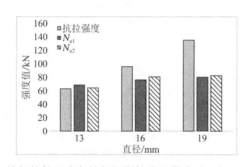

图 2.2-3　栓钉抗拉强度与栓钉极限抗拔承载力（埋深 80mm）比较

3. 混凝土锥体破坏模式

1）试验破坏现象

除 P-HD-3 组试件外，其余各组均发生混凝土锥体破坏模式。试验加载初期，即加载至 50% 峰值荷载之前，试件均无明显变化。随着荷载增大，混凝土试件内部不断发出破坏的声响，此时与栓钉墩帽接触的混凝土达到极限受拉状态，混凝土内部开始产生细微裂缝；在加载至 70% 峰值荷载前，混凝土试件侧面及底面均无裂缝产生。随着荷载的进一步增加，部分埋深较小（40mm、60mm）的试件底端出现一条环状裂缝；部分埋深较大（80mm）的试件底端开展了多条以栓钉为中心向试件边缘发展的放射状裂缝。此外，试件与加载装置底板接触部位部分混凝土出现压碎现象，试件底面以栓钉为中心的部位产生明显的凸起现象。当达到峰值荷载后，试件底端裂缝迅速扩张，裂缝宽度不断增大，试件破坏，试件底端部分混凝土呈圆锥体状连同栓钉一同被拔出。破碎试件中，大部分栓钉均已与混凝土脱离，栓钉表面附着少量混凝土碎块。最终破坏形态如图 2.2-4 所示。

图 2.2-4　混凝土锥体破坏

值得注意的是，在荷载加载到 80% 峰值荷载时，P-HD-6、P-HD-8 及 P-HD-9 三组试件不仅在连接件底端有裂缝形成，而且从连接件侧端底部延伸出几条竖向裂缝。随着荷载进一步增大，连接件侧端竖向裂缝不断朝着连接件顶端发展，当达到峰值荷载后，竖向裂缝宽度迅速变大，随着试件破坏程度的加剧，栓钉连同混凝土锥体部分与混凝土试件分离，且混凝土部分劈裂，这与 Ožbolt 等[5]的试验结果一致。混凝土试件的劈裂破坏是由于试件高度太小引起的，本试验中 P-HD-6、P-HD-8 及 P-HD-9 三组试件混凝土高度约为栓钉埋深的 1.5 倍，相关研究表明，当混凝土高度小于栓钉埋深的 1.5 倍时，拉拔试件极易形成混凝土劈裂破坏模式[6]。

2）混凝土锥体破坏角度

混凝土锥体破坏角度是栓钉拉拔试验中的一个重点研究对象，破坏角度不仅关系到锥体破坏的形态，还关系到混凝土锥体破坏的极限承载力计算。目前对于锥体破坏角度尚无统一认识，但国内外研究认为锥体角度一般集中在 35°～45°，美国规范 ACI 349-97[7]认为混凝土锥体破坏面与水平面成 45°，且锥体底面为以栓钉为中心、半径为单倍埋深的圆形。VAC 模型[8]认为混凝土锥体破坏面与水平面之间的夹角 θ 是随着栓钉埋深而变化的。LEFM 模型[9]认为混凝土锥体破坏面与水平面夹角为 37.5°。CCD 模型[10]认为混凝土锥体破坏面与水平面夹角为 35°，且锥体底面形状为以栓钉为中心、边长为 3 倍埋深的矩形。由图 2.2-4 可见，本次拉拔试验中，混凝土锥体底面大多为圆形，故认为混凝土破坏锥体为圆锥体，各组混凝土锥体破坏形状参数见表 2.2-3。由计算可知，当栓钉埋深处于 40～80mm 之间时，锥体破坏面与水平面夹角 θ 为 30°～36°，这接近 CCD 方法的假设，表明 CCD 方法可为预测玄武岩纤维混凝土极限受拉承载力提供良好的一致性。

混凝土锥体破坏形状参数　　　　　　　　　　　　　　　表 2.2-3

组别	埋深/mm	锥体底面半径/mm	$\tan\theta$	$\theta/°$
P-HD-1	40	65.25	0.613	31.5
P-HD-2	60	91.00	0.659	33.4
P-HD-4	40	68.00	0.588	30.5
P-HD-5	60	83.75	0.716	35.6
P-HD-6	80	116.50	0.687	34.5

续表

组别	埋深/mm	锥体底面半径/mm	$\tan\theta$	$\theta/°$
P-HD-7	40	68.80	0.581	30.2
P-HD-8	60	87.67	0.684	34.4
P-HD-9	80	122.50	0.653	33.1

2.2.3　栓钉极限抗拔承载力预测方法

1. 极限抗拔承载力

图 2.2-5 所示为不同直径栓钉极限抗拔承载力（N_u）的变化规律，不同直径栓钉的峰值荷载在同一埋深时基本相同。由图 2.2-5 可知，当栓钉拉拔发生混凝土锥体破坏时，其峰值荷载随着埋深的增加呈非线性增长。当埋深从 40mm 增加到 60mm 时，栓钉平均极限抗拔承载力增加了 18.5kN，可认为此时极限抗拔承载力随着埋深以 0.925kN/mm 的速度增长；当埋深从 60mm 增加到 80mm 时，栓钉平均峰值荷载增加了 30.635kN，可认为此时极限抗拔承载力随着埋深以 1.532kN/mm 的速度增长。由此可知，当栓钉埋深处于 40~80mm 之间时，随着栓钉埋深的增加，极限抗拔承载力增长速率逐渐加快，因此大埋深有利于提高混凝土锥体破坏极限承载力。图 2.2-5 所示的栓钉极限抗拔承载力与栓钉埋置深度之间的关系非常接近 CCD 模型，即极限抗拔承载力与埋深的 1.5 次方成正比。

观察图 2.2-5 可知，栓钉直径对极限抗拔承载力的影响很小，可以忽略。这可能主要是由于试验的差异，且这一结论仅限于栓钉直径范围在 13~19mm，栓钉埋深范围在 40~80mm。相关研究表明，在相同埋深下，栓钉直径较小导致混凝土试件受力面应力增大，且较小的钉头与混凝土之间存在强烈的剪切效应，减小了有效埋置深度。与大直径栓钉相比，小直径栓钉抗拉能力低，栓钉直径对极限抗拔承载力的影响较为明显，不容忽视[6],[11-12]。

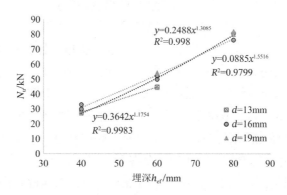

图 2.2-5　不同直径栓钉极限抗拔承载力变化规律

2. 强度因子分析

目前，还没有关于 C80 高强混凝土栓钉连接件极限抗拔承载力 N_u 的预测模型。Farrow 等提出的 VAC 模型[8]和 Fuchs 等提出的经典 CCD 模型[10]适用于预测强度等级不超过 C60 的混凝土栓钉连接件的极限抗拔承载力。VAC 模型是基于 ACI 349-97[7]中的 45°方法开发的，该方法假设混凝土破坏锥体为一个与水平面成 45°分接角的圆形锥体。CCD 模型假设混凝土破坏锥体为一个与水平面成 35°的四角方形锥体。

一方面，本研究中栓钉连接件混凝土破坏锥体角度均在30°～36°之间，非常接近CCD模型对于混凝土破坏锥体角度的假设（35°）；另一方面，本研究中栓钉连接件极限抗拔承载力与埋深之间的变化规律非常接近 CCD 模型中极限抗拔承载力与埋深的 1.5 次方成正比的关系。此外，VAC 模型将混凝土破裂模式视为直径相关失效，破裂角度取决于栓钉的埋置深度。图 2.2-6 所示为混凝土锥体破坏时栓钉极限抗拔承载力试验值与预测值的对比，结果表明，CCD 模型高估了高强混凝土栓钉连接件的极限抗拔承载力，其预测值与试验值的平均比值为 1.3，变异系数（COV）为 7.9%。VAC 模型也高估了高强混凝土栓钉连接件的极限抗拔承载力，其预测值与试验值的平均比值为 1.4，变异系数（COV）为 8.5%。此外，比较 13mm、16mm 及 19mm 直径的栓钉可知，在 VAC 模型中直径对于极限抗拔承载力的影响不显著。

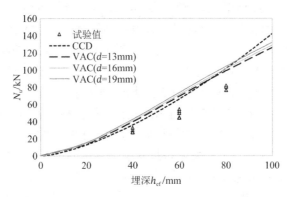

图 2.2-6　栓钉极限抗拔承载力（混凝土锥体破坏）试验值与预测值对比

CCD 模型和 VAC 模型中均利用混凝土抗压强度的平方根来作为预测普通混凝土（强度等级低于 C60）栓钉连接件锥体破坏极限抗拔承载力的强度因子。栓钉拉拔试验过程中混凝土锥体的破坏机理如图 2.2-7 所示。根据栓钉的形状可知，在外部拉拔荷载作用下，栓钉栓头边缘处集中应力较大，假设外力偏心影响可忽略，栓钉连接件拉拔试验可视为轴对称受力。对与栓头边缘接触的混凝土任一过栓钉中轴线垂直面进行双向应力分析，可知该处混凝土为多向受力状态。根据莫尔圆理论可知，此时最大主应力 $\sigma_{t\max}$ 与水平方向成一定的角度，该角度大小取决于混凝土所受水平压应力 σ_x 与剪应力 τ 之比。当最大主应力 $\sigma_{t\max}$ 达到高强混凝土极限受拉应力时，混凝土裂纹从垂直于最大主应力 $\sigma_{t\max}$ 的方向开始扩展。随着拉拔荷载的增加，裂缝延伸至混凝土表面，栓钉连接件形成混凝土锥体破坏。同时观察混凝土锥体破坏模式，在破坏时混凝土不是被压碎，而是出现裂缝。因此，混凝土抗拉强度更能够直接反映出栓钉连接件混凝土锥体破坏时的极限抗拔承载力。VAC 模型和 CCD 模型对于本研究中栓钉极限抗拔承载力的高估主要是由于高强混凝土（C80）与普通混凝土（低于 C60）力学性能之间的差异。普通混凝土的拉压比一般在 0.1 左右，然而本研究中高强混凝土拉压比为 0.057，高强混凝土展现出更大的脆性，更容易开裂，降低了栓钉的抗拔承载力。混凝土抗压强度的平方根不再适合用来作为预测高强混凝土栓钉连接件锥体破坏极限抗拔承载力的强度因子，这一点与 Nilforoush 等的研究结果一致[13]。综上所述，混凝土抗拉强度是预测栓钉连接件混凝土锥体破坏更合适的强度因子。

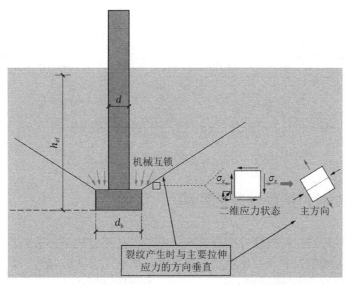

图 2.2-7　栓钉拉拔试验过程中混凝土锥体破坏机理示意图

3. 修正 CCD 模型

根据本研究中 C80 高强混凝土栓钉连接件拉拔试验行为可知，CCD 模型是一种方便的极限抗拔承载力预测模型，且 CCD 模型不受栓钉直径及锥体破坏角的影响，对高强混凝土栓钉连接件极限抗拔承载力的预测效果优于 VAC 模型。因此，本节结合高强混凝土力学性能及栓钉连接件锥体破坏机理，对 CCD 模型做进一步优化，推导出适用于高强混凝土栓钉连接件锥体破坏极限抗拔承载力预测模型。

对于混凝土强度等级不超过 C60 的抗拔试件，抗压强度的平方根可以作为预测栓钉连接件混凝土锥体破坏的强度因子，对于高强混凝土栓钉连接件，混凝土抗拉强度是预测栓钉连接件混凝土锥体破坏更合适的强度因子，因此将 CCD 模型中混凝土抗压强度平方根换为混凝土抗拉强度。同时，高强混凝土拉压比较低，表现出更大的脆性，同等条件下降低了试件的抗拔承载力，因此在 CCD 模型的基础上使用折减系数来考虑高强混凝土拉压比较低的问题，修正后的 CCD 模型表示为：

$$N_{\mathrm{u}} = k_{\mathrm{t}} \cdot f_{\mathrm{t}} \cdot h_{\mathrm{ef}}^{1.5} \tag{2.2-1}$$

式中，k_{t} 为高强混凝土校准系数，取为 24.5；f_{t} 为边长 200mm 立方体混凝土劈裂抗拉强度（MPa）；h_{ef} 为栓钉的埋深（mm）。

修正 CCD 模型和栓钉连接件实测极限抗拔承载力 N_{u} 之间显示出良好的拟合效果，如图 2.2-8 所示，修正 CCD 模型极限抗拔承载力预测值与试验值的平均比值为 1.04，变异系数（COV）为 9.44%。此外，修正 CCD 模型也可能适用于其他经过校准的新型混凝土材料，如纤维增强混凝土、高性能混凝土和超高性能混凝土，这些新型混凝土材料的力学性能不同于普通混凝土，其抗压强度和抗拉强度之间的关系存在显著的差异，传统 CCD 模型以抗压强度平方根作为强度因子不适用。故修正 CCD 模型对于预测不同基材的栓钉连接件具有更广泛的适用性。

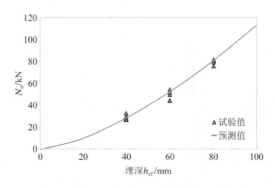

图 2.2-8 修正 CCD 模型预测值与试验值对比

2.3 焊接环对栓钉抗剪性能的影响

为了探讨焊接环对栓钉抗剪性能的影响，本节设计并完成了标准推出试验。结合试验结果，校核了数值模型，并在数值模型的基础上，研究了有无焊接环、焊接环尺寸以及焊接环高径比对栓钉抗剪性能的影响规律。最后，考虑栓钉焊接环效应影响下，获得了栓钉极限承载力数值模拟结果，并与各国规范计算式预测结果进行了对比，明确了各规范计算式的准确度及适用性。

2.3.1 栓钉推出试验设计

1. 推出试件设计

本节采用推出试验研究焊缝形态对栓钉受剪承载力的影响。推出试件尺寸如图 2.3-1（a）、（b）所示，混凝土板采用 C60 混凝土，H 型钢采用 Q235 钢材；栓钉剪力连接件规格为 $\phi 13\text{mm} \times 120\text{mm}$，材料为 Q235 钢材，栓钉熔化长度为 4mm 且端部设有引弧结，具体尺寸如图 2.3-1（c）所示。

2. 试件制作及测点布置

钢梁采用 HW250×250×9×14 型钢，并在钢梁顶部焊接一块用于施加荷载的钢板，顶部加载区钢板厚 12mm，焊接具体操作流程及标准参照《钢结构焊接规范》GB 50661—2011[14]执行。按照《栓钉焊接技术规程》CECS 226—2007[15]，使用电弧螺柱焊技术在钢梁上焊接栓钉剪力连接件。制作完成的试件如图 2.3-2 所示。

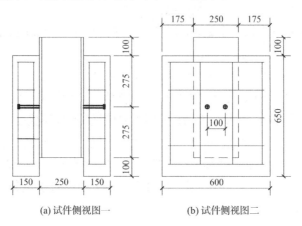

(a) 试件侧视图一   (b) 试件侧视图二

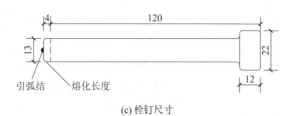

(c) 栓钉尺寸

图 2.3-1　推出试件（单位：mm）

加载过程中，钢梁和混凝土板测点的应变通过应变片进行测量，应变片布置如图 2.3-3 所示；应变片采用三轴向 45°角布置，实物见图 2.3-3。钢-混凝土界面相对滑移量通过百分表测量，推出试验试件自上而下共布置 8 个百分表测点。其中，测点 1 和 2 设置在与粘贴应变片一侧相对的混凝土板 B 上，测点 3~8 分别设置在混凝土板 A 和混凝土板 B 的另一侧。测试装置及测点位置如图 2.3-4 所示。

图 2.3-2　制作完成的试件

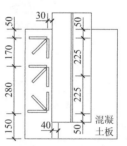

图 2.3-3　应变片布置
（单位：mm）

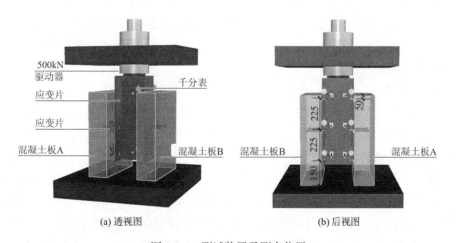

(a) 透视图　　　　　　　　　　(b) 后视图

图 2.3-4　测试装置及测点位置

2.3.2　数值模型的开发与校核

1. 数值模型

根据试验试件尺寸，采用 ABAQUS 软件建立了相应的有限元模型。本书将推出试验试件简化为四分之一的模型结构，如图 2.3-5 所示，在混凝土底板设置完全固定约束，且在对称面施加对称约束。栓钉和钢梁采用线性缩减积分六面体单元 C3D8，混凝土则采用

C3D8 和 C3D4 单元。混凝土单轴受压本构关系采用 Hongnestad 曲线，钢材本构采用硬化模型。

有限元模型采用位移加载，为合理考虑钢-混凝土界面的摩擦力，有限元模型中引入钢-混凝土界面摩擦接触，根据 AASHTO LRFD 规范[16]，钢梁与混凝土板之间的界面摩擦系数取 0.7，可合理考虑推出试验前期摩擦力的影响。

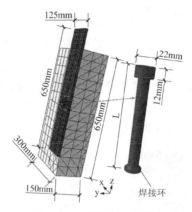

图 2.3-5　有限元分析模型

2. 有限元模型校核

1）荷载-滑移曲线

为验证有限元模型的正确性，根据 Lam[17]所开展的栓钉推出试验的试件建立了有限元模型，Lam 推出试验中材料性能参数见表 2.3-1，并将本文数值模拟的结果与 Lam 的推出试验结果进行了对比。如图 2.3-6 和图 2.3-7 所示，考虑了焊接环的有限元模型计算结果与试验结果比较接近，受剪承载力的试验值与计算值的最大误差为 4.5%。当滑移为 2mm 时，剪切力测试值与计算值之间的平均误差为 11.3%，因此，本文所建立的有限元模型能够很好地预测栓钉的极限受剪承载力。

2）试件破坏模式

本文推出试验结果表明，试件破坏时，由于试件采用的混凝土强度较高，因此试件发生了栓钉的剪切破坏，最终的破坏模式表现为栓钉被剪断。试件破坏后，通过观察钢梁和混凝土界面，发现栓钉剪断后，焊接环和栓钉根部会保留在钢梁上，增大了钢-混凝土界面的粗糙程度，混凝土和栓钉接触的部位有"扩孔"的趋势，残留在钢梁上的焊接环和栓钉根部会对混凝土板造成损伤，试件的破坏形态如图 2.3-8 所示。数值模拟结果和试验结果均显示，破坏时栓钉应力比焊接环应力大，试验结果也显示试件破坏时焊接环并未破坏。另外，数值模拟表明，与栓钉相连接部分的混凝土应力水平较高，试验现象也显示了破坏时栓钉接触处混凝土损伤严重。从试验及数值模拟的试件破坏形态看，所建立的数值模型是合理的。

Lam 推出试验中材料性能参数　　　　　　　　　　　　　表 2.3-1

试件编号	栓钉直径/mm	栓钉高度/mm	栓钉极限承载力/MPa	栓钉弹性模量/GPa	混凝土强度/MPa	混凝土弹性模量/GPa
SP3	19	100	470.8	200	30	22.82
SP4	19	100	470.8	200	35	24.65

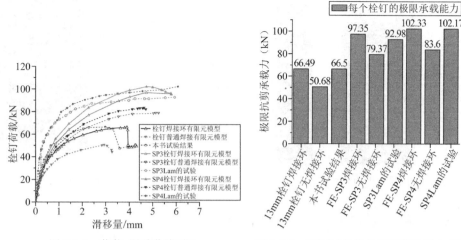

图 2.3-6 荷载-滑移曲线对比　　　　图 2.3-7 不同试件的极限受剪承载力对比

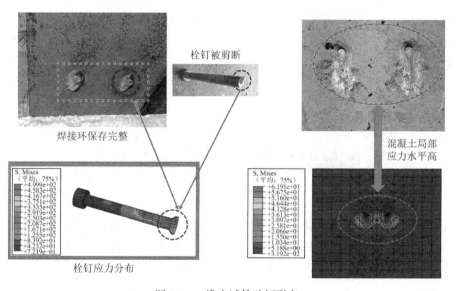

图 2.3-8 推出试件破坏形态

当试件即将破坏时，混凝土板的应力分布如图 2.3-9 所示。此时，位于栓钉根部的部分混凝土达到极限强度，混凝土受栓钉压力作用区域竖直方向上达到将近 150mm。图 2.3-9 中给出了混凝土沿中线的剖面应力云图，可以看出，栓钉对混凝土板的应力分布影响深度达到 60mm。栓钉在极限承载状态下的应力分布如图 2.3-10 所示，同时栓钉也达到了屈服强度；栓钉应力较大的区域在长度方向上达到 85mm，主要在其根部附近区域，头部应力相对较小。为对比不同根部构造对应力分布的影响，在有限元模型中对栓钉模型进行简化，将栓钉头部简化为与其根部同直径的圆柱杆进行模拟。简化后的模型与原模型的计算结果对比如图 2.3-10 所示，可以看出，应力沿栓钉高度方向呈非线性分布，栓钉根部应力水平较高。上述现象说明，焊接环对栓钉根部应力分布有着非常大的影响。

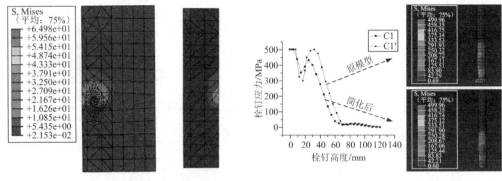

图 2.3-9　混凝土板的应力分布　　　　图 2.3-10　栓钉的应力分布

2.3.3　焊接环参数对栓钉受剪承载力的影响

1. 数值试验参数设计

为考虑根部焊接环对栓钉受剪承载力的影响，参照 ISO 13918[18]，共建立了 18 组有限元数值分析模型，为便于描述焊接环的影响及建立模型，对焊接环进行了参数理想化假定，假定后的焊接环各项参数如图 2.3-11 所示。

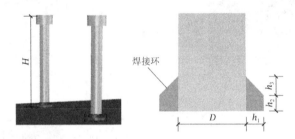

图 2.3-11　焊接环参数示意

有限元模型的具体参数见表 2.3-2，共分为 3 组：第 1 组，研究不同栓钉直径时，是否设置焊接环对栓钉抗剪性能的影响；第 2 组，研究栓钉焊接环的半径、高度及体积等参数对栓钉抗剪性能的影响；第 3 组，在焊接环高径比相同的条件下，研究栓钉直径对其受剪承载力的影响。

有限元模型参数设置　　　　　　　　　　　　　　　　表 2.3-2

编号	序号	内容	D/mm	H/mm	h_1/mm	h_2/mm	h_3/mm
第 1 组	C1	栓钉 + 无焊接环	13	120	0	0	0
	C1′	栓钉 + 有焊接环	13	120	3.5	3	3.5
	C2	栓钉 + 无焊接环	16	120	0	0	0
	C2′	栓钉 + 有焊接环	16	120	3.5	3	3.5
	C3	栓钉 + 无焊接环	19	120	0	0	0
	C3′	栓钉 + 有焊接环	19	120	3.5	3	3.5
	C4	栓钉 + 无焊接环	22	120	0	0	0
	C4′	栓钉 + 有焊接环	22	120	3.5	3	3.5
第 2 组	C5	$h_1 = 2\text{mm}$	19	120	2	3	3.5
	C6	$h_1 = 2.5\text{mm}$	19	120	2.5	3	3.5

编号	序号	内容	D/mm	H/mm	h_1/mm	h_2/mm	h_3/mm
第 2 组	C7	$h_1 = 3$mm	19	120	3	3	3.5
	C8	焊接环变 50%高度	19	120	3.5	1.5	1.75
	C9	焊接环变 80%高度	19	120	3.5	2.4	2.8
	C10	焊接环等体积	19	120	2.5	5.4	2.5
第 3 组	C11	$D = 13$mm，$h_1 = 2.5$mm	13	120	2.5	2	2.5
	C12	$D = 16$mm，$h_1 = 3$mm	16	120	3	2.5	3
	C13	$D = 19$mm，$h_1 = 3.5$mm	19	120	3.5	3	3.5
	C14	$D = 22$mm，$h_1 = 4$mm	22	120	4	3.5	4

2. 有无焊接环的影响

为研究设置焊接环对栓钉的影响，保持焊接环尺寸不变，取$h_1 = 3.5$mm，$h_2 = 3$mm，$h_3 = 3.5$mm，分别建立栓钉直径为 13mm、16mm、19mm、22mm 的有限元分析模型，得到栓钉的荷载-滑移曲线如图 2.3-12 所示。可以看出，当施加荷载较小时，焊接环对荷载-滑移曲线的影响几乎可以忽略；当荷载不断增大时，焊接环对栓钉抗剪性能的影响不断增大，主要表现为考虑焊接环时栓钉受剪承载力和抗剪刚度的增大。

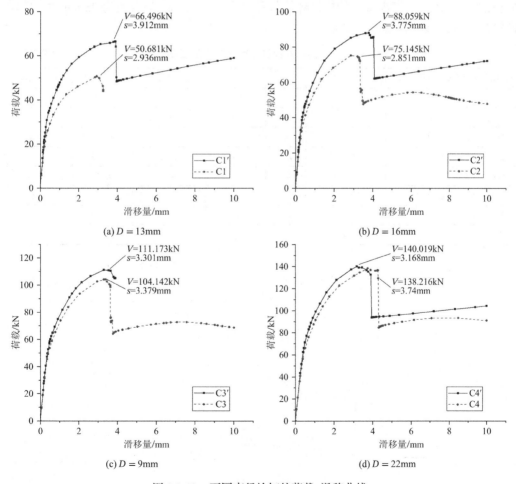

图 2.3-12　不同直径栓钉的荷载-滑移曲线

为了评估焊接环对栓钉极限承载力的影响，首先定义了焊接环的尺寸特征参数α_1，α_1表示焊接环与栓钉相对体积，计算式见式(2.3-1)。根据所定义的尺寸特征参数，分别对峰值荷载（V_{max}）和滑移量等于 2mm 时对应的荷载（$V_{0.002}$）进行研究。

$$\alpha_1 = \frac{Vol_{ring}}{Vol_{stud}} \tag{2.3-1}$$

$$Vol_{stud} = \frac{\pi D^2}{4}\left(h_2 + \frac{h_3}{2}\right) \tag{2.3-2}$$

$$Vol_{ring} = \left(h_1 h_2 + \frac{h_1 h_3}{2}\right)\pi(D + h_1) \tag{2.3-3}$$

式中，α_1——影响参数；Vol_{stud}——同等高度下，栓钉的体积（mm^3）；Vol_{ring}——同等高度下，焊接环的体积（mm^3）。

通过建立的有限元模型，得到考虑与不考虑焊接环时栓钉受剪承载力的计算结果如表 2.3-3 和图 2.3-13 所示。从图 2.3-13 中可以看出，栓钉受剪承载能力随α_1的增大而增大，当焊接环尺寸不变时，焊接环对较小直径栓钉的受剪承载力的影响更大；随着栓钉直径的增大，焊接环对栓钉受剪承载力的影响程度逐渐降低。当直径为 13mm 时，带焊接环的栓钉峰值荷载增幅约为 31.2%；当直径为 16mm 时，带焊接环的栓钉峰值荷载增幅约为 17.2%；当直径为 19mm 时，带焊接环的栓钉峰值荷载增幅约为 6.7%；当直径为 22mm 时，带焊接环的栓钉峰值荷载增幅约为 1.3%。

有无焊接环对栓钉受剪承载力的影响　　　　　　　　　表 2.3-3

试件编号	焊接环体积/mm^3	栓钉体积/mm^3	α_1	V_{max}/kN	V_{max}增幅/%	$V_{0.002}$/kN	$V_{0.002}$增幅/%
C1	0	0	—	50.68	—	46.30	—
C1′	861.79	1260.96	0.68	66.50	31.2	59.27	28
C2	0	0	—	75.15	—	68.60	—
C2′	1018.47	1910.09	0.53	88.06	17.2	78.65	15
C3	0	0	—	104.14	—	92.73	—
C3′	1175.16	2693.52	0.44	111.17	6.7	99.70	8
C4	0	0	—	138.22	—	117.33	—
C4′	1331.84	3611.26	0.37	140.02	1.3	123.63	5

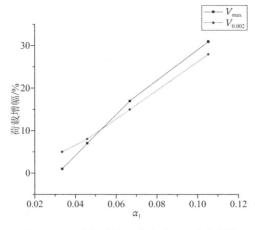

图 2.3-13　栓钉受剪承载力随α_1的变化曲线

图 2.3-14 给出了栓钉直径为 19mm 与 22mm 时栓钉应力沿高度方向的分布情况，可以看出，栓钉根部有严重的应力集中现象。随着栓钉高度的变化，栓钉应力先降低后增大，栓钉中部出现了较高的应力水平，最后栓钉应力从中部开始逐步下降，栓钉顶部的应力水平很低。根据栓钉的应力云图可知，带焊接环的栓钉底部屈服区域更大，有效抗剪区域也更大，从而使栓钉极限承载力增加。

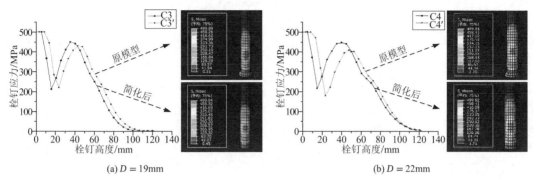

(a) D = 19mm (b) D = 22mm

图 2.3-14　不同栓钉直径的应力分布

为了研究焊接环对应力分布的影响，将应力沿高度方向进行了积分，计算结果见表 2.3-4，从中可以得到，相对于不考虑焊接环的栓钉，考虑了焊接环的栓钉积分面积有所增加，说明设置焊接环增加了栓钉的耗能能力。随着栓钉直径的增大，焊接环耗能面积的增量不断减小，说明焊接环相对于栓钉本身的耗能能力减弱，承载能力贡献比例也在减小。

栓钉应力分布积分结果　　　　　　　　　　　表 2.3-4

模型编号	栓钉高度为 20mm		栓钉高度为 120mm	
	积分面积/（N/mm）	积分面积增量百分比/%	积分面积/（N/mm）	积分面积增量百分比/%
C1	8642.36	−5.09	20014.75	21.28
C1′	8223.75		24274.87	
C2	8122.98	5.24	25368.29	5.14
C2′	8572.26		26672.17	
C3	7511.12	14.18	26780.42	5.12
C3′	8751.96		28151.15	
C4	7260.72	18.81	29955.52	0.32
C4′	8942.77		30050.09	

3. 焊接环尺寸参数的影响

以直径为 19mm 带焊接环的栓钉推出有限元模型为基础，将焊接环的半径尺寸分别调整为 2mm、2.5mm 和 3mm，通过计算得到不同焊接环半径尺寸对栓钉受剪承载力的影响，其荷载-滑移曲线如图 2.3-15 所示。从图中可以看出，在加载初期，焊接环半径对荷载-滑移曲线影响较小，当滑移量达到 1.5mm 以后，不同工况下的荷载-滑移曲线开始出现较大的差异。栓钉的极限受剪承载力随焊接环直径的变化结果见表 2.3-5。从表中可以看出，焊接环半径从 2mm 增加到 2.5mm 时，相应的极限受剪承载力提高约 3.13%；焊接环半径从 2.5mm 增加到 3mm，极限受剪承载力提高约 5.67%；焊接环半径从 3mm 增加到 3.5mm，极限受剪承载力提高约 9.77%。计算结果表明，栓钉受剪承载力随焊接环半径增大而增大，且焊接环半径越大，受剪承载力的增速越快。

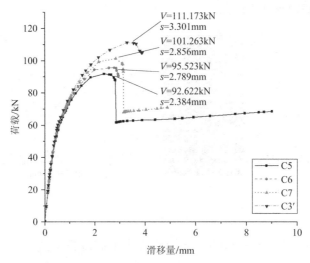

图 2.3-15　不同焊接环半径的荷载-滑移曲线

不同焊接环半径栓钉极限受剪承载力　　　　　　表 2.3-5

模型编号	h_1/mm	滑移量/mm	极限受剪承载力/kN	承载力增量百分比/%
C5	2.0	2.94	92.62	—
C6	2.5	2.79	95.52	3.13
C7	3.0	2.85	101.26	5.67
C3′	3.5	3.30	111.17	9.77

以直径为 19mm 带焊接环的栓钉推出有限元模型为基础，现将焊接环的高度尺寸分别调整为原尺寸的 80% 和 50%，得到不同焊接环高度 h_2 和 h_3 对栓钉受剪承载力的影响，计算的荷载-滑移曲线如图 2.3-16 所示。从图中可以看出，当荷载较小时，焊接环高度对荷载-滑移曲线的影响较小；当荷载较大时，焊接环高度对荷载-滑移曲线的影响逐渐增大。栓钉受剪承载力随焊接环高度的变化情况见表 2.3-6，从表中可以看出，焊接环高度从原高度的 50% 增加到 80%，相应的极限受剪承载力提高约 7.46%；焊接环高度从原高度的 80% 增加到 100%，极限受剪承载力提高约 3.29%。计算结果表明，栓钉受剪承载力随焊接环高度增大而增大，但受剪承载力增速会逐渐降低。

对于直径为 19mm 带焊接环的栓钉连接件，在保证焊接环体积相同的情况下，选取不同的焊接环半径，焊接环尺寸 h_1 从 3.5mm 调整到 2.5mm，h_2 从 3mm 调整到 5.4mm，通过有限元模拟计算得到栓钉的荷载-滑移曲线如图 2.3-17 所示，受剪承载力对比见表 2.3-7。从计算结果可以看出，相同体积的焊接环，模拟得到的荷载-滑移曲线基本类似，但是半径越大，试件对应的受剪承载力也越大。

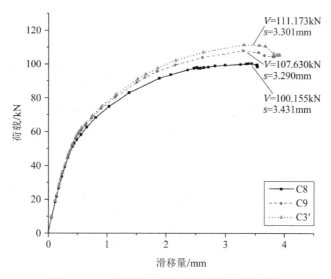

图 2.3-16　不同焊接环高度的荷载-滑移曲线

不同焊接环高度栓钉极限受剪承载力　　　　　　　　　　表 2.3-6

模型编号	滑移量/mm	极限受剪承载力/kN	承载力增量百分比/%
C8	3.43	100.16	——
C9	3.29	107.63	7.46
C3′	3.30	111.17	3.29

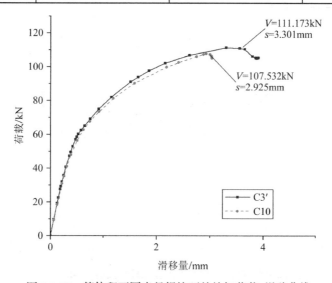

图 2.3-17　等体积不同半径焊接环的栓钉荷载-滑移曲线

等体积不同半径焊接环的栓钉极限受剪承载力　　　　　　表 2.3-7

模型编号	滑移量/mm	极限受剪承载力/kN	承载力增量百分比/%
C10	2.93	107.53	——
C3′	3.30	111.17	3.39

4. 相同焊接环高径比的模拟结果

本节研究相同焊接环高径比$[(h_2 + h_3)/(D + h_1)]$为 0.25 时，不同栓钉直径对栓钉受剪承载力的影响。具体确定方式是保持焊接环高径比不变，以栓钉直径 13mm、焊接环厚度（h_1）2.5mm、焊接环高度 4.5mm 为基础模型，换算不同直径栓钉的焊接环尺寸。栓钉极限受剪承载力和 2mm 滑移量所对应的荷载计算结果见表 2.3-8，极限受剪承载力增幅曲线如图 2.3-18 所示。从计算结果可以看出，相同高径比时，不同直径的栓钉极限受剪承载力增幅约为 7.28%，滑移量等于 2mm 时对应的荷载（$V_{0.002}$）增幅约为 9.96%。说明等高径比的焊接环，栓钉直径对受剪承载力的贡献的增量保持在一个相同范围内。

相同高径比下栓钉受剪承载力对比　　　　　　　　　　表 2.3-8

模型编号	V_{max}/kN	V_{max}增幅/%	$V_{0.002}$/kN	$V_{0.002}$增幅/%
C1	50.68	7.46	46.30	12.20
C11	54.46		51.95	
C2	75.14	7.53	68.60	10.17
C12	80.80		75.58	
C3	104.14	6.75	92.73	7.51
C13	111.17		99.70	
C4	138.22	7.39	117.33	9.95
C14	148.43		129.01	

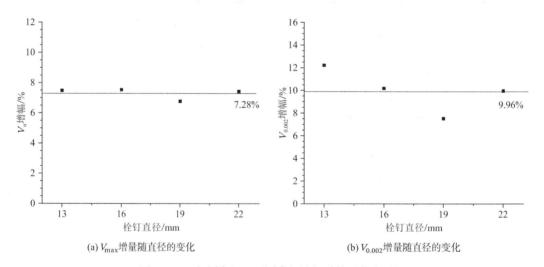

(a) V_{max}增量随直径的变化　　　　　　(b) $V_{0.002}$增量随直径的变化

图 2.3-18　相同高径比不同直径栓钉受剪承载力增幅

2.3.4　栓钉受剪承载力计算式对比研究

为研究焊接环对栓钉受剪承载力的贡献，对等高径比的栓钉试件组进行理论分析，将数值模拟得到的栓钉受剪承载力结果与现有的规范计算式理论值进行对比，探讨焊接环对栓钉受剪承载力的影响。对于栓钉剪力连接件，多个国家或地区的规范都对其受剪承载力计算式进行了规定，主要的规范计算式见表 2.3-9。

栓钉受剪承载力计算式 表 2.3-9

规范	受剪承载力计算式	公式参数意义
AISC 360-05	$Q_d = 0.5A_s\sqrt{E_c f_c'} \leqslant A_s f_u$	见文献[19]
AASHTO 规范	$V_u = 0.5A_{st}\sqrt{f_c' E_c} \leqslant 0.7 f_u A_{st}$	见文献[16]
CAN/CSA-S16-01	$V_u = 0.5\varphi_{sc}A_{st}\sqrt{f_c' E_c} \leqslant \varphi_{sc} f_u A_{st}$	见文献[20]
Eurocode 4	$Q_d = 0.29\alpha d^2\sqrt{E_c f_{ck}}/\gamma_v$ $Q_d = 0.8A_s f_u/\gamma_v$	见文献[21]

试验值、有限元计算值与规范理论值的对比见表 2.3-10。可以看出，每个试验结果都符合不同的标准——Lam 的测试符合 CAN/CSA-S16-01，本书的测试符合 AISC 360-05。此外，C1′的有限元计算值与 AISC 360-05 中的 66.34kN 非常吻合；C11 的受剪承载力值 54.46kN 与 CAN/CSA-S16-01 中的 53.07kN 相匹配。

不同规范的计算式中都包含了焊接环对栓钉抗剪性能的影响，但在计算式的参数中没有单独反映出来。因此，当焊接环尺寸不同时，试验值可能与不同的规范理论值相匹配。本书分离了焊接环对抗剪性能的影响，为进一步研究不同焊接环尺寸下的计算式修正奠定了基础。选取第 3 组中的 4 组栓钉试件，根据上述计算式，分别计算其极限受剪承载力，与数值分析结果的对比如表 2.3-11 所示。结果表明，当采用 C60 高强混凝土时，各规范的理论计算值受计算式右项控制，这是因为高强混凝土圆柱体的抗压强度值决定了计算式左项大于计算式右项。栓钉的抗剪性能取决于其极限抗拉强度。对于本书中的高径比，不同直径栓钉的有限元计算值与 CAN/CSA-S16-01 中计算式得出的值相吻合，平均误差约为 1.83%，这表明用高径比来量化焊接环的尺寸是合理的。焊接环对承载力的贡献约为 CAN/CSA-S16-01 理论值的 6.77%，各种规格焊接环的承载力平均值为 7.1%。此外，AISC 360-05 理论值大于有限元计算值，偏于不安全；AASHTO 规范的理论值比有限元计算值更为保守。根据统计分析，Eurocode 4（EC 4）的理论值是最保守的。

试验值、有限元计算值与规范理论值的比较 表 2.3-10

试件编号	试验值或有限元计算值/kN	CAN/CSA-S16-01 理论值/kN	AISC 360-05 理论值/kN	AASHTO 理论值/kN	EC4 理论值/kN
SP3	92.98	93.83	117.29	93.44	69.3
SP4	102.17	105.34	131.67	93.44	77.79
本书试验	66.5	53.07	66.34	46.45	42.46
C1′	66.49	53.07	66.34	46.45	42.46
C11	54.46	53.07	66.34	46.45	42.46

注：SP3 和 SP4 由于混凝土强度低而由计算式的左项控制。

栓钉极限受剪承载力理论值与数值分析结果的对比 表 2.3-11

试件编号	AISC 360-05		AASHTO 规范		CAN/CSA-S16-01		EC4	
	$(V_2-V_u)/V_u$	$(V_2-V_1)/V_u$	$(V_2-V_u)/V_u$	$(V_2-V_1)/V_u$	$(V_2-V_u)/V_u$	$(V_2-V_1)/V_u$	$(V_2-V_u)/V_u$	$(V_2-V_1)/V_u$
C11	−17.86%	5.70%	17.37%	8.15%	2.56%	7.12%	28.14%	8.89%
C12	−19.55%	5.64%	14.92%	8.05%	0.56%	7.04%	25.64%	8.80%

续表

试件编号	AISC 360-05		AASHTO 规范		CAN/CSA-S16-01		EC4	
	$(V_2-V_u)/V_u$	$(V_2-V_1)/V_u$	$(V_2-V_u)/V_u$	$(V_2-V_1)/V_u$	$(V_2-V_u)/V_u$	$(V_2-V_1)/V_u$	$(V_2-V_u)/V_u$	$(V_2-V_1)/V_u$
C13	−21.51%	4.96%	12.13%	7.09%	−1.89%	6.20%	22.58%	7.75%
C14	−21.84%	5.38%	11.66%	7.68%	−2.29%	6.72%	22.07%	8.40%
AVG	−20.19%	5.42%	14.02%	7.74%	−0.27%	6.77%	24.61%	8.46%

注：V_u—根据相关规范计算的极限受剪承载力；V_1—不带焊接环的数值分析结果；V_2—带焊接环的数值分析结果。

2.4 考虑侧向压力的栓钉和 PBL 连接件抗剪性能

本节设计了 8 组推出试验，并对传统推出试验的加载方式进行改进，即先对推出试验试件施加侧向压力，然后进行竖向力的加载。通过试验研究了侧压力作用对栓钉和 PBL 连接件受剪承载力的影响。在试验结果的基础上，分析了侧向力对试件的荷载-滑移曲线的影响规律。考虑钢-混凝土界面摩擦行为，建立了推出试验的精细化数值模型，并将数值分析结果与实测试验数据进行比较，验证了数值模型的正确性。在数值模型基础上，对栓钉和 PBL 试件进行了参数分析，得出了栓钉参数、材料参数以及侧向力对剪力连接件受剪承载力的影响规律。最后，将试验结果与国内外不同规范或文献所提出的剪力连接件受剪承载力计算式所得结果进行对比，得到了钢-混凝土界面摩擦力对受剪承载力影响不可忽略的结论，并提出了考虑侧压力作用时的剪力连接件受剪承载力的计算式。

2.4.1 试验设计

1. 推出试验试件设计

参考 Eurocode 4[21]规定的推出试验试件尺寸，得到栓钉推出试验的标准试件尺寸如图 2.4-1 所示。钢梁采用 H 型钢制作，尺寸为 HW250×250×9×14，材料为 Q235 钢材；水平箍筋和竖向箍筋采用 ϕ12 带肋钢筋，水平箍筋位于竖向箍筋外侧。此类试件共有 4 组，包括 1 组不施加侧向压力的标准栓钉试件和 3 组施加侧向压力的栓钉试件。

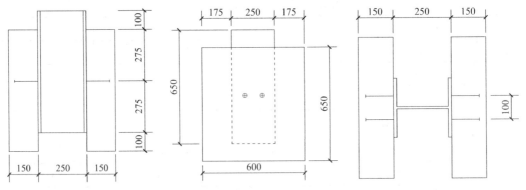

图 2.4-1　栓钉推出试验标准试件（单位：mm）

在混凝土板和钢梁尺寸不变的情况下，改变剪力连接件类型，设计了 PBL 推出试验的标准试件，如图 2.4-2 所示。此类试件共有 4 组，包括 1 组不施加侧向压力的标准 PBL 试件和 3 组施加侧向压力的 PBL 试件。

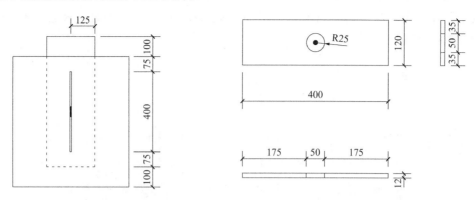

图 2.4-2　PBL 推出试验标准试件（单位：mm）

推出试验中，混凝土板材料采用 C60 混凝土，钢梁采用 Q235 的 H 型钢，此外还包括栓钉剪力连接件、Q235 钢板（剪力连接件开孔钢板和顶部加载区钢板）和 HRB400 带肋钢筋（贯穿钢筋和箍筋）等。钢梁顶部焊接一块用于施加荷载的钢板，顶部加载区钢板厚 12mm，钢梁尺寸为 HW250×250×9×14。试件中的箍筋采用 HRB400 钢筋，用钢丝绑扎成钢筋网，箍筋布置如图 2.4-3 所示。

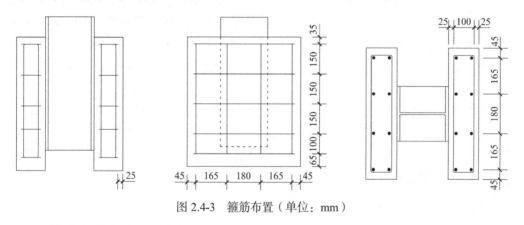

图 2.4-3　箍筋布置（单位：mm）

2. 侧向力加载方式及测点布置

推出试验中，侧向力加载钢构件的做法是在试件两侧 100mm×550mm 的范围内施加均布力，如图 2.4-4、图 2.4-5 所示。

图 2.4-4　侧向力加载钢构件

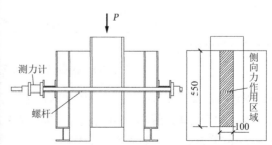

图 2.4-5　侧向力加载示意图

钢-混凝土界面相对滑移量通过百分表读取，测点 1 和 2 设置在粘贴应变片一侧相对的混凝土板上，测点 3～5 与测点 6～8 自上而下设置在试件另一半混凝土板上，具体测点布置如图 2.4-6 所示。

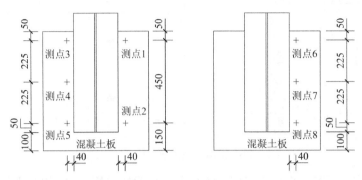

图 2.4-6　百分表测点布置（单位：mm）

2.4.2　荷载-位移曲线

1. 栓钉推出试验结果

本节中栓钉推出试验标准试件的破坏模式是栓钉剪断，一旦栓钉被剪断，结构承载力立即丧失。加载初期，由于钢梁与混凝土之间的粘结力和摩擦力的存在，相对滑移量很小且趋于线性；随着荷载不断增加，钢-混凝土界面产生相对滑移，滑移曲线呈非线性。总体来说，从开始加载到试件失去承载能力共经历了四个阶段，即弹性阶段、屈服阶段、强化阶段和破坏阶段。

栓钉抗剪性能参数定义如图 2.4-7 所示，图中极限承载力为试件承受的荷载最大值；峰值滑移量为极限承载力对应的滑移量；最大滑移量为荷载卸载为零时的滑移量；受剪承载力余量为最大滑移量对应的试件残余承载力；初始剪切刚度为荷载-滑移曲线中 0.7 倍极限承载力[21]位置的割线斜率。

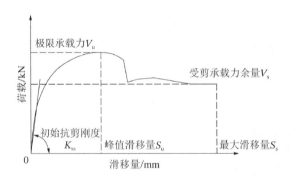

图 2.4-7　抗剪性能参数定义

为更直观地比较试件在有无侧压力作用时的差异，将表 2.4-1 中试件 SS-1 和 SS-C1 数据绘制成图，如图 2.4-8 所示。对比试件 SS-1 和 SS-C1 可以发现，侧压力的存在有效提高了试件的极限承载力，对应的峰值滑移量也有所增加；带侧压力的试件在滑移为零时就具有较大的承载力，试件 SS-C1 的初始抗剪刚度大于试件 SS-1 的初始抗剪刚度；带侧压力试件的栓钉逐个断裂，较好地增强了试件延性；当栓钉全部断裂后试件仍保持较高的承载力。

将表 2.4-1 中 4 组试件数据绘制到同一图中，得到 SS 类试件荷载-滑移曲线如图 2.4-9 所示。对比 SS 类试件荷载-滑移曲线可知，试件的初始抗剪刚度 K_{ss}、峰值滑移量 S_u、最大滑移量 S_s、极限承载力 V_u 和受剪承载力余量 V_s 均随着侧压力的增加而增加；SS-C 类试件相比 SS-1 试件，峰值滑移量 S_u 增加不明显，但是最大滑移量 S_s 的增加显著；施加侧压力的试件在栓钉全部断裂后仍具有较大的延性。施加侧压力的试件初始滑移荷载值均高于未施加侧压力的试件，随着侧压力的增加，初始滑移荷载值增加。这是因为摩擦力在界面滑移前为试件提供了栓钉连接件之外的受剪承载力，考虑侧压力作用时，SS 类试件的极限承载力构成不仅有栓钉连接件的承载能力，还包括侧压力引起的摩擦力提供的受剪承载力。

栓钉试件抗剪性能参数统计表　　　　　　　　　　表 2.4-1

试验状态	编号	侧压力/kN	K_{ss}/（kN/mm）	V_u/kN	ΔV_u/kN	V_s/kN	拟合摩擦系数公式	摩擦系数	μ 平均值
栓钉断裂前	SS-1	0	303	266	—	—	$\Delta V_u = 2C_i \times \mu_s$	—	—
	SS-C1	150	1650	526	260	—		$\mu_{s1} = 0.867$	
	SS-C2	112.5	1567	471	205	—		$\mu_{s2} = 0.912$	$\mu_{s0} = 0.929$
	SS-C3	75	1154	417	151	—		$\mu_{s3} = 1.007$	
栓钉断裂后	SS-1	0	—	—	—	—	$V_s = 2C_j \times \mu_s'$	—	—
	SS-C1	164	—	—	—	344		$\mu_{s1}' = 1.049$	
	SS-C2	137	—	—	—	294		$\mu_{s2}' = 1.073$	$\mu_{s0}' = 1.070$
	SS-C3	114	—	—	—	248		$\mu_{s3}' = 1.088$	

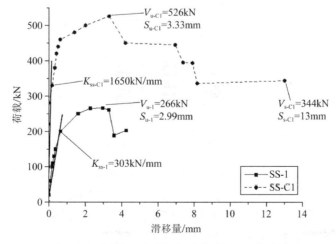

图 2.4-8　试件 SS-1 和 SS-C1 荷载-滑移曲线对比

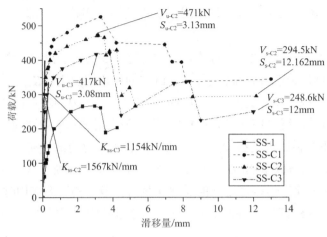

图 2.4-9　SS 类试件荷载-滑移曲线

　　试验结果显示，栓钉断裂发生在栓钉根部，栓钉根部与瓷环仍保留在钢梁上，使得界面粗糙程度加大；随着荷载继续施加，残留的栓钉根部和瓷环会引起钢-混凝土界面的掀起，侧压力装置约束了掀起，因此侧压力数值会有所增加。统计 4 组栓钉试件的侧压力、初始抗剪刚度K_{ss}、极限承载力V_u、受剪承载力余量V_s和极限承载力增量ΔV_u（SS-C 类试件与 SS-1 试件极限承载力差值）试验结果，如表 2.4-1 所示。

　　表 2.4-1 中的摩擦系数根据库仑摩擦定律拟合得到。对比栓钉断裂前界面的摩擦系数（$\mu_{s0} = 0.929$）和栓钉断裂后界面的摩擦系数（$\mu'_{s0} = 1.070$），可以发现，摩擦系数有所提升，这是由于保留在钢梁上的栓钉根部和瓷环增大了界面粗糙程度。图 2.4-10 比较了 SS 类试件的承载力水平。推出试验标准试件 SS-1 无侧压力作用，试件破坏表现为栓钉剪断，随后试件丧失承载能力，故图 2.4-10 中试件 SS-1 无受剪承载力余量。通过比较图中不同侧压力水平下的试件承载力可知，随着侧压力水平的增加，极限承载力V_u、极限承载力增量ΔV_u和受剪承载力余量V_s呈线性增长。

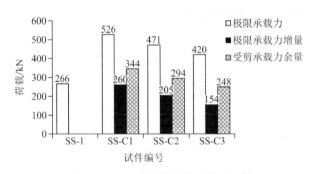

图 2.4-10　SS 类试件承载力水平比较

　　将 SS-C 类试件荷载-滑移曲线纵坐标减去极限承载力增量ΔV_u，即扣除侧压力引起的承载力增量，可得 SS 类试件荷载-滑移曲线对比图，如图 2.4-11 所示。由图可知，4 组试件的变化规律基本一致，这说明栓钉连接件断裂之前，侧压力提供稳定的受剪承载力，且与侧压力大小成正比例关系；栓钉连接件断裂之后，SS-C 类试件延性增加，一定范围内能够保持稳定的承载能力。

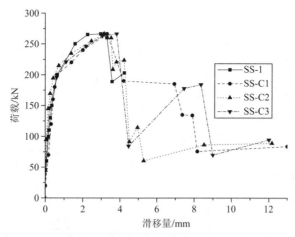

图 2.4-11　SS 类试件扣除侧压力引起承载力增量的荷载-滑移曲线对比图

2. PBL 推出试验结果

为更直观地比较试件在有无侧压力作用时的差异，将表 2.4-2 中试件 PS-1 和 PS-C1 数据绘制成图，如图 2.4-12 所示。由图可知，PBL 连接件试件在达到极限承载力之前均具有较高的抗剪刚度；达到极限承载力之后，随着滑移的增加，抗剪刚度逐步较低。侧压力的存在提高了试件的极限承载力，峰值滑移量也随之增加，变化规律与 SS-C 类试件相同；施加侧压力的试件在滑移为零时就具有一定的承载能力，试件 PS-C1 的初始抗剪刚度大于试件 PS-1 的初始抗剪刚度；施加侧压力试件的受剪承载力余量和最大滑移量均高于未施加侧压力试件。

将表 2.4-2 中 4 组试件数据绘制到同一图中得 PS 类试件对比图，如图 2.4-13 所示。由图可知，试件的初始抗剪刚度 K_{ss}、峰值滑移量 S_u、最大滑移量 S_s、极限承载力 V_u 和受剪承载力余量 V_s 均随着侧压力水平的增加而增加；峰值滑移量 S_u 与最大滑移量 S_s 的增加明显；施加侧压力的试件在达到极限承载力后的延性高于未施加侧压力的试件。施加侧压力的试件初始滑移荷载值均高于未施加侧压力的试件，随着侧压力的增加，初始滑移荷载值增加，其原因与栓钉试件相同。PS-C 类试件的下降段下降速度低于 PS-1 试件，这说明侧压力的存在对后期承载能力的稳定性起到了重要作用。

PBL 类试件抗剪性能参数统计表　　表 2.4-2

试验状态	编号	侧压力/kN	K_{ss}/（kN/mm）	V_u/kN	ΔV_u/kN	ΔV_s/kN	拟合摩擦系数公式	摩擦系数	μ 平均值
极限承载力前	PS-1	0	947	1150	—	—	$\Delta V_u = 2C_i \times \mu_p$	—	$\mu_{p0} = 0.776$
	PS-C1	150	2564	1372	222	—		$\mu_{p1} = 0.740$	
	PS-C2	112.5	1268	1320	170	—		$\mu_{p2} = 0.756$	
	PS-C3	75	1034	1275	125	—		$\mu_{p3} = 0.833$	
极限承载力后	PS-1	0	—	—	—	—	$\Delta V_s = 2C_j \times \mu'_p$	—	$\mu'_{p0} = 0.765$
	PS-C1	185.7	—	—	—	330		$\mu'_{p1} = 0.889$	
	PS-C2	156.3	—	—	—	229		$\mu'_{p2} = 0.732$	
	PS-C3	118.8	—	—	—	160		$\mu'_{p3} = 0.673$	

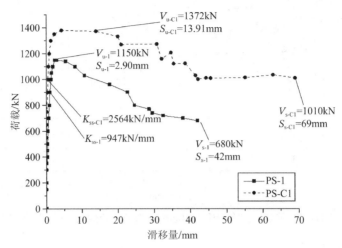

图 2.4-12　试件 PS-1 和 PS-C1 滑移结果对比图

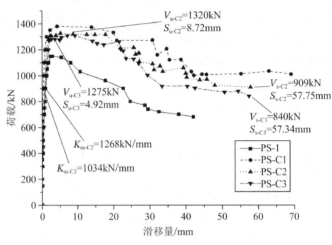

图 2.4-13　PS 类试件滑移结果对比图

统计 4 组 PBL 试件的侧压力大小、初始抗剪刚度 K_{ss}、极限承载力 V_u、极限承载力增量 ΔV_u 和受剪承载力余量增量 ΔV_s（PS-C 类试件与 PS-1 试件稳定受剪承载力差值）试验结果，如表 2.4-2 所示。

与栓钉试件相同，表 2.4-2 中的摩擦系数同样是根据库仑摩擦定律拟合得到，对比极限承载力前界面的摩擦系数（$\mu_{p0} = 0.776$）和极限承载力后界面的摩擦系数（$\mu'_{p0} = 0.765$），可以发现，摩擦系数变化很小，这是由于 PBL 连接件在极限承载力前后均未被剪断，界面粗糙程度变化不大。图 2.4-14 比较了 PS 类试件的承载力水平，包括极限承载力 V_u、极限承载力增量 ΔV_u、受剪承载力余量 V_s 和受剪承载力余量增量 ΔV_s。通过比较图中不同侧压力水平下试件承载力的变化可知，随着侧压力水平的增加，极限承载力 V_u、极限承载力增量 ΔV_u 和受剪承载力余量增量 ΔV_s 呈线性增长。

将 PS-C 类试件荷载-滑移曲线纵坐标减去极限承载力增量 ΔV_u，即扣除侧压力引起的承载力增量，可得 PS 类的试件荷载-滑移曲线对比图，如图 2.4-15 所示。由图可知，4 组试件的变化规律基本一致，这说明 PBL 试件在极限承载力之前侧压力提供稳定的受剪承载力，且与侧压力大小成正比例关系；极限承载力之后，PS-C 类试件延性增加，保持较高的稳定受剪承载力。

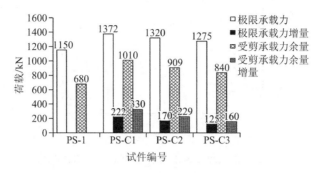

图 2.4-14　PS 类试件承载力水平比较

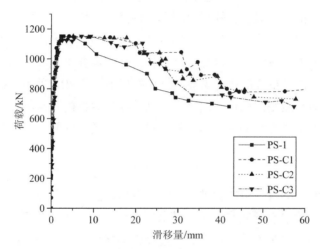

图 2.4-15　PS 类试件扣除侧压力引起承载力增量的荷载-滑移曲线对比图

3. 侧向力对剪力连接件的力学行为影响分析

由前文图表可以看出，对于无侧向压力试件，试件在屈服前的弹性阶段，荷载与滑移之间的关系呈线性变化，滑移量较小，线形斜率约等于抗剪刚度；当荷载超过屈服荷载，荷载与滑移出现明显的非线性变化，滑移量增大；随着荷载进一步增大，曲线趋于平缓。对于有侧向压力试件，在钢-混凝土界面相互滑移开始前，试件的抗剪能力由侧压力引起的界面摩擦力承担；当试验加载至克服摩擦力后，试件荷载-滑移曲线规律与无侧向压力作用下类似，但是延性均有所增加。

对于栓钉剪力连接件，由于混凝土强度较高，线性阶段与非线性阶段的影响多取决于栓钉的力学性能；而对于开孔板（PBL）剪力连接件，由于混凝土榫的状态影响着结构的线性与非线性特征，一旦混凝土榫完全破坏，可能伴随贯穿钢筋屈服，试件进入完全非线性阶段，此时试件相对位移变化加快，而承载力下降不多。

无论是 SS-C 试件还是 PS-C 试件，受剪承载力增量与侧压力水平都成正比例关系。将试件 SS-1 和 PS-1 的滑移结果进行单独对比，如图 2.4-16 所示。

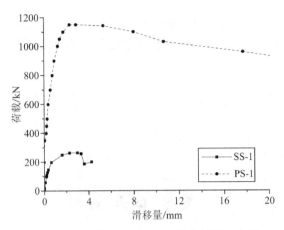

图 2.4-16   试件 SS-1 与 PS-1 滑移结果对比图

结果显示，试件 SS-1 的栓钉剪力连接件承载能力远低于试件 PS-1 的 PBL 剪力连接件，这是因为其前期的抗剪性能弱，较早出现非线性滑移，所以将栓钉剪力连接件归类为柔性剪力连接件。栓钉剪力连接件制作与焊接方便，现场施工效率高，但运营阶段栓钉一旦被剪断，结构随即失去承载能力，这是实际结构设计中需要重点关注的；工程上可以通过增加栓钉个数、改变栓钉布置形式等来提高结构抗剪能力。PBL 剪力连接件具有优异的力学性能，其前期抗剪性能相比栓钉强出许多，而前期抗剪性能强是刚性剪力连接件的特点，即使试件达到极限承载力水平，滑移也相应进入了平缓的区间，延性相比栓钉类试件大了许多。

将试件 SS-C 和 PS-C 的滑移结果绘制于同一图中单独对比，如图 2.4-17 所示。从图中可以看出，栓钉试件前期不再是很快就进入非线性滑移，前期抗剪性能与 PBL 试件相当，PBL 试件前期的承载能力也有所提高；但当荷载加载到一定水平，出现了与 SS-1 和 PS-1 对比中相似的变化趋势。侧向压力对两类剪力连接件均能提供前期稳定的抗剪性能。有侧向压力试件在栓钉断裂后，结构不会像推出试验标准试件那样突然丧失承载能力，具备了一定的延性；PBL 试件与栓钉试件相比，开孔钢板连接件不会断裂，且承载力与混凝土榫强度有关，箍筋和贯穿钢筋也起到重要的作用。

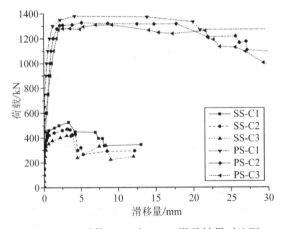

图 2.4-17   试件 SS-C 与 PS-C 滑移结果对比图

2.4.3　推出试验数值模拟

1. 有限元模型

本书采用 ABAQUS 建立有限元模型。为了节约计算时间，根据结构的对称性，建立二分之一结构模型，在对称面施加对称约束；混凝土使用六面体单元 C3D8（C 代表应力/位移实体单元，3D 代表三维单元，8 代表节点数）和一阶四面体单元 C3D4。

为考虑钢材与混凝土之间的界面摩擦效应，本文通过在钢-混凝土界面定义面-面接触实现，同时定义面面之间的摩擦系数，钢与混凝土界面的摩擦系数取值根据试验数据计算得到。由本章的 SS 类和 PS 类试件试验得到的不同侧向压力下承载力水平可以计算得到试件的界面摩擦系数。由前文表 2.4-1 可知，在三种不同水平侧压力作用下，试件破坏前 SS-C 类的界面摩擦系数分别为 $\mu_{s1} = 0.867$、$\mu_{s2} = 0.912$ 和 $\mu_{s3} = 1.007$，求平均值得到 SS-C 类试件初始摩擦系数 $\mu_{s0} = 0.929$。栓钉断裂后，界面粗糙度增加，侧压力水平上升，根据此时的三种不同侧压力水平和试件残留承载力计算得到界面特性发生变化后的摩擦系数分别为 $\mu'_{s1} = 1.049$、$\mu'_{s2} = 1.073$ 和 $\mu'_{s3} = 1.088$，求平均值得到 SS-C 类试件在残余滑移阶段的摩擦系数为 $\mu'_{s0} = 1.070$。由表 2.4-2 可知，PBL 剪力连接件在三种不同侧压力作用下，试件破坏前 PS-C 类的界面摩擦系数分别为 $\mu_{p1} = 0.740$、$\mu_{p2} = 0.756$ 和 $\mu_{p3} = 0.833$，求平均值得到 PS-C 类试件初始摩擦系数 $\mu_{p0} = 0.776$。根据之后的三种不同侧压力水平和试件残留稳定承载力计算得到界面特性发生变化后的摩擦系数分别为 $\mu'_{p1} = 0.889$、$\mu'_{p2} = 0.732$ 和 $\mu'_{p3} = 0.673$，求平均值得到 PS-C 类试件后续摩擦系数 $\mu'_{p0} = 0.765$。有限元建模分析将使用上述试验数据所得的摩擦系数作为界面属性参数。

栓钉剪力连接件（SS 类试件）和 PBL 剪力连接件（PS 类试件）的典型有限元模型如图 2.4-18～图 2.4-21 所示。

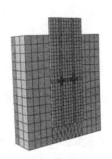 

图 2.4-18　SS 类试件有限元模型　　图 2.4-19　SS 类试件栓钉有限元模型

图 2.4-20　PS 类试件有限元模型　　图 2.4-21　PS 类试件开孔板有限元模型

2. 有限元结果验证

1) SS 类试件

(1) 试件 SS-1 对比分析

考虑到栓钉主要承载段在根部附近，栓钉头部受力相对极小，因此栓钉破坏主要出现在其根部。当栓钉根部焊接到钢梁时会生成瓷环，对栓钉根部具有截面增大效应，为考虑该因素的影响，在后续的建模计算中，将栓钉实体模型进行简化，采用头部与根部同直径的圆柱杆进行栓钉模拟，因此，建模中将栓钉直径由 13mm 等效增加至 16mm。

提取模型中钢梁与混凝土的相对滑移量和对应的荷载可得试件的荷载-滑移曲线，将计算值与试件 SS-1 试验值进行对比，如图 2.4-22 所示。

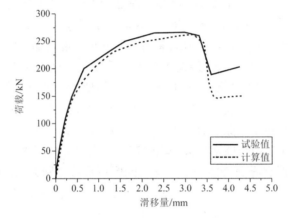

图 2.4-22 试件 SS-1 的荷载-滑移曲线对比图

等效栓钉直径后的计算值与试件 SS-1 试验值拟合较好，说明有限元法可用于模拟栓钉推出试验。试验值比计算值的极限承载力大了 3.6kN，误差为 1.3%；滑移量相应减小了 0.2mm，误差为 6.6%。结果之间虽有些许误差，但总体处于可接受范围，采用有限元法模拟栓钉推出试验仍具有实际价值。

(2) 试件 SS-C1 对比分析

在试件侧向施加三种不同的侧向力，可得到不同侧压力水平作用下的三个有限元模型。以试件 SS-C1 为例，提取计算模型的荷载-滑移曲线与试验值进行对比，如图 2.4-23 所示。两者极限承载能力相当，但有限元模型的下降段较试验值陡峭，这是由于有限元软件没有模拟栓钉依次断裂的过程；受剪承载力余量的计算值低于试验值，是因为在试验加载后期侧压力水平有所增加，而数值模拟中侧压力为定值。

2) PS 类试件

开孔板（PBL）剪力连接件推出试验标准试件的荷载-滑移曲线的对比图如图 2.4-24 所示。从图中可以看出，上升段试验值与有限元计算值吻合较好，试件 PS-1 的极限承载力大了 1.2kN，误差为 0.1%；滑移量相应减小了 0.13mm，误差为 4.5%。结果表明，有限元分析软件模拟此类推出试验极限承载能力水平和最大滑移量比较有效，但有限元模型的下降段最大滑移量趋势与实际相差较大。分析原因为，试验中混凝土榫被压碎，丧失承载力，开孔钢板下移直至开孔上缘与贯穿钢筋接触。这一过程中，试件会产生较大的相对滑移，但承载力降低较少。有限元软件不能模拟上述相对滑移，即荷载-滑移曲线的下降段，在很小的滑移量情况下，承载能力降至受剪承载力余量水平。通过将开孔钢板的开孔半径（25mm）线性递增计入有限元计算结果中，可得到图 2.4-24 中修正后的结果，与试验结果吻合较好。

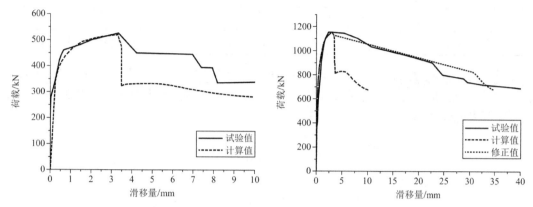

图 2.4-23　试件 SS-C1 的荷载-滑移曲线对比图　　图 2.4-24　试件 PS-1 的荷载-滑移曲线对比图

2.4.4　剪力连接件受剪承载力的参数研究

1. 栓钉直径对受剪承载力的影响

混凝土强度不变，取长度为 120mm，直径分别为 13mm、14mm、15mm、16mm、17mm、18mm 的栓钉作为分析对象。不同栓钉直径的计算结果对比如图 2.4-25 所示。由图可以看出，界面摩擦力在加载前期提供稳定的抗剪刚度，不同栓钉直径下试件前期的受力行为保持一致，前期静摩擦力等于侧向压力与初始摩擦系数的乘积；当栓钉处在弹性阶段，荷载-滑移曲线呈线性变化；随着荷载的增加，不同栓钉直径下试件的抗剪能力发生显著变化；当栓钉被剪断，剪力连接件的承载能力丧失，荷载-滑移曲线呈现出急降趋势；试件后期的承载能力由界面摩擦力承担，等于侧向压力与后期滑移阶段摩擦系数的乘积。

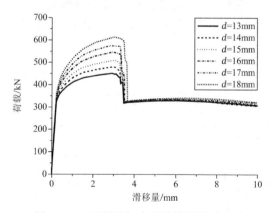

图 2.4-25　不同栓钉直径计算结果对比图

随着栓钉直径的增加，试件延性有所增强，试件的承载能力提高，受剪承载力余量不变。不同栓钉直径对应的极限受剪承载力汇总见表 2.4-3。极限承载力与栓钉直径之间为非线性关系，随着直径的增加，极限承载力增速明显变快。为更直观地表示栓钉直径与极限受剪承载力的关系，将表 2.4-3 的数据绘制成图，如图 2.4-26 所示。

不同栓钉直径对应的极限受剪承载力　　　　　　　表 2.4-3

栓钉直径d/mm	13	14	15	16	17	18
d^2/mm²	169	196	225	256	289	324
极限受剪承载力/kN	451	479	509	529	575	614

对比栓钉直径为 13mm 和 16mm 的结果可知，当模型中栓钉直径取 13mm 时，极限承载力明显低于公称栓钉直径为 13mm 的试件，因此对推出试验试件建模时不能使用公称直径，需要考虑瓷环影响并将栓钉直径等效增加。

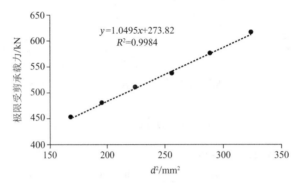

图 2.4-26　栓钉直径与极限受剪承载力的关系

从图 2.4-26 中对数据进行拟合得到的公式来看，试件极限受剪承载力与栓钉直径的平方呈一次正比例关系，即试件极限受剪承载力与栓钉截面面积为一次正比例关系。由此可知，栓钉截面积对试件的极限受剪承载力起着重要作用。

2. **栓钉长度对受剪承载力的影响**

栓钉的主要承载段在根部附近，其头部受力相对小得多，因此本小节在混凝土强度不变、模型栓钉直径为 16mm 条件下，讨论分析栓钉长度分别为 10mm、32mm、64mm、96mm、120mm 时的情形。不同栓钉长度的计算结果对比，如图 2.4-27 所示。

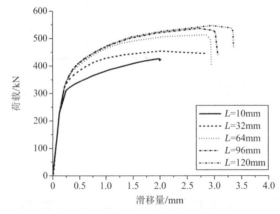

图 2.4-27　不同栓钉长度计算结果对比图

不同栓钉长度的试件在前期的受力行为保持一致，之后，随着栓钉长度的增加，极限承载力和滑移量均有所增加，但极限承载力的增速逐渐变缓，这说明当栓钉长度达到一定数值后，继续增加长度对试件极限承载力的影响不大。极限承载状态下不同长度的栓钉的应力分布状态如图 2.4-28 所示。由图可知，当栓钉长度小于直径时，栓钉几乎发生纯剪切破坏，破坏面与栓钉截面成 45°；其余栓钉受力既有弯矩又有剪力，属于弯剪组合受力，破坏均发生在根部。

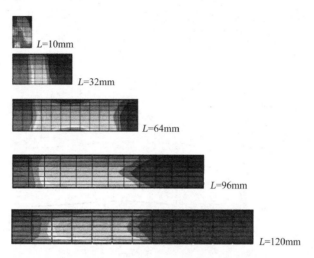

图 2.4-28　不同栓钉长度下应力分布状态

3. 混凝土强度对受剪承载力的影响

推出试验试件用的 C60 混凝土属于高强混凝土，且试验中并没有制作不同混凝土强度的试件。为讨论降低混凝土强度后对栓钉剪力连接件性能的影响，分别取混凝土强度等级为 C30、C40、C50 和 C60。不同混凝土强度的计算结果对比如图 2.4-29 所示。

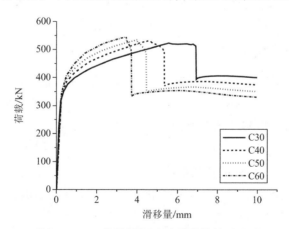

图 2.4-29　不同混凝土强度计算结果对比图

整体来看，不同混凝土强度对应的极限承载力水平相当，界面摩擦力在加载前期提供稳定的抗剪刚度，但对应的相对滑移量差别较大，混凝土强度等级越低，滑移量越大。根据实际情况，适当降低混凝土强度能增加试件的延性；但混凝土强度过低，将产生不被期望的大滑移量，对结构不利。建议实际工程中组合结构桥梁混凝土强度等级不低于 C30。

4. 侧压力对受剪承载力的影响

为讨论侧压力水平对推出试验试件产生的影响,对试件 SS-1 分别施加$C_a = 25\text{kN}$、$C_b = 75\text{kN}$、$C_c = 112.5\text{kN}$、$C_d = 200\text{kN}$、$C_e = 250\text{kN}$ 侧压力,并在有限元模型中将此集中力转换成压强作用在相应作用面上。不同侧压力计算结果对比如图 2.4-30 所示。从图中可以看出,随着侧压力值的变化,试件的抗剪性能表现具有一定的规律性。侧压力增加,极限受剪承载力增加,对应的相对滑移量不变,同时受剪承载力余量增加。侧压力与极限受剪承载力和受剪承载力余量呈线性关系,如图 2.4-31、图 2.4-32 所示。

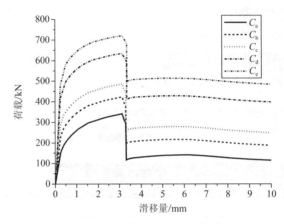

图 2.4-30　不同侧压力计算结果对比图

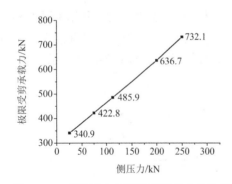

图 2.4-31　侧压力与极限受剪承载力的关系

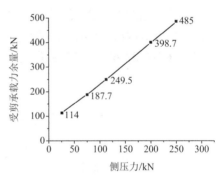

图 2.4-32　侧压力与受剪承载力余量的关系

由于定义了钢-混凝土界面的摩擦系数,侧压力的增加与极限受剪承载力和受剪承载力余量均成正比。栓钉剪断前,摩擦力提供的抗剪能力与侧压力值成正比;栓钉剪断后,摩擦力同样提供一定的抗剪能力,并与侧压力成正比。

2.4.5　考虑侧向力的剪力连接件受剪承载力计算式

1. 试件 SS-1 极限承载力试验值与理论预测值对比

剪力连接件的受剪承载力在推出试验中表现为试件的承载能力。当推出试验试件无侧压力作用时,剪力连接件总的受剪承载力V等于试件承受的荷载值P,如图 2.4-33(a)所示,V_0为单侧的剪力连接件受剪承载力;当试件有侧压力作用时,剪力连接件总的受剪承载力由两部分组成，即试件承受的荷载值P和钢-混凝土界面的摩擦力Q，如图 2.4-33（b）所示，μ 为钢-混凝土界面的摩擦系数，N 为侧向力。

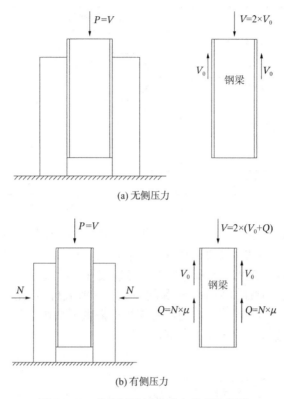

(a) 无侧压力

(b) 有侧压力

图 2.4-33　推出试验试件受力状态示意图

无侧向力的剪力连接件受剪承载力计算式得到了广大学者的研究，下面介绍主要的单栓钉受剪承载力计算式，并与推出试验试件 SS-1 的试验结果进行对比分析。

单栓钉受剪承载力计算式　　　　　　　　　　　　　表 2.4-4

文献	受剪承载力计算式		参数意义
Chapman[22]、Johnson[23] 和 Ollgaard[24]	$V_u = 0.5A_{st}\sqrt{f'_c E_c} \leqslant f_u A_{st}$	(1)	见文献[22]、[23]、[24]
欧洲规范 Eurocode 4[21]	$V_u = 0.29d^2\sqrt{f'_c E_c}/\gamma_v$ $V_u = 0.8f_u A_{st}/\gamma_v$	(2)	见文献[21]
中国规范 GB 50017—2017[25]	$N_v^c = 0.43A_s\sqrt{f_c E_c} \leqslant 0.7f A_s\gamma$	(3)	见文献[25]
美国 AISC 规范[26]	$V_u = 37.5A_{st}\sqrt{f'_c}$	(4)	见文献[26]
Fisher[27]	$V_u = 0.5A_{st}\sqrt{f'_c E_c}$	(5)	见文献[27]
加拿大规范 CAN/CSA-S16-01[20]	$V_u = 0.5\varphi_{sc}A_{st}\sqrt{f'_c E_c} \leqslant \varphi_{sc}f_u A_{st}$	(6)	见文献[20]
美国 AASHTO 规范[16]	$V_u = 0.5A_{st}\sqrt{f'_c E_c} \leqslant 0.7f_u A_{st}$	(7)	见文献[16]

根据表 2.4-4 中计算式分别计算出试件 SS-1 的受剪承载力理论值 V_u，与试验值对比见表 2.4-5。由于各计算式所得结果为单个栓钉的承载力，所以参与对比的单栓钉承载力试验

值V_1是总极限承载力试验值V的四分之一。

单个栓钉连接件承载力试验值与理论值比较　　　　　　　　表 2.4-5

SS-1 参数	计算式	理论值V_u/kN	单栓钉承载力试验值V_1/kN	$(V_1-V_u)/V_1$
C60 混凝土 $d=13\text{mm}$ $L=120\text{mm}$ $f'_c=49.8\text{MPa}$	表 2.4-4 式（1）	66.4		0.2%
	表 2.4-4 式（2）	42.5		36.1%
	表 2.4-4 式（3）	53.1		20.1%
	表 2.4-4 式（4）	35.1	$V=266$ $V_1=V/4=66.5$	47.3%
	表 2.4-4 式（5）	83.2		−25.1%
	表 2.4-4 式（6）	53.1		20.1%
	表 2.4-4 式（7）	46.5		30.1%

注：Eurocode 4 计算式即表 2.4-4 式（2）仅适用于直径 16～25mm 栓钉，理论值仅供参考。

通过对采用 C60 高强混凝土试件的栓钉极限承载力的试验值与理论值进行误差分析可知，只有 Fisher 计算式高估了栓钉连接件的承载能力，而 AISC 计算式由于未考虑混凝土弹性模量的影响导致误差最大，严重低估了栓钉连接件的承载能力。AASHTO 计算式误差也高达 30%，使得设计时栓钉数量增多和间距减小，造成材料的浪费。CAN/CSA-S16-01 计算式和 GB 50017—2017 计算式均为栓钉连接件提供了 20% 的安全储备。Ollgaard 计算式与高强混凝土栓钉连接件的承载能力符合最好。

当采用 C60 高强混凝土时，CAN 计算式、Ollgaard 计算式、AASHTO 计算式、Eurocode 4 计算式的计算结果均由右项控制，这是由于此时圆柱体抗压强度值f'_c决定了计算式的左项大于右项，栓钉承载力取决于其极限抗拉强度f_u。对于 GB 50017—2017 计算式，材料均采用设计强度值，强屈比γ起到了增大栓钉承载能力上限的作用，使混凝土强度等级较高时栓钉承载力设计值仍由计算式的左项控制。

2. 试件 PS-1 极限承载力试验值与理论预测值对比

PBL 剪力连接件的受剪承载力理论计算式与许多参数有关，比如孔数、孔径、是否设有贯穿钢筋、混凝土强度等。目前，我国规范中还没有相应的计算式，国内外学者提出的计算方法均建立在大量试验的基础上，由于试件构成和试验环境的差异，得到的受剪承载力计算式也各不相同。如表 2.4-6 所示。

PBL 剪力连接件承载力计算式　　　　　　　　表 2.4-6

文献	受剪承载力计算式	参数意义
Leonhardt[28]	$Q_u = 2 \times (\pi d^2/4) \times 1.6nf'_c$ 　　(1)	见文献[28]
Hosaka 等[29]	$Q_u = 1.45[(d^2-d_s^2)f'_c + d_s^2 f_y] - 21600$ 　　(2)	见文献[29]
Nishiumi 等[30]	$Q_u = \begin{cases} 0.26A_c f'_c + 1.23A_s f_y & A_s f_y/A_c f'_c < 1.28 \\ 1.83A_c f'_c & A_s f_y/A_c f'_c \geqslant 1.28 \end{cases}$ 　　(3)	见文献[30]
欧洲规范 Eurocode 4[21]	$Q_u = [1.85A - 106.1 \times 10^3]/\gamma$ $A = (A_c - A_s)f'_c + A_s f_y$ 　$56 \times 10^3 \leqslant A \leqslant 380 \times 10^3$ 　　(4)	见文献[21]
Oguejiofor 和 Hosain U[31]	$Q_u = 4.5htf'_c + 0.91(A_s f_y + A'_s f'_y) + 3.31nd^2\sqrt{f'_c}$ 　　(5)	见文献[31]
Medberry 和 Shahrooz[32]	$Q_u = 0.747bh_1\sqrt{f'_c} + 0.413b_f L_c +$ $0.9(A_s f_y + A'_s f'_y) + 1.66nA_c\sqrt{f'_c}$ 　　(6)	见文献[32]

文献	受剪承载力计算式		参数意义
Verissimo[33]	$Q_\mathrm{u} = 4.04\dfrac{h}{b}htf_\mathrm{c}' + 2.37nd^2\sqrt{f_\mathrm{c}'} +$ $0.16A_\mathrm{cc}\sqrt{f_\mathrm{c}'} + 31.85\times10^6\times\dfrac{A_\mathrm{s}+A_\mathrm{s}'}{A_\mathrm{cc}}$	(7)	见文献[33]

根据上述计算式分别计算出试件 PS-1 的受剪承载力理论值Q_u，与试验值对比见表 2.4-7。由于各计算式所得结果为 PBL 单孔的受剪承载力，所以参与对比的 PBL 单孔承载力试验值Q_1是总极限承载力试验值Q的二分之一。

PBL 单孔承载力试验值与理论值比较　　　　　　　　　表 2.4-7

PS-1 参数	计算式	理论值Q_u/kN	PBL 单孔承载力试验值Q_1/kN	$(Q_1 - Q_\mathrm{u})/Q_1$
C60 混凝土 $b = 150\mathrm{mm}$ $h = 120\mathrm{mm}$ $t = 12\mathrm{mm}$ $d = 50\mathrm{mm}$ $f_\mathrm{c}' = 49.8\mathrm{MPa}$	表 2.4-6 式（1）	312.9	$Q = 1150$ $Q_1 = Q/2 = 575$	45.6%
	表 2.4-6 式（2）	506.1		12.0%
	表 2.4-6 式（3）	266.6		53.6%
	表 2.4-6 式（4）	427.2		25.7%
	表 2.4-6 式（5）	559.6		2.7%
	表 2.4-6 式（6）	394.7		31.4%
	表 2.4-6 式（7）	620.6		−7.9%

通过对 PBL 单孔极限承载力的试验值与理论值进行误差分析可知，只有 Verissimo 计算式高估了 PBL 连接件的承载能力，而 M-S 计算式、Nishiumi 计算式、Leonhardt 计算式、Eurocode 4 计算式均严重低估了栓钉连接件的承载能力，四者计算值最低误差也高达 25.7%，与试件 PS-1 试验结果吻合较差。Hosaka 计算式为 PBL 连接件提供了 12% 的安全储备。数据符合最好的是 O-H 计算式。

3. 试件 SS-C 类与 PS-C 类极限承载力预测公式修正

通过本章前述分析发现，SS-C 类与 PS-C 类试件极限承载力均高于对应的推出试验标准试件 SS-1 与 PS-1 的极限承载力，并根据库仑摩擦定律得到了试件在侧压力作用下的钢-混凝土界面摩擦系数。文献[34-36]对栓钉连接件推出试验的钢-混凝土界面接触的定义分别采用忽略摩擦、钢-混凝土界面摩擦系数假设为 0.2 和摩擦系数假设为 0.3 的方式，这与本文试验数据计算得到的摩擦系数（$\mu_\mathrm{s0} = 0.929$ 和$\mu_\mathrm{s0}' = 1.070$）有 3～5 倍的差距。剪力连接件推出试验极限承载力理论分析中，摩擦系数应按试验数据取值，否则会直接影响试件极限承载力值的准确性。

在本节剪力连接件极限承载力试验值和理论值对比分析的基础上，选取试验值与理论值较为符合的计算式，对其进行修正，以期得到考虑侧压力作用时剪力连接件受剪承载力的预测公式。

1）栓钉剪力连接件

高强混凝土栓钉连接件试件的破坏均为栓钉被剪断，栓钉的极限抗拉强度对其极限承载力起决定性作用。高强混凝土栓钉连接件试件的极限承载力试验值与理论值符合最好的是 Ollgaard 计算式。考虑侧压力作用时，SS 类试件的极限承载力构成不仅有栓钉的承载力，还包括摩擦力提供的受剪承载力。本节在 Ollgaard 计算式的基础上，根据库仑摩擦定律，对原计算式增加一项代表钢-混凝土界面摩擦力的贡献，此时，计算式所得理论值可作为推出试验试件的极限承载力，既包括剪力连接件的极限承载能力，又包含考虑侧压力作用时由摩擦力提供的承载力，如式(2.4-1)所示。

$$V_{u总} = 0.5nA_{st}\sqrt{f_c'E_c} + f(N) \leqslant nf_uA_{st} + f(N)$$
$$f(N) = \mu \times 2N$$
(2.4-1)

式中，$V_{u总}$为试件受剪承载力（N）；n为试件中栓钉剪力连接件个数；A_{st}为栓钉横截面面积（mm²）；f_c'为混凝土圆柱体抗压强度（MPa）；E_c为混凝土弹性模量（MPa）；f_u为栓钉极限抗拉强度（MPa）；$f(N)$为摩擦力提供的承载力；μ为钢-混凝土界面摩擦系数，取为0.929；N为侧压力值。

2）PBL 剪力连接件

PBL 推出试验试件破坏形式多为混凝土被压坏，开孔板几乎不会屈服。对于 PBL 推出试验试件，估算连接件极限承载力计算式的改进方法与栓钉连接件所用方法相同。试验数据符合最好的是 O-H 计算式，现对此计算式进行增项改进，如式(2.4-2)所示。

$$Q_u = n_1\left(4.5htf_c' + 0.91(A_sf_y + A_s'f_y') + 3.31n_0d^2\sqrt{f_c'}\right)+f(N)$$
$$f(N) = \mu \times 2N$$
(2.4-2)

式中，Q_u为 PBL 连接件受剪承载力（N）；n_1为开孔板个数；n_0为单个开孔板上的开孔数；h为开孔板高度（mm）；t为开孔板厚度（mm）；f_c'为混凝土圆柱体抗压强度（MPa）；d为钢板开孔直径（mm）；A_s为贯穿钢筋截面面积（mm²）；f_y为贯穿钢筋屈服强度（MPa）；A_s'为普通横向钢筋截面面积（mm²）；f_y'为普通横向钢筋屈服强度（MPa）；$f(N)$为摩擦力提供的承载力；μ为钢-混凝土界面摩擦系数，取为0.776；N为侧压力值。

3）理论计算式与试验结果对比

根据式(2.4-1)和式(2.4-2)可对本节推出试验试件的受剪承载力进行验证，值与试验结果对比见表2.4-8。

计算值与试验值对比　　　　　　　　　表 2.4-8

类别	编号	侧压力值	摩擦系数	试验值/kN	理论值/kN	(试验值−理论值)/试验值
栓钉	SS-C1	150	0.929	526	544.3	−3.48%
	SS-C2	112.5	0.929	471	474.6	−0.77%
	SS-C3	75	0.929	417	405.0	2.89%
PBL	PS-C1	150	0.776	1372	1352.0	1.46%
	PS-C2	112.5	0.776	1320	1293.8	1.98%
	PS-C3	75	0.776	1275	1235.6	3.09%

由表2.4-8可以看出，除了试件 SS-C1 和 SS-C2 略微高估了试件的承载能力，其余试件的理论值与试验值均符合较好，误差不超过 5%。因此式(2.4-1)和式(2.4-2)能较好地对考虑侧压力作用时推出试验试件进行承载力估算。

2.5　T 形 PBL 剪力连接件力学性能

为探究 T 形 PBL 剪力连接件在拉剪复合受力作用下的力学性能，本节设计了 14 组试验，包括 PBL 及 T 形 PBL 剪力连接件的掀起试验、T 形 PBL 剪力连接件拉剪复合受力试验。对不同影响参数下的试件进行拉剪试验，分析了 T 形 PBL 剪力连接件在纯拉力、纯剪力、拉剪复合受力状态下的破坏模式，研究 T 形 PBL 剪力连接件在高度、顶板宽度、开孔数量、剪力连接件类型以及拉力施力比的影响下对拉剪复合受力状态下试件的裂缝产生形态和极限承载力的影响及应力应变演化规律。在前述研究基础上，分别建立 T 形 PBL 剪力连接件在剪力、拉力以及拉剪复合受力的有限元模型，结合试验得出的相关参数，对本节中的试验进行仿真模拟，并通过试验数据对有限元模型中的参数进行校核，最后建立能准确模拟 T 形 PBL 剪力连接件力学性能的有限元模型，并对 T 形 PBL 剪力连接件高度、顶板宽度、开孔直径、开孔数量、穿孔钢筋以及混凝土端部承托作用的影响参数进行拓展，并对试验中未观察到的现象进行重现。最后根据试验以及参数分析结果，研究 T 形 PBL 剪力连接件极限受拉、受剪承载力计算方法，在此基础上研究拉剪联合作用下 T 形 PBL 剪力连接件的拉剪承载力相关关系，建立 T 形 PBL 剪力连接件在拉剪复合受力状态下的承载力公式。

2.5.1　拉剪复合受力状态 T 形 PBL 剪力连接件试验方案

1. 试验设计

本节设计了 PBL 及 T 形 PBL 剪力连接件的掀起试验，以及 11 组拉剪复合受力试验，以 T 形 PBL 剪力连接件拉力施力比（25%、45%、65%）、剪力连接件高度（80mm、100mm、120mm）、顶板宽度（70mm、100mm、130mm）、开孔数量（1 孔、2 孔、3 孔）、顶板有无孔以及不同开孔板连接件类型（PBL 及 T 形 PBL）为试验参数，研究不同影响参数下 T 形 PBL 剪力连接件在拉剪复合受力状态下的力学性能。

表 2.5-1 列出了本次试验的参数水平及其几何特征。T 形 PBL 及 PBL 剪力连接件分别设置了一个基准试件，其编号分别为 T-SD 及 P-SD。除去基准试件，采用不同参数水平应用于试件编号，其中，T 和 P 分别代表 T 形 PBL 和 PBL 剪力连接件；H 代表开孔板高度；W 代表顶板宽度；N 为开孔数；X 为拉力施力比，即所施加的拉力与 T 形 PBL 和 PBL 剪力连接件标准试件的极限抗拔承载力 T_{tpbl}、T_{pbl} 的比值，F 为顶板开孔，0 表示顶板未开孔。例如，试件 T-W130 表示 T 形 PBL 剪力连接件顶板的宽度为 130mm，其余各参数保持与基准试件相同。

试件参数水平表

表 2.5-1

试件编号	剪力连接件高度/mm	顶板宽度/mm	腹板开孔数	拉力施力比	备注
T-SD-PUSH	100	100	3	0	
T-SD-PULL	100	100	3	T_{tpbl}	

试件编号	剪力连接件高度/mm	顶板宽度/mm	腹板开孔数	拉力施力比	备注
T-SD	100	100	3	$0.45T_{tpbl}$	基准试件
T-H120	120	100	3	$0.45T_{tpbl}$	剪力连接件高度因素
T-H80	80	100	3	$0.45T_{tpbl}$	
T-W130	100	130	3	$0.45T_{tpbl}$	顶板宽度因素
T-W70	100	70	3	$0.45T_{tpbl}$	
T-N2	100	100	2	$0.45T_{tpbl}$	开孔数量因素
T-N1	100	100	1	$0.45T_{tpbl}$	
T-F0	100	100	3	$0.45T_{tpbl}$	顶板开孔因素
T-SD-X25	100	100	3	$0.25T_{tpbl}$	拉力施力比因素
T-SD-X65	100	100	3	$0.65T_{tpbl}$	
P-SD-PULL	100	—	3	T_{pbl}	
P-SD	100	—	3	$0.45T_{pbl}$	

推出试验试件由两块600mm×600mm×150mm混凝土板组成,采用与工程相同的C30钢纤维混凝土。两个混凝土板在纵向和横向上分别用6根和4根直径为10mm的HRB400钢筋进行加固,混凝土保护层厚度为30mm。为保证千斤顶可以正常放置,H型钢的尺寸设计为360mm×240mm×16mm×16mm,为防止翼缘受压而产生局部应力过大导致提前屈服,H型钢顶部焊接一块厚20mm的钢板作为加载面。开孔板连接件焊接在H型钢两侧翼缘上,其底部与H型钢底部的距离为100mm,以H型钢腹板为对称轴对称布置2个。T形PBL剪力连接件顶部设置有直径为20mm的圆孔,孔圆心之间的距离为100mm,与顶板边缘的距离为25mm。穿孔钢筋的型号为HRB400,直径10mm;T形PBL剪力连接件肋板每个孔内布置1根钢筋。试件的详细尺寸如图2.5-1所示。为了消除由于T形PBL剪力连接件端部与混凝土直接接触对受剪承载力的影响,在两端T形PBL剪力连接件正下方各放置一块50mm厚的聚苯乙烯泡沫板。

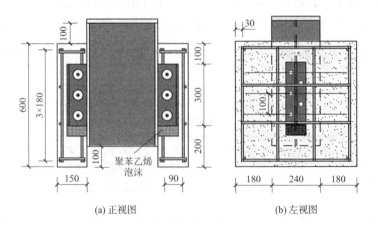

(a) 正视图   (b) 左视图

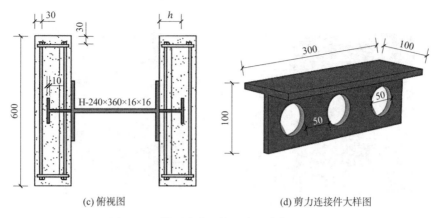

(c) 俯视图　　　　　　　　　　　　(d) 剪力连接件大样图

图 2.5-1　推出试验试件尺寸（单位：mm）

2. 试件制作

浇筑混凝土并使用振捣棒将其振捣密实，待混凝土浇筑至模板高度时，将表面抹平整；试件浇筑完成后，覆盖薄膜进行保湿；浇筑完成 24h 后拆除模板，洒水养护 28d。如图 2.5-2 所示。

(a) 浇筑混凝土　　　　　　　　　　　(b) 覆盖薄膜养护

图 2.5-2　试件制作

3. 试验加载系统及加载制度

掀起试验为仅用千斤顶进行水平方向的加载，加载至试件破坏以获得标准试件的最大受拉承载力。在推出试验试件两侧分别设置千斤顶，千斤顶施力的位置水平对称，且作用于混凝土板的力学平衡点处，尽量保证板的相对位移在高度上一致。推出试验为采用压力试验机进行竖直方向的加载，加载至试件的 H 型钢与混凝土之间的滑移达到 30mm 左右时停止加载，加载过程中保证试件尽可能竖向加载且受力均匀。拉剪试验为在掀起试验及推出试验的基础上，采用压力试验机及千斤顶进行的试验。拉剪试验先由两个水平千斤顶施加初始掀起力，施加的拉力由首先进行的掀起试验确定，然后施加竖向剪切力，直到观察失效。试验过程中需要持续监测千斤顶的读数，并向千斤顶增加压力，以保持张力在所需幅度的 1kN 以内。试验加载系统如图 2.5-3 所示。

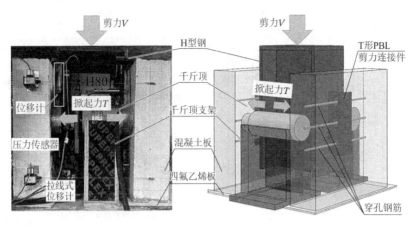

图 2.5-3　试验加载系统及其示意图

4. 试验测试系统及测点布置

千斤顶的压力值由压力传感器获取，通过采集仪提供实时的压力大小；推出力的大小由压力机提供。掀起试验仅对混凝土板间的横向分离位移进行了测量，拉剪试验还同时测量了钢与混凝土板之间的竖向滑移。竖向滑移通过反对称布置的 4 个位移计进行测量，上侧的位移计 LVDT1 和 LVDT3 测量的位置为距离混凝土顶板 100mm、距离 H 型钢翼缘 30mm 处；下侧的位移计 LVDT2 和 LVDT4 测量的位置为距离混凝土底部 100mm、距离 H 型钢翼缘 30mm 处。混凝土板之间的横向分离位移则由 4 个拉线式位移计进行测量，均安装于一侧混凝土板中心位置，拉线至另一侧混凝土板中心位置，上侧拉线式位移计 L1 和 L3 位于距离混凝土顶板 100mm 的高度，下侧拉线式位移计 L2 和 L4 位于距离混凝土底部 100mm 的高度。传感器布置如图 2.5-4 所示。

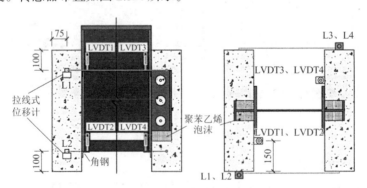

图 2.5-4　传感器布置

2.5.2　拉剪复合受力试验结果

1. 掀起试验结果及分析

1）试件破坏形态

本次试验中，PBL 剪力连接件和 T 形 PBL 剪力连接件各进行了 1 组掀起试验，以获得两个剪力连接件的极限抗掀起承载力。二者在掀起试验加载过程中的试验现象大致相同。试件在加载初期，均无明显破坏现象，H 型钢与混凝土板之间的横向分离呈线性增加，此时试件基本处于线性阶段；当荷载缓慢增大到一定程度时，可以听到细微的混凝土板开裂声响,此时随着荷载的增加,试件的横向分离位移趋于平缓,试件 P-SD-PULL 在峰值荷载后,荷载陡然下降,且横向分离位移迅速增加,而试件 T-SD-PULL 在峰值荷载后,荷载下降的速度相对较缓,试件最终破坏为一侧混凝土顶面裂缝沿横向发展(图 2.5-5),而另一侧混凝土板未出现明显破坏。

分别绘制试件 P-SD-PULL 及 T-SD-PULL 的混凝土内侧裂缝,如图 2.5-6 所示。可以观察到,混凝土板内侧的裂缝大致分为两个部分:第一部分由千斤顶与混凝土之间的接触产生,同时由于掀起力的增加而引起了分裂裂缝,水平角度约为 45°,向混凝土顶板方向延伸;第二部分为水平掀起力作用下,导致下部穿孔钢筋与混凝土板粘结破坏而引起的劈裂裂缝,裂缝从最下部穿孔钢筋开始,延伸至 H 型钢底部。

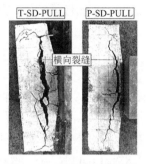

图 2.5-5　混凝土顶面裂缝

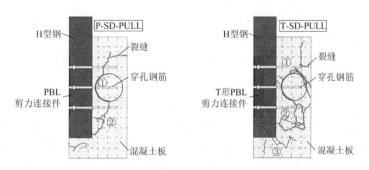

图 2.5-6　混凝土板内侧裂缝示意图

2)荷载-横向分离位移关系

绘制试件 P-SD-PULL 及 T-SD-PULL 的荷载-横向分离位移曲线,如图 2.5-7 所示。PBL 剪力连接件的极限抗掀起承载能力为 75.00kN;T 形 PBL 剪力连接件的极限抗掀起承载能力为 154.07kN,是 PBL 试件的 2.05 倍。T 形 PBL 试件在掀起荷载达到峰值点后没有像 PBL 试件一样猛然下降。这是由于 T 形 PBL 剪力连接件顶板的存在,使得剪力连接件抗掀起面积增加,分担了混凝土榫中的应力,从而使 T 形 PBL 剪力连接件在到达荷载峰值点后仍能继续承载。根据两个试件加载后期荷载下降的趋势可以看出,剪力连接件的顶板对峰值过后的行为会产生一定的影响,顶板的存在使得荷载下降速度减缓,一定程度上减小了破坏的突然发生。掀起试验的结果统计如表 2.5-2 所示。

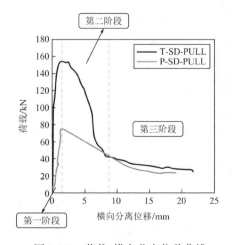

图 2.5-7　荷载-横向分离位移曲线

掀起试验结果统计表			表 2.5-2

试件	T_u/kN	d_p/mm	d_{max}/mm
P-SD-PULL	75.00	1.60	19.04
T-SD-PULL	154.07	1.82	21.72

注：T_u 表示 T 形 PBL 剪力连接件受拉峰值荷载；d_p 表示峰值荷载对应的分离位移；d_{max} 表示试验结束时的极限分离位移。

由图 2.5-7 可知，掀起试验的荷载横向分离行为大致分为以下三个阶段：①荷载增加阶段，此时试件具有良好的弹性和刚度，荷载随横向分离位移的增加而线性增加，钢与混凝土界面之间的相对横向分离不明显；②荷载下降阶段，T 形 PBL 剪力连接件提供的承载力下降，但分离位移继续增加；③荷载平稳阶段，随着分离位移的增加，荷载趋于平稳，此时荷载由穿孔钢筋承担。

2. 推出试验结果及分析

1）试件破坏形态

试件在加载初期无明显破坏现象，H 型钢与混凝土之间的滑移几乎为零，荷载-滑移曲线基本处于线性阶段；当荷载逐渐缓慢增大到 45%（350kN）时，钢-混凝土界面出现错动，界面的粘结力失效，产生细微的界面开裂声响；荷载继续增加至 76%（560kN）时，剪切刚度开始逐渐退化，剪力连接件和混凝土进入塑性阶段；荷载增加至 88%（650kN）后，剪切刚度退化剧烈，试件的塑性发展迅速；荷载达到峰值 738.5kN，对应的滑移为 14.02mm，此后试件未出现明显的荷载降低趋势直至加载完成。

绘制混凝土板内侧裂缝，如图 2.5-8 所示。加载后混凝土板内侧的裂纹分布可分为两个部分：第一部分是 T 形 PBL 剪力连接件下方由于剪力作用导致的破坏；第二部分是由竖向剪切力引起的劈裂裂缝，裂缝均由混凝土榫位置以约 20°的方向向混凝土板边缘延伸。同时，观察到混凝土板外侧从 T 形 PBL 剪力连接件下端开始产生裂缝，由下至上发展，并在水平方向发生多次分裂，如图 2.5-9 所示。

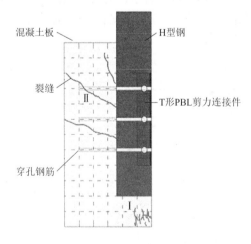

图 2.5-8　混凝土板内侧裂缝示意图

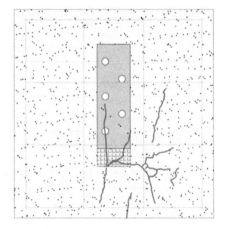

图 2.5-9　混凝土板外侧裂缝示意图

一般而言，钢-混凝土组合结构的破坏模式可以分为三种：①剪力连接件失效而混凝土板未发生严重破坏；②混凝土板破坏；③剪力连接件破坏导致承载区混凝土严重破坏，或中间破坏模式。第一种破坏模式通常可以在栓钉连接件试验中观察到[37]，第二种破坏模式则多见于 PBL 剪力连接件[38]。由试验结果可知，本研究中推出试验的 T 形 PBL 剪力连接件表现为第三种破坏模式，即 T 形 PBL 剪力连接件和混凝土板均失效，T 形 PBL 剪力连接件的屈服形态如图 2.5-10 所示。由试件 T-SD-PUSH 的孔洞可以观察到显著的变形，因为孔间的钢板在剪切力作用下超过了其屈服强度。虽然孔肋出现了变形，但在加载过程中 T 形 PBL 剪力连接件和 H 型钢之间的焊接仍然保持完整，H 型钢与混凝土板之间未出现明显的分离现象。

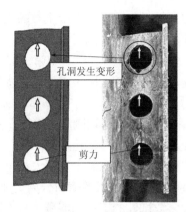

图 2.5-10　T 形 PBL 剪力连接件屈服形态

2）荷载-滑移关系

在推出试验的加载后期，由于钢和混凝土之间的界面滑移较大且混凝土出现明显的破坏，部分角钢脱落，以致测量界面滑移的位移计有一部分发生滑脱。因此，钢和混凝土之间的相对滑移由滑移量最大的位移计来决定，然而在加载后期，竖向位移计均滑落，仅有加载至 26mm 的数据，如图 2.5-11 所示。试验结果统计见表 2.5-3。

根据图 2.5-11 的荷载-滑移曲线，T 形 PBL 剪力连接件在推出作用下的荷载滑移行为大致分为两个阶段：第一阶段为线性荷载增加阶段，为极限受剪承载力的 46%，此时试件具有良好的弹性和刚度，荷载随滑移的增加而线性增加，钢与混凝土界面之间的相对滑移较小；第二阶段为非线性荷载增加阶段，此时试件的弹塑性特性明显，荷载随着滑移的增加呈非线性增加。

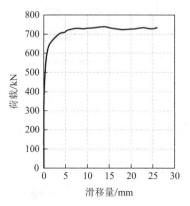

图 2.5-11　推出试验荷载-滑移曲线

推出试验结果统计 表 2.5-3

试件	P_u/kN	S_u/mm	d_p/mm	d_{max}/mm	破坏模式
T-SD-PUSH	738.5	14.02	3.89	8.82	C + S

注：P_u 表示 T 形 PBL 剪力连接件受剪峰值荷载；S_u 表示峰值荷载对应的钢-混凝土界面滑移；d_p 表示峰值荷载对应的钢与混凝土间的横向分离位移；d_{max} 表示加载结束时对应的横向分离位移；C 表示混凝土板破坏；S 表示剪力连接件屈服。

3. 拉剪复合受力试验结果分析

1）加载过程及破坏模式

一般情况下，在开始施加初始掀起力时，混凝土板的表面并不会出现可见的裂缝。当掀起力施加到一定大小时，顶面出现平行于混凝土板厚度方向的裂缝。随后，在钢构件下方的混凝土板的下部位置出现垂直裂缝（图 2.5-12 中第①部分），其原因是混凝土榫在剪力和掀起力共同作用下首先被损坏，断裂的混凝土榫不能再提供足够的抗掀起能力。当剪切力达到峰值荷载的 50% 左右时，出现图 2.5-12 中第②部分的斜裂缝，且大多数试件的混凝土板和钢梁开始发生分离，但由于足够的剪切刚度，使得界面滑移小于 1mm。当剪切力超过峰值荷载的 80% 时，横向分离和垂直滑移均超过 1mm。同时，在剪力和掀起力共同作用下，受千斤顶加载而产生拉伸的混凝土板侧面出现了大量可见的斜裂缝（图 2.5-12 中第③部分）。随着剪切力的增加，钢板与混凝土板的横向分离更加明显，增加速度也更快。当竖向剪切力达到峰值荷载时，大多数试件的钢板和混凝土板之间的距离约为 5mm。

根据拉剪复合受力试验的结果，结合前述的三种破坏模型，大多数 T 形 PBL 剪力连接件表现出第二种破坏模式，即在掀起力和剪切力共同作用下造成的混凝土板破坏。然而，在 T-H120 试件中观察到了第三种破坏模式，即 T 形 PBL 剪力连接件和混凝土均失效。所有试件的试验结果统计见表 2.5-4。

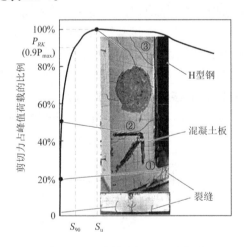

图 2.5-12　试件破坏过程示意图

不同影响参数下试件的试验结果统计 表 2.5-4

试件	P_u/kN	P_u/P_{sd}	S_u/mm	破坏面边界/mm	混凝土锥体角度/°	破坏模式
T-SD	618.4	1.00	8.16	80	31	C
T-H80	659.2	1.07	8.03	40	32	C
T-H120	781.1	1.26	6.01	95	35	C + S

试件	P_u/kN	P_u/P_{sd}	S_u/mm	破坏面边界/mm	混凝土锥体角度/°	破坏模式
T-W70	594.6	0.96	7.01	55	33	C
T-W130	630.0	1.02	6.77	90	32	C
T-N1	497.8	0.80	8.43	70	33	C
T-N2	668.9	1.08	7.02	80	31	C
T-F0	761.2	1.23	17.34	75	32	C
P-SD	360.0	0.58	4.00	45	32	C
T-SD-X25	680.4	1.10	20.42	—	—	C
T-SD-X65	560.0	0.91	1.64	80	31	C

注：C表示混凝土板破坏；S表示剪力连接件屈服。

　　两种破坏模式的差异反映在 T 形 PBL 剪力连接件的屈服形态（图 2.5-13）和混凝土板顶面的不同裂缝模式上。试件 T-H120 的孔洞发生了显著的变形，因为孔间的钢板在剪力和掀起力共同作用下超过了屈服强度。尽管孔肋出现变形，但在加载过程中 T 形 PBL 剪力连接件和 H 型钢之间的焊接仍然保持完整。

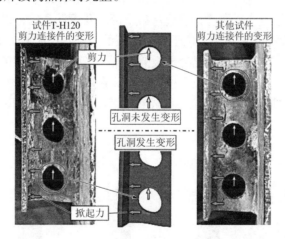

图 2.5-13　T 形 PBL 剪力连接件屈服形态

　　对于混凝土板顶部的裂缝（图 2.5-14），试件表现出两种分布模式：一种是混凝土板顶面只产生少量平行于掀起力方向的裂缝，这种裂缝主要发生在靠近 H 型钢的混凝土表面，同时混凝土板与 H 型钢之间产生明显的分离（图 2.5-13）；另一种是混凝土顶面裂缝沿混凝土板厚度方向达到一定距离后，裂缝开始横向发展直至加载结束，这种裂缝形式仅在试件 T-H120 中观察到，并且在 H 型钢和混凝土板之间没有产生明显的分离。在 Tan 等[39]的改进推出试验中也观察到类似的现象，这可能与剪力连接件在混凝土中的埋置深度有关。对于 T-H120 试件而言，T 形 PBL 剪力连接件上方的覆盖厚度由于其腹板高度较大、嵌入深度大而减小，从而在剪切力和掀起力共同作用下，混凝土板外表面也出现了裂缝，如图 2.5-15 所示，在其他试件中没有观察到类似的裂缝。同时，还观察到拉剪复合受力试验的破坏模式与纯推出试验明显不同，因为在拉剪复合受力试验中存在水平方向的掀起力，掀起力和剪切力共同作用下混凝土板之间会出现明显的横向分离（图 2.5-14）。

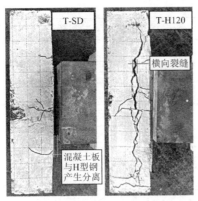
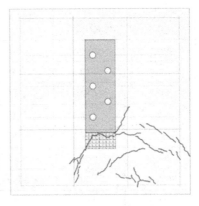

图 2.5-14　混凝土板顶面裂缝　　　图 2.5-15　T-H120 试件混凝土板
外表面裂缝

　　绘制拉剪复合受力试验的 11 组试件的混凝土板内侧裂缝分布，如图 2.5-16 所示，其中深色为主要裂缝，浅色为次要裂缝，得到试件在受到剪切力和掀起力联合作用下的裂缝分布规律。加载后，混凝土板内侧的裂纹分布可分为三部分（图 2.5-17）：第①部分是由于混凝土榫在剪力和掀起力共同作用下造成的损坏，位于 T 形 PBL 剪力连接件的下方；第②部分是由竖向剪切力引起的分裂裂缝，裂缝从最下部穿孔钢筋开始，以 45°的方向发展到混凝土板的底角；第③部分为斜裂缝，位于混凝土板的上部，其水平夹角为 45°。这些裂缝从上部的穿孔钢筋开始，一直延伸到混凝土板的上角。当剪力连接件在后期的加载阶段被拔出时，裂缝形成和发展。由于液压千斤顶的压力，在中间穿孔钢筋的位置没有明显的表面裂纹。钢-混凝土界面具有明显的被拉出而导致失效的特征，形成了图 2.5-17 中虚线范围所示的破坏模式。

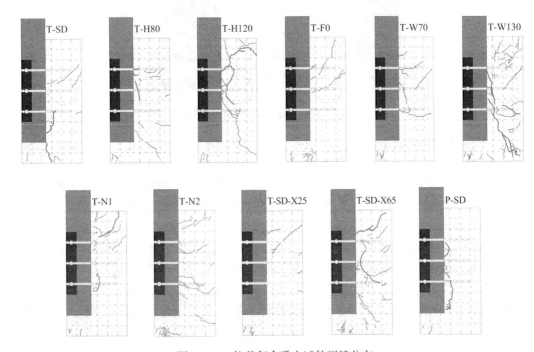

图 2.5-16　拉剪复合受力试件裂缝分布

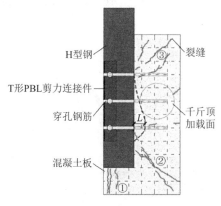

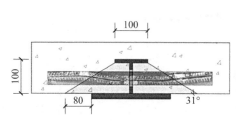

图 2.5-17　混凝土板内侧裂缝示意图　　　　图 2.5-18　混凝土破坏及穿孔钢筋变形

结合标准试件 T-SD 的混凝土破坏与穿孔钢筋的横向变形，总结 T 形 PBL 剪力连接件在剪力和掀起力共同作用下的破坏模式。混凝土锥体边缘与 H 型钢顶板边缘的最大距离为 L，如图 2.5-17 所示，标准试件在加载之后实际测量 L 的长度为 80mm。将变形的穿孔钢筋按相同比例嵌入其中，并根据测量的实际尺寸绘制出混凝土板在掀起力的作用下产生的锥体，即图 2.5-18 所示的锥形范围。假设混凝土的破坏源于 T 形 PBL 剪力连接件顶板，经由穿孔钢筋到达混凝土表面，形成图 2.5-17 所示虚线范围的裂缝。开裂过后的混凝土在掀起力的作用下被拉出，导致穿孔钢筋在内部破裂面处的变形，如图 2.5-18 所示。混凝土的破坏角度约为 31°～33°，这与栓钉连接件的破坏角度基本一致[40-41]。

然而，根据图 2.5-17 所示的混凝土板裂缝模式，在剪切力和掀起力组合作用下，T 形 PBL 剪力连接件受拉所形成的混凝土锥体的宽度与剪力连接件相同。这种非均匀分布破坏特征如图 2.5-19 所示。混凝土锥体从 T 形 PBL 剪力连接件的顶部开始，沿连接件的纵向逐渐加宽，在下部穿孔钢筋位置达到最大宽度，最后在聚苯乙烯泡沫块处结束。可以认为，由于自然分离和水平掀起力，下层的穿孔钢筋在加载试验中会受到相对较大的掀起力。

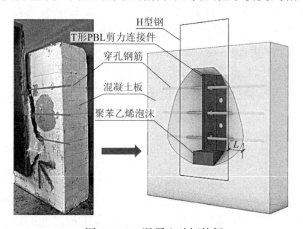

图 2.5-19　混凝土破坏特征

2）荷载-滑移关系

由于水平掀起力的存在，钢和混凝土板之间存在明显的横向分离，导致在拉剪复合受力试验的加载后期，用于测量竖向位移的位移计有一部分产生滑脱，因此，钢和混凝土之间的相对滑移是由滑移量最大的位移计来决定的。根据不同的参数绘制各试件的荷载-滑移曲线，如图 2.5-20 所示。

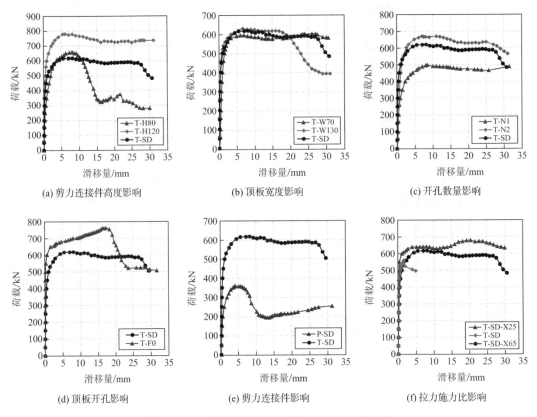

图 2.5-20　不同影响因素下试件的荷载-滑移曲线

根据图 2.5-20 的荷载-滑移曲线，T 形 PBL 剪力连接件在拉剪组合作用下的滑移行为大致分为以下三个阶段：①线性荷载增加阶段，此时试件具有良好的弹性和刚度，荷载随滑移的增加而线性增加，钢与混凝土界面之间的相对滑移较小；②非线性荷载增加阶段，此时试件的弹塑性特性明显，荷载随着滑移的增加呈非线性增加，直至试件达到极限承载力；③荷载下降阶段，T 形 PBL 剪力连接件提供的承载力下降，但滑移继续增加。所有采用 T 形 PBL 剪力连接件的试件在拉剪复合作用下的荷载-滑移曲线表现出相似的变化模式。

3）荷载-横向分离位移关系

由试件 T-SD-PULL 及 P-SD-PULL 的纯掀起试验得到，两者的极限抗掀起承载力分别为 154.07kN、75.00kN。在竖向剪切力加载前，各试件先施加 45%极限抗掀起承载力的水平掀起力。在竖向剪切力的作用后，H 型钢与混凝土板在剪切力和掀起力共同作用下发生分离。试验中采用 4 个拉线式位移传感器记录两个混凝土板之间的横向分离，竖向剪切力与 4 个传感器的平均分离曲线如图 2.5-21 所示。除了拉力施力比系列试件以外，其余试件均施加了相同水平掀起力（极限抗掀起承载力的 45%），故在相同的竖向剪切力作用下，混凝土板之间的分离位移可用于评估 PBL 剪力连接件的抗掀起能力。分别采用峰值荷载时的横向分离位移（d_p）和最终分离位移（d_{max}）来评价试件的抗掀起能力，所测得的数据如

表 2.5-5 所示。此外，将横向分离设为 x 轴，滑移设为 y 轴，绘制了滑移-横向分离曲线，由此来比较各个试件界面滑移与横向分离之间的关系，从而反映整个加载过程中滑移和分离的变形关系。

不同影响因素下试件的横向分离位移　　　　表 2.5-5

试件	P_u/kN	P_u/P_{sd}	R_{RK}/kN	d_p/mm	d_{max}/mm
T-SD	618.4	1.00	556.6	4.07	15.73
T-H80	659.2	1.07	593.3	4.25	27.70
T-H120	781.1	1.26	703.0	2.44	4.66
T-W70	594.6	0.96	535.1	4.47	8.89
T-W130	630.0	1.02	567.0	4.30	23.32
TN1	497.8	0.80	448.0	1.99	3.89
TN2	668.9	1.08	602.0	2.97	9.00
TF0	761.2	1.23	685.1	6.13	22.52
P-SD	360.0	0.58	324.0	6.47	24.16
T-SD-X25	680.4	1.10	612.4	5.07	7.09
T-SD-X65	560.0	0.91	504.0	4.55	11.23

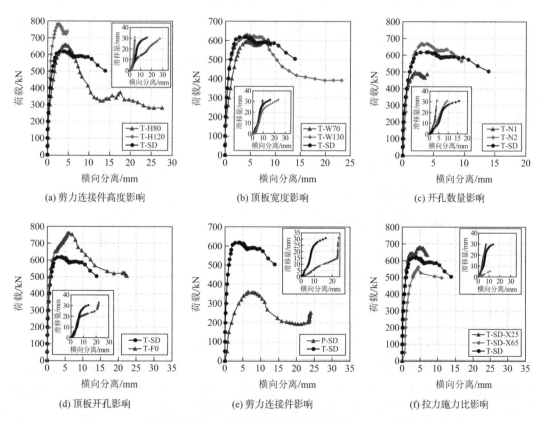

(a) 剪力连接件高度影响　　　　(b) 顶板宽度影响　　　　(c) 开孔数量影响

(d) 顶板开孔影响　　　　(e) 剪力连接件影响　　　　(f) 拉力施力比影响

图 2.5-21　不同影响因素下试件的荷载-横向分离曲线及滑移-横向分离曲线

2.5.3 基于数值模型的拉剪复合受力状态 T 形 PBL 连接件参数拓展分析

1. 有限元模型

T 形 PBL 剪力连接件的试件主要由混凝土板、H 型钢、T 形 PBL 剪力连接件、穿孔钢筋及构造钢筋组成。采用有限元软件 ABAQUS[42]建立有限元模型并通过试验结果验证。推出试验的加载速度足够慢时，可将其视为准静态加载程序[43]，因此有限元分析采用静力分析方式进行。模型中的混凝土采用 ABAQUS 材料库中连续的、基于塑性的损伤模型，即混凝土损伤塑性模型。混凝土损伤塑性模型使用各向同性损伤的各向同性塑性概念来模拟混凝土材料的非弹性结构行为[42]。混凝土本构曲线所需的基本参数中，立方体抗压强度为 36.84MPa，轴心抗压强度为 25.05MPa，抗拉强度为 2.43MPa，弹性模量为 32500MPa。其他塑性参数根据 ABAQUS 用户手册进行设置，如表 2.5-6 所示。本节中 H 型钢及 T 形 PBL 剪力连接件的钢材模型采用各向同性的弹性强化模型，利用双折线模型描述钢材的应力-应变曲线。其中，ε_y 和 f_y 分别为钢材的屈服应变和屈服强度；ε_u 和 f_u 分别为钢材的极限应变和极限强度。

混凝土塑性损伤模型参数　　　　　　　　　　　表 2.5-6

膨胀角Φ	偏心率c	f_{bo}/f_{co}	K_c	黏性参数μ
32	0.1	1.16	0.6667	0.0005

图 2.5-22 所示为 T 形 PBL 剪力连接件的有限元模型。考虑到试件的对称性，同时最小化计算时间和成本，有限元模型采用四分之一结构进行模拟，并采用实体单元和桁架单元进行网格划分。八节点六面体线性减缩积分单元 C3D8R 用于拉剪复合受力试验中混凝土板、H 型钢及 T 形 PBL 剪力连接件的建模；混凝土板中的钢筋采用两节点三维桁架单元 T3D2 建模。桁架单元与相邻的三维连续单元共享同一节点。

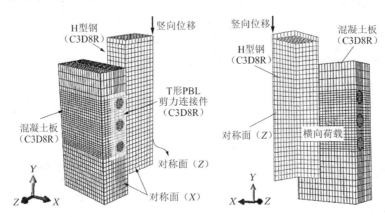

图 2.5-22　T 形 PBL 剪力连接件有限元模型

推出试验采用竖向荷载作用于 H 型钢顶部的参考点，位于四分之一结构的对称中心位置。通过点面耦合连接参考点与型钢顶面。采用位移控制，使 H 型钢的滑移为 30mm。掀起试验的加载采用位移控制的方式添加横向掀起力，使混凝土板与 H 型钢之间的分离位移为 10mm。拉剪试验则采用推出试验及掀起试验复合加载的方式。需要注意的是，掀起力的加载方式改为集中力加载，施加的荷载与实际试验中施加的荷载相同。

数值模拟约束对称表面上的所有节点在垂直于各自平面的方向上的自由度。为模拟试验中混凝土板横向位移对 T 形 PBL 剪力连接件承载力的影响，底部表面上所有节点在水平推出方向即Z方向不进行约束，在X和Y方向保持约束。相互作用的设置包括钢筋和混凝土之间的连接、T 形 PBL 剪力连接件与 H 型钢之间以及 H 型钢与混凝土的界面、T 形 PBL 剪力连接件与混凝土之间的接触。

2. 计算工况

本节共计算了 9 个 T 形 PBL 剪力连接件的拉剪复合受力试验有限元模型，以建立与试验一致的有限元模型，并对试验中所设置的混凝土及钢材的参数进行验证，如表 2.5-7 所示。本文设计的参数包括：①剪力连接件高度（80mm、100mm、120mm）；②顶板宽度（70mm、100mm、130mm）；③开孔板开孔数量（1 孔、2 孔、3 孔）；④拉力施力比（25%、45%、65%）。试件编号为参数变量字母及其数值，其余均与标准试件无异，如试件 H-80 表示剪力连接件高度为 80mm，其余参数与标准试件相同。

拉剪复合受力试验有限元模型参数设置   表 2.5-7

试件编号	剪力连接件高度H/mm	顶板宽度W/mm	开孔数量N	拉力施力比X/%
T-SD	100	100	3	45
H-80	80	100	3	45
H-120	120	100	3	45
W-70	100	70	3	45
W-130	100	130	3	45
N-1	100	100	1	45
N-2	100	100	2	45
X-25	100	100	3	25
X-65	100	100	3	65
P-SD	100	—	3	45

有限元模型参数研究旨在确定影响 T 形 PBL 剪力连接件在拉力和剪力共同作用下受剪承载力的重要参数，对 5 组参数共 27 个 T 形 PBL 剪力连接件分别进行掀起试验和推出试验的模拟，其中掀起试验中不考虑混凝土端部承托的作用。同时，为了验证模型的正确性，进行了 PBL 剪力连接件的掀起试验有限元模型计算及验证。本文设计的参数包括：穿孔钢筋的有无；聚苯乙烯泡沫（EPSF）的有无；剪力连接件高度；顶板宽度；开孔直径；开孔数量。表 2.5-8 所示为 27 个有限元模型试件（编号 L 表示受拉，J 表示受剪）的顶板宽度、剪力连接件高度、开孔直径等详细情况。

掀起试验及推出试验有限元模型参数设置   表 2.5-8

试件编号	穿孔钢筋	EPSF	顶板宽度W/mm	剪力连接件高度H/mm	开孔直径D/mm	开孔数量N
J-NYW1H2D50-3	Y	N	100	100	50	3

试件编号	穿孔钢筋	EPSF	顶板宽度W/mm	剪力连接件高度H/mm	开孔直径D/mm	开孔数量N
J-NYW2H2D50-3	Y	N	100	100	50	3
J-NYW3H2D50-3	Y	N	100	100	50	3
L/J-YYW2H2D45-3	Y	Y	100	100	45	3
L/J-YYW2H1D50-3	Y	Y	100	80	50	3
L/J-YYW2H2D50-3	Y	Y	100	100	50	3
L/J-YYW2H3D50-3	Y	Y	100	120	50	3
L/J-YYW1H2D50-3	Y	Y	80	100	50	3
L/J-YYW3H2D50-3	Y	Y	120	100	50	3
L/J-YYW2H2D55-3	Y	Y	100	100	55	3
L/J-YYW2H2D50-1	Y	Y	100	100	50	1
L/J-YYW2H2D50-2	Y	Y	100	100	50	2
L/J-YNW2H2D50-1	N	Y	100	100	50	1
L/J-YNW2H2D50-2	N	Y	100	100	50	2
L/J-YNW2H2D50-3	N	Y	100	100	50	3

编号说明：

J-YYW1H1D45-3
加载方式：L—掀起试验；J—推出试验
剪力连接件高度：H1—80mm；H2—100mm；H3—120mm
开孔数量：1—1孔；2—2孔；3—3孔
开孔直径：D45—45mm；D50—50mm；D55—55mm
顶板宽度：W1—80mm；W2—100mm；W3—120mm
穿孔钢筋：Y—是；N—否
聚苯乙烯泡沫：Y—是；N—否

3. 有限元模型验证

根据本节介绍的有限元模型和参数，采用 ABAQUS 软件获得了 T 形 PBL 剪力连接件试件在整个静加载过程中的荷载-滑移曲线，并根据计算结果比较分析了 T 形 PBL 剪力连接件的极限承载力。

1）掀起试验模型

实际荷载由两侧 T 形 PBL 剪力连接件共同承担，因此有限元模型计算出的极限受拉承载力需乘以 2。为模拟试验中使用拉线式位移计的效果，选择混凝土板内侧边缘与横向荷载加载点同高度的 1 号点，如图 2.5-23 所示。图 2.5-24（a）为 PBL 剪力连接件总高度为100mm 的掀起试验试件采用有限元计算的荷载-横向分离位移曲线。图 2.5-24（b）为 T 形PBL 剪力连接件总高度为 100mm、顶板宽度为 100mm 的掀起试验试件采用有限元计算的荷载-横向分离位移曲线，对应的编号为 L-YYW2H2D50-3。

PBL 剪力连接件的掀起试验中，试件的极限受拉承载力为 75.0kN，有限元模型计算的极限受拉承载力为 74.0kN，误差在 1.5%左右，需要说明的是，曲线在横向分离位移至 4mm左右时，由于静力分析的收敛问题导致了计算中断。T 形 PBL 剪力连接件的掀起试验中，试件的极限受拉承载力为 154.1kN，有限元模型计算的极限受拉承载力为 153.9kN，误差在1%以内。这表明有限元模型中设置的计算参数是合理的。

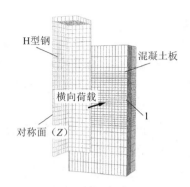

图 2.5-23　钢与混凝土横向分离位移点位示意图

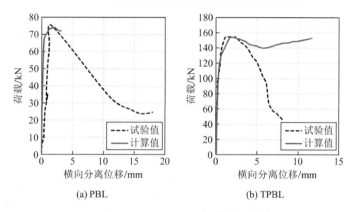

(a) PBL　　　　　　　　　　　　(b) TPBL

图 2.5-24　掀起试验试件的荷载-横向分离位移曲线

2）推出试验模型

选择 T 形 PBL 剪力连接件中间孔洞下方所对应高度的 H 型钢 1 号点及混凝土 2 号点之间的滑移，如图 2.5-25 所示。图 2.5-26 为 T 形 PBL 剪力连接件总高度 100mm、顶板宽度 100mm 的标准试件的荷载-滑移曲线对比，对应的试件编号为 J-YYW2H2D50-3。由图可见，试验得到的荷载-滑移曲线与有限元计算得到的荷载-滑移曲线具有良好的一致性，特别是对于 T 形 PBL 剪力连接件的极限受剪承载力，试验值为 738.5kN，有限元计算值为 731.8kN，相差小于 1%。这表明有限元模型中的参数是合理的，CDP 塑性损伤模型可以很好地模拟 T 形 PBL 剪力连接件的整个加载过程。推出试验试件的破坏过程如图 2.5-27 所示。

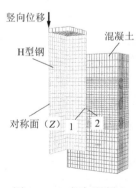

图 2.5-25　钢与混凝土
滑移点位示意图

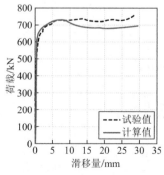

图 2.5-26　试件荷载-滑移
曲线对比

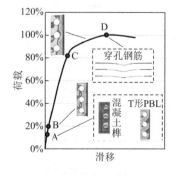

图 2.5-27　推出试验试件
破坏过程

3）拉剪复合受力试验模型

图 2.5-28 所示为剪力连接件类型、剪力连接件高度、顶板宽度、开孔数量及拉力施力比等参数影响下拉剪复合受力试件的荷载-滑移曲线对比。选择 T 形 PBL 剪力连接件中间孔洞下方所对应高度的 H 型钢 1 号点及混凝土 2 号点之间的滑移，与推出试验的有限元模型所选择的点位相同，如图 2.5-25 所示。

试件拉剪试验得到的极限承载力与有限元计算值的对比如表 2.5-9 所示，可以看到，有限元计算值与试验值的误差基本保持在 6%以内，其中试件 T-H80 由于在混凝土浇筑过程中，一侧剪力连接件底部的聚苯乙烯泡沫脱落，其最终承载力值包括了 T 形 PBL 剪力连接件端部混凝土的承托作用，使得有限元计算出的荷载-滑移曲线与试验值有较大的偏差。

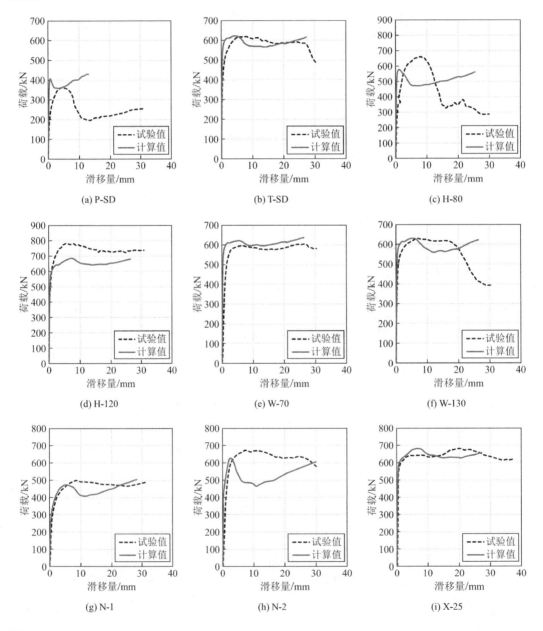

(a) P-SD (b) T-SD (c) H-80

(d) H-120 (e) W-70 (f) W-130

(g) N-1 (h) N-2 (i) X-25

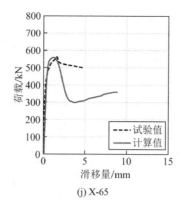

(j) X-65

图 2.5-28　不同影响因素下拉剪复合受力试件荷载-滑移曲线对比

试验值与有限元计算值对比　　　　　　　　表 2.5-9

试件	试验值P_u/kN	计算值P_{FE}/kN	P_{FE}/P_u
T-SD	618.4	622.0	1.01
T-H80	659.2	574.8	0.87
T-H120	781.1	684.6	0.88
T-W70	594.6	620.7	1.04
T-W130	630.0	630.1	1.00
T-N1	497.8	472.5	0.95
T-N2	668.9	588.0	0.88
P-SD	360.0	406.1	1.13
T-SD-X25	680.4	680.9	1.00
T-SD-X65	560.0	558.1	1.00

4. 掀起及推出试验数值分析结果

根据表 2.5-8 中所列参数，提取对应的有限元计算结果见表 2.5-10。

掀起及推出试验有限元模型参数及计算结果　　　　表 2.5-10

试件编号	穿孔钢筋	EPSF	顶板宽度 W/mm	肋板高度 H/mm	孔径 D/mm	孔数 N	计算结果	
							V_{FE}	T_{FE}
J-NYW1H2D50-3	Y	N	100	100	50	3	—	370.4
J-NYW2H2D50-3	Y	N	100	100	50	3	—	371.0
J-NYW3H2D50-3	Y	N	100	100	50	3	—	338.4
L/J-YYW2H2D45-3	Y	Y	100	100	45	3	151.5	365.9
L/J-YYW2H1D50-3	Y	Y	100	80	50	3	137.4	387.4
L/J-YYW2H2D50-3	Y	Y	100	100	50	3	154.0	370.7
L/J-YYW2H3D50-3	Y	Y	100	120	50	3	178.2	360.2
L/J-YYW1H2D50-3	Y	Y	80	100	50	3	154.5	318.3

试件编号	穿孔钢筋	EPSF	顶板宽度 W/mm	肋板高度 H/mm	孔径 D/mm	孔数 N	计算结果	
							V_{FE}	T_{FE}
L/J-YYW3H2D50-3	Y	Y	120	100	50	3	151.7	362.4
L/J-YYW2H2D55-3	Y	Y	100	100	55	3	154.3	272.5
L/J-YYW2H2D50-1	Y	Y	100	100	50	1	130.8	327.8
L/J-YYW2H2D50-2	Y	Y	100	100	50	2	145.1	336.1
L/J-YNW2H2D50-1	N	Y	100	100	50	1	106.2	425.3
L/J-YNW2H2D50-2	N	Y	100	100	50	2	108.2	423.1
L/J-YNW2H2D50-3	N	Y	100	100	50	3	109.9	427.9

注：编号说明同表 2.5-8。

2.5.4 拉剪复合受力 T 形 PBL 连接件承载力计算方法

1. 极限受拉承载力

1）计算方法总结

对于剪力连接件的受拉承载力，国内外学者多集中于对栓钉连接件的研究，目前主流的受拉承载力计算式见表 2.5-11。

受拉承载力计算式　　　　　　　　　　　　　　　表 2.5-11

文献	受拉承载力计算式		参数意义
ACI 318-19[4]	$N_b = k\sqrt{f'_c}h_{ef}^{1.5}$	(1)	见文献[4]
ACI 349-97[7]	$N_b = 4\lambda\Phi\sqrt{f'_c}A_0$	(2)	见文献[7]
薛辉等[44]	$T_u = 0.0081 \times \frac{1}{20}BH^2f_{cuk} + 0.4956 \times \frac{\pi}{4}D_h^2f_{cuk}$	(3)	见文献[44]

2）受拉承载力建议计算式

根据 T 形 PBL 剪力连接件的掀起试验数值分析结果，发现混凝土在破坏时会产生一定角度的锥体，同时穿孔钢筋在混凝土锥体边缘会发生变形，因此提出计算式如式(2.5-1)所示，其中第一项与混凝土在拉力方向所产生的混凝土锥体的投影面积有关［如图 2.5-29 所示的阴影面积 A_p，可按照式(2.5-2)计算］；试件的受拉承载力与穿孔钢筋的作用相关，穿孔钢筋在混凝土锥体边缘会产生一定的变形（图 2.5-30），因此第二项与穿孔钢筋的受剪承载力有关，影响因素为穿孔钢筋的数量、面积以及穿孔钢筋的屈服应力。

图 2.5-29　T 形 PBL 剪力连接件受拉承载力计算示意图

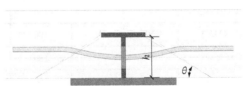

图 2.5-30　穿孔钢筋变形示意图

$$T_u = \frac{1}{2} f_t A_p + n f_v A_s \tag{2.5-1}$$

$$A_p = h \cot\theta \cdot L \tag{2.5-2}$$

式中，A_p 为混凝土破坏锥体在拉力方向的投影面积；f_t 为混凝土的轴心抗拉强度；n 为穿孔钢筋数量；f_v 为钢筋抗剪强度；A_s 为单根钢筋的面积；θ 为混凝土破坏锥体的角度；h 为 T 形 PBL 剪力连接件肋板的高度（或顶板与 H 型钢之间的混凝土厚度）；L 为 T 形 PBL 剪力连接件的长度；其他所有符号含义均与前述计算式相同。

ABAQUS 软件中可以直接提取试件的应力张量式(2.5-3)以及主应力。每个主应力对应的方向分别为 l、m、n，其中 l 即为所求的混凝土锥体的角度，可以根据式(2.5-4)的前两式与式(2.5-5)联立求解。对每个试件的混凝土锥体角度进行了计算，如表 2.5-12 所示，其中 T_{FE} 和 T_C 分别表示受拉承载力有限元计算值和计算式的计算值。

$$[\sigma_{ij}] = \begin{bmatrix} \sigma_x & \tau_{xy} & \tau_{xz} \\ \tau_{yx} & \sigma_y & \tau_{yz} \\ \tau_{zx} & \tau_{zy} & \sigma_z \end{bmatrix} \tag{2.5-3}$$

$$\begin{cases} (\sigma_x - \sigma)l + \tau_{xy}m + \tau_{xz}n = 0 \\ \tau_{yx}l + (\sigma_y - \sigma)m + \tau_{yz}n = 0 \\ \tau_{zx}l + \tau_{zy}m + (\sigma_z - \sigma)n = 0 \end{cases} \tag{2.5-4}$$

$$l^2 + m^2 + n^2 = 1 \tag{2.5-5}$$

有限元模型参数与计算结果统计　　　　　　表 2.5-12

试件编号	穿孔钢筋	顶板宽度 W/mm	剪力连接件高度 H/mm	开孔直径 D_h/mm	开孔数量 N	角度/°	T_{FE}/kN	T_C/kN	T_C/T_{FE}
L -YYW2H2D45-3	Y	100	100	45	3	32.90	151.5	157.7	1.04
L-YYW2H1D50-3	Y	100	80	50	3	31.06	137.4	134.8	0.98
L-YYW2H2D50-3	Y	100	100	50	3	33.90	154.0	157.7	1.02
L-YYW2H3D50-3	Y	100	120	50	3	33.11	178.2	180.7	1.01
L-YYW1H2D50-3	Y	80	100	50	3	34.58	154.5	157.7	1.02
L-YYW3H2D50-3	Y	120	100	50	3	33.53	151.7	157.7	1.04
L-YYW2H2D55-3	Y	100	100	55	3	33.32	154.3	157.7	1.02
L-YYW2H2D50-1	Y	100	100	50	1	30.29	130.8	121.5	0.93
L-YYW2H2D50-2	Y	100	100	50	2	32.74	145.1	139.6	0.96
L-YNW2H2D50-1	N	100	100	50	1	32.00	106.2	103.3	0.97
L-YNW2H2D50-2	N	100	100	50	2	31.41	108.2	103.3	0.96
L-YNW2H2D50-3	N	100	100	50	3	30.31	109.9	103.3	0.94
T_C/T_{FE}平均值									0.99
角度平均值									32.43

由表 2.5-12 可知，在拉力的作用下，试件产生的混凝土锥体角度约为 32°，因此采用 32° 按式(2.5-1)进行受拉承载力的计算。将所提出计算式的计算值与有限元分析结果进行对比分析，如图 2.5-31 所示，计算值与有限元结果大部分在误差 5% 以内，且由表 2.5-12 可

以看出，有限元结果与计算值的比值的均值为 0.99，标准差为 0.04，表明二者的相关性良好。但是，考虑到工程计算方便及计算结果的保守性，建议设计时按破坏角度 35°计算。

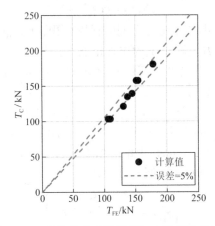

图 2.5-31　受拉承载力计算值与有限元结果对比

2. 极限受剪承载力

1）力学模型

国内外学者普遍认为开孔板连接件的受剪承载力主要来自以下三个部分：开孔板连接件端部混凝土的承压作用、穿孔钢筋与混凝土的连接作用以及混凝土榫的销栓作用[31,1,45]。本文中所提出的 T 形 PBL 剪力连接件的受力模式与普通的开孔板连接件基本相似，但仍然存在细微的差异。T 形 PBL 剪力连接件在剪力作用下的受力传递机理如图 2.5-32 所示。试件在受到竖向推出力作用时，试件沿竖向传递剪力的主要途径为：T 形 PBL 剪力连接件孔洞中混凝土榫的销栓作用（图 2.5-32 中 1）；穿孔钢筋与周围混凝土的连接作用（图 2.5-32 中 2）；端部混凝土对 T 形 PBL 剪力连接件的承托作用（图 2.5-32 中 6）。试件在变形过程中有横向扩张的趋势，沿横向传递剪力的主要途径为：T 形 PBL 剪力连接件孔洞中混凝土榫的销栓作用（图 2.5-32 中 3）；穿孔钢筋与周围混凝土的连接作用（图 2.5-32 中 4）；T 形 PBL 剪力连接件翼缘与混凝土之间的挤压作用（图 2.5-32 中 5）。

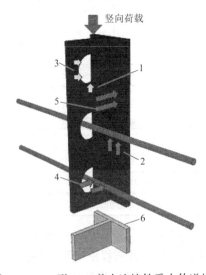

图 2.5-32　T 形 PBL 剪力连接件受力传递机理

2）计算方法总结

自 20 世纪 90 年代初以来，对抗剪强度评价公式的研究一直在积极开展。常规剪力连接件的受剪承载力大多参考规范中建议的方法，规范中的计算式大多仅考虑孔中混凝土榫的作用以及孔中穿孔钢筋对混凝土的约束作用，未考虑混凝土端部对剪力连接件的承托作用。目前主流的受剪承载力计算式见表 2.5-13。

T 形 PBL 剪力连接件受剪承载力计算式　　　　　　表 2.5-13

文献	受剪承载力计算式		参数意义
GB 50917—2013[46]	$V_1 = 2\alpha\left(\dfrac{\pi}{4}d_h^2 - \dfrac{\pi}{4}d_r^2\right)f_{td} + 2 \cdot \dfrac{\pi}{4}d_r^2 \cdot f_{vd}$	(1)	见文献[46]
JTG/T D64-01—2015[47]	$V_2 = 1.4(d_h^2 - d_r^2)f_{cd} + 1.2d_r^2 f_{sd}$	(2)	见文献[47]
Oguejiofor 和 Hosain[48,31]	$V_3 = 4.5htf_c + 3.31nd_h^2\sqrt{f_c} + 0.91A_{tr}f_y$	(3)	见文献[48]、[31]
Chung 等[49]	$V_4 = 7.5A_{pt}f_c + 2.4nd_h^2 f_c + 1.8A_{tr}f_y$	(4)	见文献[49]
苏庆田等[50]	$V_5 = 2n\dfrac{\pi}{4}(d_h^2 - d_r^2)f_c + \dfrac{1}{2}Bh_w f_c + 2N\dfrac{\pi}{4}d_r^2\dfrac{f_y}{\sqrt{3}}$	(5)	见文献[50]
Kim 等[41]	$V_6 = 3.428\left(\dfrac{d}{2} + 2w\right)tf_c + 1.9n\pi\left(\dfrac{d}{2}\right)^2\sqrt{f_c} + 1.213rA_{tr}f_y + 0.438mws\sqrt{f_c}$	(6)	见文献[41]

按表 2.5-13 中式（1）～式（6）计算出的 T 形 PBL 剪力连接件的受剪承载力见表 2.5-14，其中 V_{FE} 为有限元计算的单边 T 形 PBL 剪力连接件的受剪承载力。

表 2.5-13 中式（1）仅考虑了混凝土榫和穿孔钢筋两部分的作用，对于无端部承托的试件计算值偏小。表 2.5-13 中式（2）也仅考虑了混凝土榫和穿孔钢筋的作用，对于有端部承托的试件和开孔数量为 1 和 2 的试件，计算结果相差较大，可知式（2）不适用于开孔数偏少的试件。表 2.5-13 中式（3）对于无混凝土端部承托试件计算结果偏小且相差极大，而对于有混凝土承托试件计算结果则大部分偏大，可知式（3）对于混凝土端部承托的受剪承载力有所高估。表 2.5-13 中式（4）对于无端部混凝土承托的试件，计算结果与有限元结果相似，然而对于有端部混凝土承托的试件计算结果相差极大，可见式（4）中的混凝土端部承托所提供的抗剪切能力被高估了。表 2.5-13 中的式（5），其受剪承载力主要来源于混凝土榫和穿孔钢筋，而对于有穿孔钢筋的试件，其计算结果与有限元计算值相差 50%左右；对于无穿孔钢筋的试件，其计算结果则相差了 70%左右。可见式（5）过高地估计了钢筋所承担的受剪承载力。表 2.5-13 中的式（6），其计算结果对于无混凝土端部承托试件偏小且相差极大，而对于有混凝土承托试件计算结果则较为接近。

T 形 PBL 剪力连接件受剪承载力计算值　　　　　　表 2.5-14

试件	V_{FE}	受剪承载力计算值						V_1/V_{FE}	V_2/V_{FE}	V_3/V_{FE}	V_4/V_{FE}	V_5/V_{FE}	V_6/V_{FE}
		V_1	V_2	V_3	V_4	V_5	V_6						
J-YYW2H2D45-3	370.4	243.2	346.5	207.8	258.1	274.4	169.3	0.66	0.94	0.56	0.70	0.37	0.46
J-YYW1H2D50-3	371.0	276.4	396.5	236.4	278.8	314.2	182.2	0.75	1.07	0.64	0.75	0.42	0.49
J-YYW2H1D50-3	338.4	276.4	396.5	236.4	278.8	314.2	182.2	0.82	1.17	0.70	0.82	0.46	0.54
J-YYW2H2D50-3	365.9	276.4	396.5	236.4	278.8	314.2	182.2	0.76	1.08	0.65	0.76	0.43	0.50
J-YYW2H3D50-3	387.4	276.4	396.5	236.4	278.8	314.2	182.2	0.71	1.02	0.61	0.72	0.41	0.47
J-YYW3H2D50-3	370.7	276.4	396.5	236.4	278.8	314.2	182.2	0.75	1.07	0.64	0.75	0.42	0.49
J-YYW2H2D55-3	360.2	313.1	451.7	268.0	301.8	358.2	196.4	0.87	1.25	0.74	0.84	0.50	0.55
J-YYW2H2D50-1	318.3	92.1	132.2	78.8	92.9	104.7	60.7	0.29	0.42	0.25	0.29	0.16	0.19

试件	V_{FE}	受剪承载力计算值						V_1/V_{FE}	V_2/V_{FE}	V_3/V_{FE}	V_4/V_{FE}	V_5/V_{FE}	V_6/V_{FE}
		V_1	V_2	V_3	V_4	V_5	V_6						
J-YYW2H2D50-2	362.4	184.3	264.3	157.6	185.9	209.5	121.4	0.51	0.73	0.43	0.51	0.29	0.34
J-YNW2H2D50-1	272.5	58.2	84.2	50.2	36.4	67.0	22.6	0.21	0.31	0.18	0.13	0.12	0.08
J-YNW2H2D50-2	327.8	116.4	168.3	100.5	72.8	134.1	45.3	0.36	0.51	0.31	0.22	0.20	0.14
J-YNW2H2D50-3	336.1	174.6	252.5	150.7	109.3	201.1	67.9	0.52	0.75	0.45	0.33	0.30	0.20
J-NYW1H2D50-3	425.3	243.2	202.5	522.8	783.0	274.4	409.2	0.57	0.48	1.23	1.84	0.32	0.96
J-NYW2H2D50-3	423.1	243.2	202.5	522.8	783.0	274.4	409.2	0.57	0.48	1.24	1.85	0.32	0.97
J-NYW3H2D50-3	427.9	243.2	202.5	522.8	783.0	274.4	409.2	0.57	0.47	1.22	1.83	0.32	0.96

3）受剪承载力计算式修正

根据 T 形 PBL 剪力连接件的推出试验数值分析结果，并参照上述研究中对各部分承载力的计算式，得出了式(2.5-6)。其中，V_e 为混凝土的端部承托作用，主要考虑 T 形 PBL 剪力连接件端部与混凝土的接触面积以及混凝土强度的影响；V_c 为混凝土榫的受剪承载力，主要影响因素为 T 形 PBL 剪力连接件的开孔直径、开孔个数及混凝土的强度；V_s 为穿孔钢筋的受剪承载能力，影响因素为穿孔钢筋的面积以及穿孔钢筋的屈服应力；由于 T 形 PBL 剪力连接件与混凝土之间的接触面积较大，V_b 考虑钢和混凝土界面之间的粘结力，粘结强度计算式[51]按式(2.5-7)采用。计算示意图如图 2.5-33 所示。

$$\begin{cases} V = V_e + V_c + V_s + V_b \\ V_e = A_{\text{pt}} f_{\text{cu}} \\ V_c = 2.66\alpha n A_c f_{\text{cu}} \\ V_s = 0.8 n A_{\text{tr}} f_v \\ V_b = \tau_b A_b \end{cases} \tag{2.5-6}$$

$$\tau_b = -0.022 f_{\text{cu}} + 0.306\sqrt{f_{\text{cu}}} - 0.573 \tag{2.5-7}$$

式中，A_c 为 T 形 PBL 剪力连接件单个孔洞的面积（mm²）；f_v 为穿孔钢筋的抗剪强度（MPa）；τ_b、A_b 分别为剪力连接件与混凝土之间的粘结强度（MPa）和接触面积（mm²）；其他符号含义均与前述计算式相同。

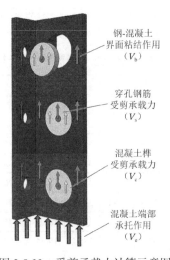

钢-混凝土
界面粘结作用
（V_b）

穿孔钢筋
受剪承载力
（V_s）

混凝土榫
受剪承载力
（V_c）

混凝土端部
承托作用
（V_e）

图 2.5-33　受剪承载力计算示意图

根据杨勇等[37]的研究结果，在 PBL 剪力连接件长度一定时，其受剪承载力并不会随着开孔的数量增加而增大。根据 Oguejiofor 等[52]和 Chung 等[53]以往的研究，当孔数超过一定数量时，由于孔数的增加，孔洞之间的距离减小，每个混凝土榫的应力场重叠，使得受剪承载力降低。同时，由于孔径的增加，孔间距减小，导致孔间部分钢肋提前屈服，影响了相邻混凝土榫的应力分布。因此，根据孔数、直径和间距之间的关系来修正混凝土榫的销栓作用。开孔数量影响系数 α 在式(2.5-8)中给出，其中 l 为两个相邻孔边缘之间的距离(mm)。

$$\alpha = \frac{2l}{(n+1)d_{\mathrm{h}}} \tag{2.5-8}$$

将所提出计算式的计算结果与相关文献中试验结果以及有限元计算结果进行对比分析，如图 2.5-34、图 2.5-35 及表 2.5-15 所示。需要注意的是，对于 Y 形 PBL 剪力连接件等有多个翼缘的剪力连接件，其每个翼缘下方的混凝土承托作用均已计入式(2.5-6)中的第一部分，即混凝土端部承托作用。如图 2.5-34 所示，在 10% 的误差线内，计算值与试验值基本保持良好的一致性，且由表 2.5-15 可以看出，试验值与计算值之间的比值在 1.0 左右，标准差小于 0.2，表明二者相关性良好。

相关文献中试验值与计算值对比　　　　　　　　　表 2.5-15

文献	试件	α	试验值V_{T}	计算值V_{C}	$V_{\mathrm{C}}/V_{\mathrm{T}}$	平均值	标准差
Vianna 等[54]	P-2F-120	0.86	369.5	362.2	0.98	0.93	0.09
	P-2F-AR-120	0.86	454.4	398.5	0.88		
	P-2F-200	0.86	502.5	435.2	0.87		
	P-2F-AR-200	0.86	552.0	471.5	0.85		
	P-4F-200	0.51	460.0	491.1	1.07		
	P-4F-AR-200	0.51	561.1	563.7	1.00		
Chung 等[49]	S-SD-1	0.70	1020.0	866.0	0.85	1.01	0.10
	S-SD-2	0.70	1004.5	866.0	0.86		
	S-1_50H0R	1.40	652.0	618.0	0.95		
	S-2_50H0R	0.93	676.0	747.2	1.11		
	S-3_50H0R	0.70	711.0	810.9	1.14		
	S-3_45H0R	0.83	723.0	790.9	1.09		
	S-3_55H0R	0.59	800.0	822.3	1.03		
	S-3_50H1R	0.70	755.5	829.3	1.10		
	S-3_50H2R	0.70	923.0	847.7	0.92		
	S-30F-1	0.70	675.0	645.0	0.96		
	S-30F-2	0.70	816.0	747.1	0.92		
	S-160L-1H0R	1.40	492.0	557.4	1.13		
	S-160L-1H1R	1.40	499.1	575.8	1.15		
	S-280L-2H0R	0.93	713.5	716.9	1.00		

续表

文献	试件	α	试验值 V_T	计算值 V_C	V_C/V_T	平均值	标准差
Chung 等[49]	S-280L-2H2R	0.93	716.5	753.7	1.05	1.01	0.10
	S-6T	0.70	762.0	824.2	1.08		
	S-12T	0.70	1000.0	907.9	0.91		
Kim 等[41]	标准试件	0.80	901.7	822.8	0.91	0.98	0.18
	$f_{ck}=30$	0.80	836.0	642.6	0.77		
	肋板厚度 = 8	0.80	822.8	780.0	0.95		
	穿孔钢筋 = 0	0.80	517.4	674.3	1.30		
	Y 形角度 = 0	0.80	829.0	822.8	0.99		
	传统 PBL	0.80	880.1	822.8	0.93		
Ahn 等[45]	PF-S-C27	0.51	539.5	548.11	1.02	1.10	0.13
	PF-S-C30	0.51	590.7	614.14	1.04		
	PF-S-C40	0.51	620.6	737.60	1.19		
	PF-S-C50	0.51	692.2	889.44	1.28		

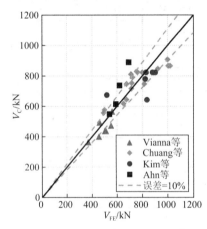

图 2.5-34　相关文献结果对比

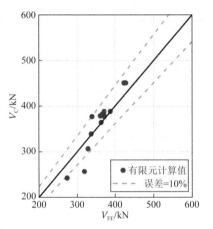

图 2.5-35　本研究结果对比

3. 拉剪复合作用下 T 形 PBL 剪力连接件承载力

1）现有研究中的拉剪关系

现有研究中，剪力连接件的拉剪复合受力关系仅涉及栓钉连接件，国内外学者提出的主要的拉剪复合受力计算式见表 2.5-16。

拉剪复合受力计算式

表 2.5-16

文献	计算式		参数意义
McMackin 等[55]	$\left(\dfrac{V}{V_u}\right)^{5/3}+\left(\dfrac{T}{T_u}\right)^{5/3}\leqslant 1$	(1)	见文献[55]
Takami 等[56]	$\left(\dfrac{V}{V_u}\right)^{2}+\left(\dfrac{T}{T_u}\right)^{2}\leqslant 1$	(2)	见文献[56]
Bode 等[57-58]	$\dfrac{V}{V_u}+\dfrac{T}{T_u}\leqslant 1.2$	(3)	见文献[57]、[58]

续表

文献	计算式		参数意义
蔺钊飞等[59-60]	$\left(\dfrac{V}{V_u}+\dfrac{1}{2}\right)^2+\left(\dfrac{T}{T_u}+\dfrac{1}{2}\right)^2\leqslant 2.61$	(4)	见文献[59]、[60]
安然等[61]	$\left(\dfrac{V}{V_u}\right)^{1.3}+0.95\left(\dfrac{T}{T_u}\right)^{1.3}\leqslant 1$	(5)	见文献[61]
Tan 等[39]	$\left(\dfrac{V}{V_u}\right)^{3/2}+\left(\dfrac{T}{T_u}\right)^{3/2}=1$	(6)	见文献[39]

2）T 形 PBL 剪力连接件的拉剪关系

表 2.5-17 为计算得到的 T 形 PBL 剪力连接件的拉力施力比及剪力施力比的关系。其中 T_u 为采用式(2.5-1)计算出的极限受拉承载力，试验中施加的拉力 T 为 33.75kN；V_u 为采用式(2.5-6)计算出的极限受剪承载力，V 为试验所得的单边剪力连接件的受剪承载力。图 2.5-36 给出了表 2.5-16 中式（1）～式（6）计算值与试验值的对比。

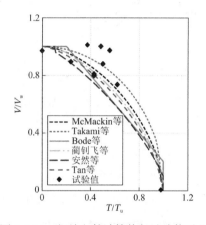

图 2.5-36　相关文献计算值与试验值对比

试件拉力施力比及剪力施力比的关系　　　　表 2.5-17

试件编号	受拉承载力T_u/kN	T/T_u	受剪承载力V_u/kN	试验值V/kN	V/V_u
T-SD-PUSH	157.72	0	381.84	369.25	0.97
T-SD	157.72	0.43	381.84	309.2	0.81
T-H120	180.68	0.37	387.52	390.55	1.01
T-H80	134.75	0.50	376.15	329.6	0.88
T-W130	157.72	0.43	390.37	315	0.81
T-W70	157.72	0.43	373.31	297.3	0.80
T-N2	139.59	0.48	335.28	334.45	1.00
T-N1	121.46	0.56	256.67	248.9	0.97
T-SD-X25	157.72	0.24	381.84	340.2	0.89
T-SD-X65	157.72	0.62	381.84	280	0.73
T-SD-PULL	157.72	0.98	0.00	—	0.00

表 2.5-16 中式（1）～式（6）的计算评价如式(2.5-9)所示，其计算原理如图 2.5-37 所

示。其中，T/T_{up} 与表 2.5-17 中所计算的 T/T_u 相同，V/V_{up} 即计算式的计算值。将各个计算式的计算效果评价进行汇总，如表 2.5-18 所示。由图 2.5-36 及表 2.5-18 可以看出，各计算式的计算结果的离散性相差不大，而表 2.5-16 式（2）与试验值相关程度最高，平均值为 0.99，标准差为 0.08，基本能够准确预测 T 形 PBL 剪力连接件在拉剪复合受力状态下的拉力施力比及剪力施力比之间的关系，并且计算结果更偏安全。

$$R = \frac{\sqrt{(V/V_u)^2 + (T/T_u)^2}}{\sqrt{(V/V_{up})^2 + (T/T_{up})^2}} \tag{2.5-9}$$

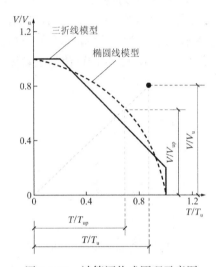

图 2.5-37　计算评价式原理示意图

各计算式的计算效果评价　　　　　　　　　　　　　　　　表 2.5-18

试件编号	McMackin 等[55]	Takami 等[56]	Bode 等[57]	蔺钊飞等[59]	安然等[61]	Tan 等[39]
T-SD-PUSH	0.97	0.97	0.97	0.97	0.97	0.97
T-SD	0.99	0.98	0.99	0.99	0.99	0.97
T-H120	0.97	0.92	0.99	1.06	1.01	1.04
T-H80	1.13	1.07	1.15	1.23	1.17	1.19
T-W130	1.07	1.01	1.10	1.19	1.12	1.17
T-W70	0.96	0.91	0.99	1.06	1.00	1.03
T-N2	0.95	0.90	0.98	1.05	0.99	1.02
T-N1	1.18	1.11	1.21	1.30	1.23	1.28
T-SD-X25	1.19	1.12	1.23	1.32	1.25	1.31
T-SD-X65	0.95	0.92	0.95	1.01	0.97	0.93
T-SD-PULL	1.03	0.96	1.06	1.13	1.08	1.13
平均值	1.03	0.99	1.05	1.12	1.07	1.10
标准差	0.09	0.08	0.10	0.12	0.11	0.13

3）T 形 PBL 剪力连接件拉剪极限承载力

本节提供一种能够由剪力连接件的极限受剪承载力获得其在拉剪复合受力状态下的承载力计算方法。没有混凝土的端部承托作用时，PBL 剪力连接件的承载能力主要由界面粘结（V_b）、混凝土榫（V_c）和穿孔钢筋（V_s）提供。界面粘结主要传递平行于接触面的剪力，由水平拉力引起的承载力降低不能反映在式(2.5-6)的 V_b 中，因此，水平拉力只能反映在混凝土榫和穿孔钢筋部分，如图 2.5-38 所示。由式(2.5-6)的 V_c 和 V_s 确定了混凝土和穿孔钢筋的承载力后，给出水平拉力的大小，即可根据勾股定理［式(2.5-10)］计算出混凝土榫和穿孔钢筋在竖直方向的极限受剪承载力 V_T。由此，可以根据式(2.5-11)来计算 T 形 PBL 剪力连接件在拉剪复合受力状态下的极限受剪承载力，各试件的计算结果如表 2.5-19 所示，其中，P 为试验所得的单边 T 形 PBL 剪力连接件的极限受剪承载力。计算值与试验值之比的平均值为 1.09，标准差为 0.12，这表明所提出的承载力计算式准确性良好。然而，由于试件数量有限，其有效性仍有待进一步验证。

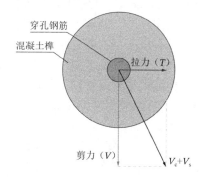

图 2.5-38　混凝土榫及穿孔钢筋受力分析图

$$V_T = \sqrt{(V_c + V_s)^2 - T^2} \tag{2.5-10}$$

$$V_u = V_T + V_b \tag{2.5-11}$$

T 形 PBL 剪力连接件在拉剪复合受力状态下承载力计算值　　　表 2.5-19

试件编号	顶板宽度/mm	腹板高度/mm	试验值P/kN	α	V_b/kN	V_c/kN	V_s/kN	V_u/kN	V_u/P
T-SD	100	100	309.2	0.50	49.9	276.9	43.5	363.1	1.17
T-W70	70	100	297.3	0.50	41.3	276.9	43.5	354.6	1.19
T-W130	130	100	315.0	0.50	58.4	276.9	43.5	371.6	1.18
T-H80	100	80	329.6	0.50	44.2	276.9	43.5	357.4	1.08
T-H120	100	120	390.6	0.50	55.5	276.9	43.5	368.8	0.94
T-N1	100	100	248.9	1.00	53.6	184.6	14.5	240.9	0.97
T-N2	100	100	334.5	0.67	51.7	247.4	29.0	319.7	0.96
T-SD-X25	100	100	340.2	0.50	49.9	276.9	43.5	368.1	1.08
T-SD-X65	100	100	280.0	0.50	49.9	276.9	43.5	355.1	1.27
平均值									1.09
标准差									0.12

2.6 胶结剪力连接件抗剪性能

本节设计了 12 组有机聚合物剪力连接件进行推出试验，以研究有机聚合物的材料特性、粘结厚度以及交界面的施工工艺等主要因素对有机聚合物剪力连接件的承载能力及变形的影响，并得到了荷载-滑移曲线及其极限承载力。通过对试验结果的分析，明确了有机聚合物剪力连接件的受力机理及破坏形式，并依据试验结果提出适用于有机聚合物剪力连接件荷载-滑移关系的计算式及极限承载力计算式。

2.6.1 胶结剪力连接件推出试验设计

1. 构件设计及材料参数

本文采用推出试验研究胶结剪力连接件的抗剪性能，对于栓钉或者 PBL 剪力连接件，推出试验试件一般根据欧洲规范（Eurocode 4）所规定的标准试件进行制作。此外，一些文献中的推出试验根据实际结构的工作状态，确定了与实际结构比较接近的试件构造。由于本节推出试验剪力连接件采用的是有机聚合物剪力连接件，钢梁与混凝土的交界面均承受剪力，推出试验的极限承载力可表示为单位粘结面积所能承受的最大荷载，因此，本节试验未采用欧洲规范中的标准试件构造尺寸。综合以上分析，本节推出试验中的有机聚合物的粘结面积为 100mm × 300mm，试件具体尺寸如图 2.6-1 所示。

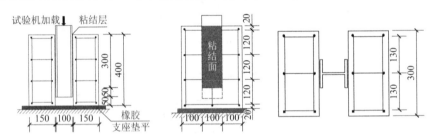

图 2.6-1 本节推出试验试件尺寸（单位：mm）

通过文献调研，有机聚合物剪力连接件的材料类型、弹性模量、胶层粘结厚度、混凝土表面的处理工艺等均会影响到有机聚合物剪力连接件的性能，因此，本节推出试验共设计了 12 组（每组 3 个）试件，试件主要参数见表 2.6-1。

推出试验试件主要参数　　　　　表 2.6-1

序号	试件编号	胶的参数			粘结厚度/mm	施工工艺处理	备注
		主剂成分	抗拉强度/MPa	弹性模量/MPa			
1	PT-BZ	环氧树脂（美国）	33	4900	3	30mm 间距，5mm 深度横向凹槽，$R_a = 0.83mm$	
2	PT-H1	环氧树脂（美国）	33	4900	5	30mm 间距，5mm 深度横向凹槽，$R_a = 0.83mm$	厚度变化
3	PT-H2	环氧树脂（美国）	33	4900	8	30mm 间距，5mm 深度横向凹槽，$R_a = 0.83mm$	
4	PT-J1	环氧树脂（中国）	32.6	4500	3	30mm 间距，5mm 深度横向凹槽，$R_a = 0.83mm$	胶参数变化
5	PT-J2	环氧树脂（美国）	54	2500	3	30mm 间距，5mm 深度横向凹槽，$R_a = 0.83mm$	

续表

序号	试件编号	胶的参数			粘结厚度/mm	施工工艺处理	备注
		主剂成分	抗拉强度/MPa	弹性模量/MPa			
6	PT-J3	丙烯酸酯（中国）	15	1000	3	30mm 间距，5mm 深度横向凹槽，$R_a = 0.83$mm	胶参数变化
7	PT-J4	环氧砂浆（中国）	10	—	3	30mm 间距，5mm 深度横向凹槽，$R_a = 0.83$mm	
8	PT-GY1	环氧树脂（美国）	33	4900	3	50mm 间距，5mm 深度横向凹槽，$R_a = 0.5$mm	混凝土表面工艺处理方式
9	PT-GY2	环氧树脂（美国）	33	4900	3	30mm 间距，5mm 深度纵横向凹槽，$R_a = 0.88$mm	
10	PT-GY3	环氧树脂（美国）	33	4900	3	30mm 间距，10mm 深度横向凹槽，$R_a = 1.67$mm	
11	PT-GY4	环氧树脂（美国）	33	4900	3	混凝土表面不处理，$R_a \approx 0$	
12	PT-GY5	环氧树脂（美国）	33	4900	3	30mm 间距，5mm 深度双斜向凹槽，$R_a = 1.2$mm	

注：R_a 表示混凝土表面粗糙度，采用灌砂法确定，其数值为混凝土处理面的平均灌砂深度，即 R_a = 标准砂的体积/试件横截面面积。

本试验中所有试件的混凝土板均采用 C40 混凝土，浇筑过程中，采用人工振捣保证混凝土的均匀性；粗骨料在保证级配良好的情况下，碎石最大公称粒径不超过 20mm；细骨料采用中砂。混凝土板中纵筋和箍筋均采用直径为 10mm 的 HRB335 钢筋，钢梁采用 Q345 型钢（HW100×100）。为对比有机聚合物剪力连接件的性能，选取环氧树脂建筑结构胶及环氧砂浆作为本次试验中的剪力连接件，有机聚合物材料均经检测合格方可使用，其材料参数见表 2.6-2。

胶结材料参数　　　　　　　　　　表 2.6-2

编号	材料	弹性模量 E_a/MPa	抗拉强度/MPa	产地
第1类	环氧树脂	4900	33	美国
第2类	环氧树脂	3700	32.6	中国
第3类	环氧树脂	2500	54	美国
第4类	丙烯酸酯	1000	15	中国
第5类	环氧砂浆	2800	15	中国

待混凝土养护至 28d 后，在其表面划定 100mm×300mm 的粘结区域，按照表 2.6-1 的 6 种工艺处理方式，用打磨机对混凝土粘结面进行处理，如图 2.6-2 所示，其中 PT-GY4 粘结区域仅做普通打磨处理（图中未示出）。

(a) 30mm 间距，5mm 横向凹槽　　　(b) 30mm 间距，5mm 纵横向凹槽　　　(c) 30mm 间距，5mm 双斜向凹槽

(d) 50mm 间距，5mm 横向凹槽　　　　　(e) 30mm 间距，10mm 横向凹槽

图 2.6-2　混凝土粘结面处理

2. 滑移测点的布置

将整个试件分为 A、B 两面，在距离粘结层顶端和底端各 100mm 处设置千分表，通过在粘结层两侧三分点处架设共 4 个千分表来测量 H 型钢与混凝土板之间的滑移。使用磁吸表座和角钢固定千分表，表座的中心线和角钢底面应位于同一水平面，以保证测试结果的准确性，如图 2.6-3 所示。

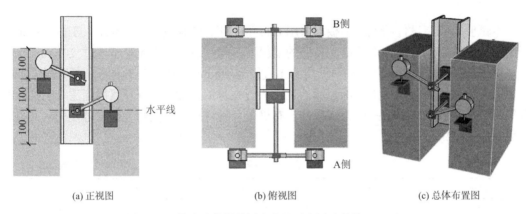

(a) 正视图　　　　　　　　(b) 俯视图　　　　　　　　(c) 总体布置图

图 2.6-3　推出试件滑移测点布置示意图（单位：mm）

2.6.2　胶结剪力连接件剪切破坏形式

在试验过程中，对整个试验进行全过程观察，未发现混凝土有裂缝产生，未发现纵向劈裂破坏或者混凝土被压碎的现象发生，说明此种剪力连接件的破坏形式不同于以往的栓钉、PBL 等金属剪力连接件的破坏形式。当推出试件单侧破坏时，通过观察试件破坏后的形态，发现有机聚合物剪力连接件主要有以下三种破坏形式：

（1）交界面上有机聚合物与 H 型钢粘结良好，混凝土板出现破坏。

（2）有机聚合物与混凝土粘结良好，由于有机聚合物与钢梁之间粘结强度不够，有机聚合物与 H 型钢发生脱离破坏。

（3）有机聚合物本身强度不够产生的破坏。

图 2.6-4 给出了试验过程中的三种主要破坏形式，可以看出，无论是何种破坏形式，有机聚合物剪力连接件都能避免如金属剪力连接件那样由应力集中引起的结构劈裂破坏或局部压碎现象，在剪切受力过程中，整个粘结面受力比较均匀。

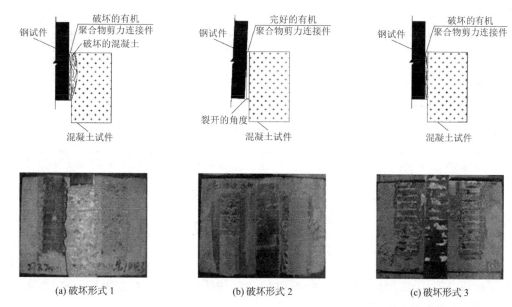

图 2.6-4　推出试件三种破坏形式示意图及破坏实物图

　　根据本试验的结果，第 1 种破坏形式占绝大部分，第 2 种破坏形式次之，第 3 种破坏形式最少。通过对破坏形式的分析可知，其中混凝土剥落破坏的主要原因是在拉剪复合作用下，混凝土主拉应力达到其极限抗拉强度。有机聚合物与 H 型钢脱离破坏可能是施工等原因导致粘结强度不足，通过观察破坏后的构件，发现试件型钢的表面打磨太过光滑，这可能是导致粘结强度不足的主要原因，建议对型钢表面进行喷砂处理，能显著提高聚合物与型钢间的粘结强度。有机聚合物本身破坏可能是由于胶自身抗拉强度不足或变形已超过其极限伸长率，此种破坏形式在组合结构设计中不应出现，因此采用有机聚合物剪力连接件作为组合结构的剪力连接件时，必须保证有机聚合物本身的强度满足工程要求。

　　同时，通过观察破坏后的粘结层，发现粘结层界面有沿受力方向变形的纹理特征，表明推出试件相对滑移的产生并不仅是由粘结层的弹性变形引起，还有明显的塑性变形。

2.6.3　有机聚合物剪力连接件承载性能的参数研究

　　表 2.6-3 给出了推出试验的结果及各组试件的破坏形式。可以看出，不同组别的试件极限承载力相差较大。由于混凝土的剥离破坏为主要破坏形式，本节认为剪力连接件的承载能力由混凝土抗拉强度决定，并受有机聚合物粘结厚度、弹性模量及施工工艺（粗糙度指标）等因素共同影响。

推出试验结果及试件破坏形式　　　　　　　　　　　表 2.6-3

试件编号	最大滑移量/mm	极限承载力/kN	破坏形式
PT-BZ	0.010	124	一侧粘结面上混凝土被剪坏
PT-H1	0.017	136	胶与型钢分离破坏
PT-H2	0.034	148	胶与型钢分离破坏
PT-J1	0.021	145	一侧粘结面上混凝土被剪坏
PT-J2	0.007	115	一侧粘结面上混凝土被剪坏

试件编号	最大滑移量/mm	极限承载力/kN	破坏形式
PT-J3	0.122	90	胶本身破坏
PT-J4	0.052	143	一侧粘结面上混凝土被剪坏
PT-GY1	0.004	80	一侧粘结面上混凝土被剪坏
PT-GY2	0.015	102	一侧粘结面上混凝土被剪坏
PT-GY3	0.007	81	一侧粘结面上混凝土被剪坏
PT-GY4	0.003	66	一侧粘结面上混凝土被剪坏
PT-GY5	0.004	69	胶与型钢分离破坏

1. 粘结厚度的影响

PT-BZ、PT-H1、PT-H2 三组试件，粘结厚度分别为 3mm、5mm、8mm，PT-H1、PT-H2 的极限承载力较 PT-BZ 分别提高了 9.6% 和 13.2%，说明增加粘结厚度能够在一定程度上提高聚合物剪力连接件的承载力。

文献[62]提出粘结厚度 t 对承载力的影响表达式为：

$$\frac{F_u}{F_{u0}} = 0.0053(t - 3) + 1 \qquad (3\text{mm} \leqslant t \leqslant 15\text{mm}) \tag{2.6-1}$$

式中，F_u 为极限荷载；F_{u0} 为 $t = 3\text{mm}$ 时对应的极限荷载。

考虑到有机聚合物类型的不同导致其材料特性也不同，从而影响到试件的受剪承载力，因此，本节根据试验结果，对式(2.6-1)中的系数进行修正，提出粘结厚度对承载力影响因子表达式为：

$$\alpha = 0.048(t - 3) + 1 \qquad (3\text{mm} \leqslant t \leqslant 8\text{mm}) \tag{2.6-2}$$

由图 2.6-5 可知，式(2.6-2)计算值与试验值吻合较好。

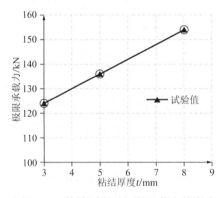

图 2.6-5　粘结厚度对极限承载力的影响

2. 有机聚合物成分及弹性模量的影响

1）PT-BZ、PT-J1、PT-J4 三组试件中，PT-BZ 为进口环氧树脂成分，PT-J1 为国产环氧树脂成分，PT-J4 为国产环氧砂浆。三种材料弹性模量相差不大，但 PT-J1、PT-J4 的极限承载力分别较 PT-BZ 提高了 16.9% 和 15.3%，可以看出，国产环氧树脂与环氧砂浆性能更好，承载力更高。在试验过程中还发现，进口环氧树脂比国产环氧树脂稍显脆性，受冲击作用容易脱落，而国产环氧树脂很难脱落。因此，对于承受动荷载的结构，有必要对有机聚合物剪力连接件的疲劳及冲击性能进行试验研究。

2）PT-BZ、PT-J2、PT-J3 三组试件，弹性模量分别为 4900MPa、2500MPa、1000MPa，其中，PT-J2、PT-J3 的极限承载力较 PT-BZ 分别降低了 7.2% 和 27.4%，说明随着弹性模量减小，试件的受剪承载力增大。文献[63]指出，有机聚合物剪力连接件的承载力并不是随着聚合物弹性模量的增加而线性增加，当聚合物弹性模量大于 1000MPa 以后，其承载力将趋于恒定。图 2.6-6 显示了本次试验弹性模量对有机聚合物剪力连接件承载力的影响，可以看出，当弹性模量大于 2000MPa 以后，弹性模量对承载力的影响程度逐渐变小。

本节提出弹性模量对有机聚合物剪力连接件承载力影响因子计算式见式(2.6-3)，由图 2.6-6 可知，式(2.6-3)计算值与试验值吻合较好。

$$\beta = 1 - \frac{0.28}{1 + (E_a/2000)^3} \qquad (E_a \geqslant 1000\text{MPa}) \qquad (2.6\text{-}3)$$

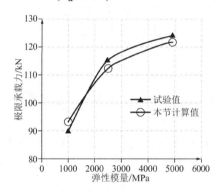

图 2.6-6　弹性模量对极限承载力的影响

3. 施工工艺的影响

PT-BZ、PT-GY1、PT-GY2、PT-GY3、PT-GY4、PT-GY5 为混凝土粘结面处理方式各不相同的六组试件，由表 2.6-3 可以明显看出，界面的处理方式对其极限承载力影响很大。本节利用混凝土表面粗糙度指标来衡量界面处理工艺的影响。

1）PT-BZ、PT-GY1 仅凹槽的间距不同，分别为 30mm、50mm，粗糙度指标分别为 0.83mm、0.5mm，PT-GY1 的极限承载力仅为 80kN，较 PT-BZ 降低了约 34%。

2）PT-BZ、PT-GY2 两试件，PT-GY2 仅多了 2 条纵向凹槽，粗糙度指标分别为 0.83mm、0.88mm，其极限承载力仅为 102kN，较 PT-BZ 降低了约 17%。

3）PT-BZ、PT-GY3 仅凹槽的深度不同，分别为 5mm、10mm，粗糙度指标分别为 0.83mm、1.67mm，PT-GY3 极限承载力仅为 81kN，较 PT-BZ 降低了约 34%。

4）PT-GY4 试件，混凝土粘结面只做了普通打磨处理，没有凹槽，粗糙度指标约为 0，其极限承载力仅为 66kN，较 PT-BZ 降低了约 46%。

5）PT-GY5 为双斜向凹槽，粗糙度指标为 1.2mm，其极限承载力仅为 69kN，较 PT-BZ 降低了约 44%。

从以上的数据分析可以看出，施工工艺对有机聚合物剪力连接件的抗剪性能有很大影响。粗糙度指标仅能反映同样处理方式中深度、间距等的不同对极限承载力的影响。如混凝土表面均为横向凹槽的处理方式，其粗糙度对极限承载力的影响如图 2.6-7 所示。对于不同的表面处理方式，即使粗糙度相同，试件的极限承载力差别也较大，难以比较。

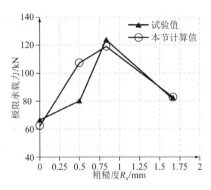

图 2.6-7　粗糙度对极限承载力的影响

由图 2.6-7 可以看出，混凝土界面的粗糙度并不是越大越好，也不是越小越好。对于用有机聚合物构成的组合梁结构，应选用合理的粗糙度以及适当的界面处理方式来保证钢与混凝土的共同作用，才能有效地提高组合梁的承载能力。

本研究认为 $R_a = 0$ 时的承载力是此种剪力连接件的承载力下限值，因此提出粗糙度对承载力影响因子表达式为：

$$\gamma = -0.54R_a^2 + R_a + 0.5 \qquad (0 \leqslant R_a \leqslant 1.67\text{mm}) \tag{2.6-4}$$

综上所述，提出有机聚合物剪力连接件极限承载力计算式为：

$$\tau_u = 1.2\alpha \cdot \beta \cdot \gamma \cdot f_t \tag{2.6-5}$$

式中，τ_u 为有机聚合物剪力连接件极限承载力；f_t 为混凝土抗拉强度设计值；α、β、γ 分别为粘结厚度、弹性模量、粗糙度对承载力的影响因子。试件计算值与试验值对比如表 2.6-4 和图 2.6-8 所示。

可以看出，利用式(2.6-5)计算的有机聚合物剪力连接件极限承载力与试验值吻合较好，大部分误差在 5% 以内，但极个别试件如 PT-GY1 与 PT-GY5 等误差较大，说明界面施工工艺的影响仅用粗糙度指标衡量不够全面，应多方面考虑提出一个界面的综合影响系数对本节计算式进行修正。

有机聚合物剪力连接件极限承载力计算值与试验值对比　　　　　　　　　表 2.6-4

试件编号	试验值/kN	计算值/kN	误差/%
PT-BZ	124	119.8	3.4
PT-H1	136	131.2	3.5
PT-H2	148	148.4	0.3
PT-J1	145	119.1	17.9
PT-J2	115	110.3	4.1
PT-J3	90	91.5	1.7
PT-J4	143	126.8	11.3
PT-GY1	80	102.1	27.6
PT-GY2	102	108.1	6.0
PT-GY3	81	82.9	2.3
PT-GY4	66	62.4	5.5
PT-GY5	69	100	44.9

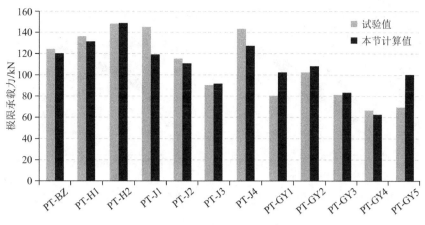

图 2.6-8　极限承载力计算值与试验值对比柱状图

2.6.4　荷载-滑移曲线预测方法

荷载-滑移曲线是反映剪力连接件承载能力和变形性能的重要指标，也是钢-混凝土组合梁界面滑移分布规律的重要试验依据，因此，有必要对荷载与滑移之间的关系进行研究。本次推出试验共有 12 组（36 个）试件，共绘制 10 组荷载-滑移曲线，其中 PT-GY1 组试件中有一个未测出加载过程的滑移就已经破坏，另外 2 组试件 PT-GY4 及 PT-GY5 在较低承载力下就发生破坏，仅测出破坏前的极限滑移量。

试验过程中，大多数试件在荷载小于 40kN 时较难测出滑移量，主要可能是千分表量程所致，当荷载大于 40kN 时，滑移量大多呈现非线性增长，但滑移量级在 10^{-2}mm 左右，说明有机聚合物的抗剪刚度很大。

通过对本次试验的荷载-滑移数据进行统计分析，利用前文的有机聚合物剪力连接件极限承载力计算式，提出适用于本次试验的荷载-滑移关系式为：

$$\tau = \frac{\tau_u}{2}[\ln(1 + 480s)] \tag{2.6-6}$$

式中，τ 为剪应力（MPa）；τ_u 为极限剪应力（MPa）；s 为相对滑移（mm）。

本次推出试验得到的荷载-滑移与式(2.6-6)的计算值对比如图 2.6-9～图 2.6-18 所示。

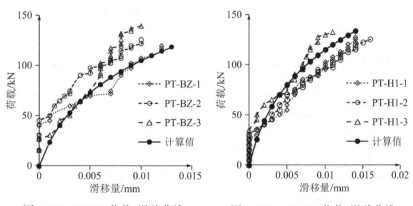

图 2.6-9　PT-BZ 荷载-滑移曲线　　　　图 2.6-10　PT-H1 荷载-滑移曲线

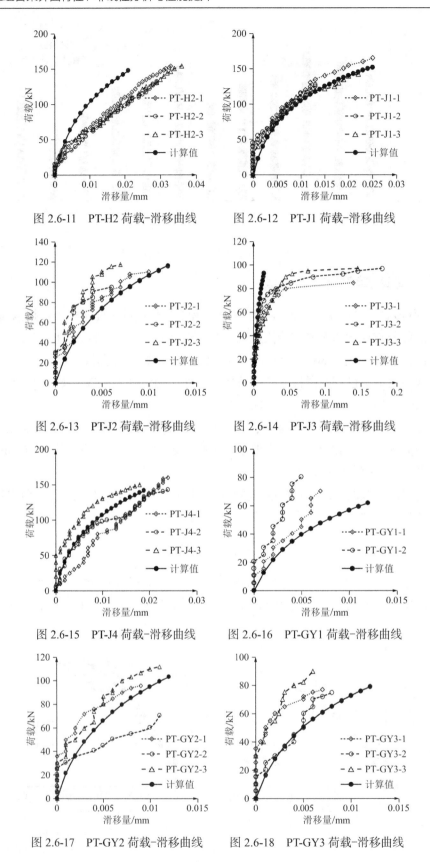

图 2.6-11　PT-H2 荷载-滑移曲线　　图 2.6-12　PT-J1 荷载-滑移曲线

图 2.6-13　PT-J2 荷载-滑移曲线　　图 2.6-14　PT-J3 荷载-滑移曲线

图 2.6-15　PT-J4 荷载-滑移曲线　　图 2.6-16　PT-GY1 荷载-滑移曲线

图 2.6-17　PT-GY2 荷载-滑移曲线　　图 2.6-18　PT-GY3 荷载-滑移曲线

对比发现，本节提出的荷载-滑移计算式与大多数试验结果吻合良好，但个别试件差别较大，可能是对其他影响因素考虑不全面所致，希望下一步工作能考虑更多的影响因素，增大样本数据，对本节提出的计算式进行修正。

参考文献

[1] 聂建国, 余志武. 钢-混凝土组合梁在我国的研究及应用[J]. 土木工程学报, 1999, 32(2): 3-8.

[2] 贾然. 单调及重复荷载下栓钉连接件抗拔性能研究[D]. 包头: 内蒙古科技大学, 2018.

[3] CHEN Z, NASSIRI S, LAMANNA A. Investigation of a combined failure mode for screw anchors under tension[J]. Advances in structural engineering, 2020, 23(13): 2803-2812.

[4] American Concrete Institute. Building code requirements for structural concrete and commentary: ACI 318-19[S]. Farmington Hills, Mich: ACI Committee, 2019.

[5] OŽBOLT J, ELIGHAUSEN R, REINHARDT H W. Size effect on the concrete cone pull-out load[J]. International journal of fracture, 1999, 95(1): 391-404.

[6] NILFOROUSH R, NILSSON M, ELFGREN L. Experimental evaluation of influence of member thickness, anchor-head size, and orthogonal surface reinforcement on the tensile capacity of headed anchors in uncracked concrete[J]. Journal of structural engineering, 2018, 144(4): 04018012.

[7] American Concrete Institute. Code requirements for nuclear safety related concrete structures and commentary: ACI 349-97[S]. Farmington Hills, Mich: ACI Committee, 1997.

[8] STEINBERG E P. Reliability of tensile loaded cast-in-place headed-stud anchors for concrete[J]. ACI structural journal, 1999, 96(3): 430-436.

[9] ELIGEHAUSEN R, SAWADE G. A fracture mechanics based description of the pull-out behavior of headed studs embedded in concrete[R]. RILEM report on fracture mechanics on concrete-theory and application, 1989.

[10] FUCHS W, ELIGEHAUSEN R, BREEN J E. Concrete capacity design (CCD) approach for fastening to concrete[J]. ACI structural journal, 1995, 92(1): 73-94.

[11] 王立国. 基于超短栓钉的钢-超薄 UHPC 轻型组合桥面结构研究[D]. 长沙: 湖南大学, 2020.

[12] OˊZBOLT J, ELIGEHAUSEN R, PERIˊSKIˊC G, et al. 3D FE analysis of anchor bolts with large embedment depths[J]. Engineering fracture mechanics, 2007, 74: 168-178.

[13] NILFOROUSH R, NILSSON M, ELFGREN L. Experimental evaluation of tensile behaviour of single cast-in-place anchor bolts in plain and steel fibre-reinforced normal and high-strength concrete[J]. Engineering structures, 2017, 147: 195-206.

[14] 住房和城乡建设部. 钢结构焊接规范: GB 50661—2011[S]. 北京: 中国建筑工业出版社,

2011.

[15] 中国工程建设标准化协会. 栓钉焊接技术规程: CECS 226—2007[S]. 北京: 中国计划出版社, 2007.

[16] American Association of State Highway and Transportation Officials. Bridge design specifications [S]. Washington D. C., AASHTO LRFD, 2012.

[17] LAM D, EL-LOBODY E. Behavior of headed stud shear connectors in composite beam[J]. Journal of structural engineering, 2005, 131(1): 96-107.

[18] International Standard Organization. Welding-studs and ceramic ferrules for arc stud welding: EN ISO 13918-2017[S], Geneva, ISO, 2017.

[19] American National Standards Institute. Specification for structural steel buildings: AISC 360-05[S]. Chicago, ANSI, 2005.

[20] Canadian Standards Association. Limit states design of steel structures: CAN/CSA-S16-01[S]. Toronto, CSA, 2005.

[21] European Committee for Standardization. Eurocode 4: Design of composite steel and concrete structures[S]. European Commission, 2004.

[22] CHAPMAN J C, BALAKRISHMAN S. Experiments on composite beam[J]. The structural engineer, 1964, 42(11): 369-383.

[23] JOHNSON R P, GREENWOOD R D, VAN DALEN K V. Stud shear-connectors in hogging moment regions of composite beams[J]. The structural engineer, 1969, 47(9): 345-350.

[24] OLLGAARD H G, SLUTTER R G. Shear strength of stud connection in lightweight and normal-weight Concrete[J]. Engineering journal of AISC, 1971, 8(2): 55-64.

[25] 住房和城乡建设部. 钢结构设计标准: GB 50017—2017[S]. 北京: 中国建筑工业出版社, 2017.

[26] American Institute of Steel Construction. Specification for the design, fabrication and erection of structural steel for buildings[S]. Chicago, AISC, 1969.

[27] FISHER J W. Design of composite beams with formed metal deck[J]. Engineering journal of AISC, 1970, 7(3): 88-96.

[28] LEONHARDT. Development and testing of a new shear connector for steel-concrete composite bridges[C]//Fourth international bridge engineering conference. San Francisco: Transportation Research Board, 1995, 2: 137-145.

[29] HOSAKA T, MITSUKI K, HIRAGI H. Study on shear strength and design method of perfobond strip[J]. Japanese Journal of Structural Engineering, 2002(48): 1265-1272.

[30] NISHIUMI K, OKIMOTO M. Shear strength of perfobond rid shear connector under the confinement[J]. Doboku Gakkai Ronbunshu, 2010(633): 193-203.

[31] OGUEJIOFOR E C, HOSAIN M U. Numerical analysis of push-out specimens with perfobond rib connectors[J]. Computers & Structures, 1997, 62(4): 617-624.

[32] MEDBERRY S B, SHAHROOZ B M. Perfobond shear connector for composite construction[J]. Engineering journal, 2002, 39: 2-12.

[33] VERISSIMO G S. Development of a shear connector plate gear for composite structures of steel and concrete and study their behavior[D]. Belo Horizonte: Universidade Federal de Minas Gerais, 2007.

[34] 郑舟军, 陈开利, 童智洋. 栓钉推出试验受力机理研究[J]. 钢结构, 2009, 24(9): 28-32.

[35] HAN Q, WANG Y, XU J, et al. Numerical analysis on shear stud in push-out test with crumb rubber concrete[J]. Journal of constructional steel research, 2017, 130: 148-158.

[36] XU C, SUGIURA K, WU C, et al. Parametrical static analysis on group studs with typical push-out tests[J]. Journal of constructional steel research, 2012, 72(5): 84-96.

[37] 杨勇, 陈阳. PBL 剪力连接件受剪承载力试验研究 [J]. 工程力学, 2018, 35(9): 89-96.

[38] VALENTE I, CRUZ P J S. Experimental analysis of Perfobond shear connection between steel and lightweight concrete[J]. Journal of constructional steel research, 2004, 60(3-5): 465-479.

[39] TAN E L, VARSANI H, LIAO F. Experimental study on demountable steel-concrete connectors subjected to combined shear and tension [J]. Engineering structures, 2019, 183: 110-123.

[40] KARMOKAR T, MOHYEDDIN A, LEE J, et al. Concrete cone failure of single cast-in anchors under tensile loading—A literature review[J]. Engineering structures, 2021, 243(2): 112615.

[41] KIM S H, CHOI K T, PARK S J, et al. Experimental shear resistance evaluation of Y-type perfobond rib shear connector[J]. Journal of constructional steel research, 2013, 82: 1-18.

[42] ABAQUS. ABAQUS Standard User's Manual[M]. RI(USA): Dassault Systemes Corp, 2012.

[43] ZHENG S J, LIU Y Q, LIU Y Q, et al. Experimental and parametric study on the pull-out resistance of a notched perfobond shear connector[J]. Applied sciences-basel, 2019, 9(4): 764.

[44] 薛辉, 王志宇, 王清远, 等. PBL 与 PZ 型剪力连接件抗拉拔性能试验[J]. 四川大学学报 (工程科学版) , 2016, 48(6): 68-76.

[45] AHN J H, LEE C G, WON J H, et al. Shear resistance of the perfobond-rib shear connector depending on concrete strength and rib arrangement[J]. Journal of constructional steel research, 2010, 66(10): 1295-1307.

[46] 住房和城乡建设部. 钢-混凝土组合桥梁设计规范: GB 50917—2013[S]. 北京: 中国建筑工业出版社, 2013.

[47] 交通运输部. 公路钢混组合桥梁设计与施工规范: JTG/T D64-01—2015[S]. 北京: 人民交通出版社, 2015.

[48] OGUEJIOFOR E C, HOSAIN M U. A parametric study of perfobond rib shear connectors [J]. Canadian journal of civil engineering, 1994, 21(4): 614-625.

[49] CHUNG C H, LEE J, KIM J S. Shear strength of t-type perfobond rib shear connectors [J]. KSCE journal of civil engineering, 2016, 20(5): 1824-1834.

[50] 苏庆田, 汪瑞, 王巍. T 形开孔肋连接件基本力学性能的试验[J]. 结构工程师, 2011, 27(6):

100-105.

[51] HE J, LIU Y, PEI B. Experimental study of the steel-concrete connection in hybrid cable-stayed bridges[J]. Journal of performance of constructed facilities, 2014, 28(3): 559-570.

[52] OGUEJIOFOR E, HOSAIN M. Behaviour of perfobond rib shear connectors in composite beams: full-size tests[J]. Canadian journal of civil engineering, 1992, 19(2): 224-235.

[53] CHUNG C H, LEE H S. Evaluation of shear strength of the L type perfobond rib shear connectors[J]. KSCE journal of civil and environmental engineering research, 2005, 25(5A): 879-888.

[54] VIANNA J D C, DE ANDRADE S A L, VELLASCO P C G D S, et al. Experimental study of Perfobond shear connectors in composite construction[J]. Journal of constructional steel research, 2013, 81: 62-75.

[55] MCMACKIN P J, SLUTTER R G, FISHER J W. Headed steel anchors under combined loading [J]. Engineering journal of AISC, 1973: 43-52.

[56] TAKAMI K, NISHI K, HAMADA S. Shear strength of headed stud shear connector subjected to tensile load [J]. Journal of constructional steel research, 2000, 7: 233-240.

[57] BODE H, HANENKAMP W. Strength of headed bolts subjected to tensile loads[J]. Bauingenieur Berlin, 1985, 60(9): 361-367.

[58] BODE H, ROIK K. Headed studs-embedded in concrete and loaded in tension[J]. Special Publication, 1987, 103: 61-88.

[59] 蔺钊飞, 刘玉擎. 焊钉连接件拉剪相关关系模型试验[J]. 中国公路学报, 2015, 28(1): 80-86.

[60] LIN Z F, LIU Y Q, HE J. Behavior of stud connectors under combined shear and tension loads [J]. Engineering structures, 2014, 81: 362-376.

[61] 安然, 王有志, 周磊, 等. 栓钉连接件拉剪复合作用试验及计算模型[J]. 长安大学学报 (自然科学版), 2020, 40(3): 42-52.

[62] LUO Y, LI A, KANG Z. Reliability-based design optimization of adhesive bonded steel–concrete composite beams with probabilistic and non-probabilistic uncertainties[J]. Engineering structures, 2011, 33(7): 2110-2119.

[63] LUO Y, LI A, KANG Z. Parametric study of bonded steel–concrete composite beams by using finite element analysis[J]. Engineering structures, 2012, 34: 40-51.

第 3 章

基于退化梁单元的组合梁力学特性分析

3.1 概述

众所周知，对于绝大多数工程力学问题，很难获得解析解。通过数值方法解决工程中的力学问题，是科学工作者和工程技术人员一直努力的方向。自 20 世纪 60 年代有限元法被提出以来，经过不断的发展，已成为与理论分析和试验研究并列的科学研究和工程设计手段，在工程实践中具有举足轻重的地位。

混凝土结构分析中会涉及大量的非线性问题，主要包括材料非线性、几何非线性以及接触非线性等。自有限元方法开始应用于工程结构分析之日起，各国学者都在寻求应用有限元解决混凝土结构中出现的各种非线性问题的方法[1-5]。

近三十年，钢-混凝土组合结构越来越受到桥梁与结构工程师的青睐。钢-混凝土组合梁由于集成了钢和混凝土这两种材料的优点，表现出优良的力学特点。与普通钢筋混凝土梁相比，组合梁具有可以减轻结构自重，减小构件尺寸，节省模板等优点[6]。随着智能建造与装配式结构成为土木工程未来发展的主旋律，可以预见，在今后相当长的一段时期内，钢-混凝土组合梁将在桥梁与结构工程中得到更为广泛的应用。

组合结构兼具了钢和混凝土两种材料的特点，因而，对其结构行为尤其是非线性结构行为的认识，重点在于对"组合"特点的分析，这是组合结构非线性分析与传统混凝土结构非线性分析的最大区别。

3.2 退化梁单元基本理论

3.2.1 有限元法基本原理

有限元是一种求解连续场问题的数值方法，在不同的历史发展时期，数学、力学和结构工程等学科都为有限元法的创立与发展做出了重要的贡献[7]。从数学出发，有限元法是偏微分方程数值分析方法的一种新手段；从力学出发，有限元方法是基于变分原理的力学问题的求解方法；从结构工程出发，有限元法是结构力学矩阵位移法在连续介质力学中的推广应用。

基于结构力学的发展思路，有限元分析方法大体上分为位移法和力法两大类。其中，位移法程序实现简便，是工程结构领域应用最为广泛的方法。本章主要讨论位移法的基本原理。

在有限元法中，单元方程的建立是其理论核心。建立单元方程最常用的方法是变分法，其中，应用较为广泛的变分原理包括最小势能原理、最小余能原理以及雷斯纳原理。最小势能原理可以表述为：在所有满足几何边界条件的位移模式中，使系统势能最小的位移模式，即为能满足平衡条件的真实位移模式。

对于连续弹性固体介质，系统势能可以表示为

$$\Pi = U - W \tag{3.2-1}$$

式中，U为系统变形能，W为外荷载所做的功，分别写为

$$U = \frac{1}{2}\int_V \{\sigma\}^{\mathrm{T}}\{\varepsilon\}\,\mathrm{d}V \tag{3.2-2}$$

$$W = \int_V \{f\}^{\mathrm{T}}\{u\}\,\mathrm{d}V \tag{3.2-3}$$

式中，$\{\sigma\}$、$\{\varepsilon\}$和$\{u\}$分别表示连续体内任一点的应力、应变以及位移矢量；$\{f\}$为外荷载矢量；V为求解问题积分域。将式(3.2-2)和式(3.2-3)代入式(3.2-1)得

$$\Pi = \frac{1}{2}\int_V \{\sigma\}^{\mathrm{T}}\{\varepsilon\}\,\mathrm{d}V - \int_V \{f\}^{\mathrm{T}}\{u\}\,\mathrm{d}V \tag{3.2-4}$$

考虑

$$\{\sigma\} = [D]\{\varepsilon\} \tag{3.2-5}$$

式中，$[D]$为物理矩阵。将式(3.2-5)代入式(3.2-4)得

$$\Pi = \frac{1}{2}\int_V \{\varepsilon\}^{\mathrm{T}}[D]\{\varepsilon\}\,\mathrm{d}V - \int_V \{f\}^{\mathrm{T}}\{u\}\,\mathrm{d}V \tag{3.2-6}$$

考虑

$$\{\varepsilon\} = [B']\{u\} \tag{3.2-7}$$

式中，$[B']$为几何矩阵。将式(3.2-7)代入式(3.2-6)得

$$\Pi = \frac{1}{2}\int_V \{u\}^{\mathrm{T}}[B']^{\mathrm{T}}[D][B']\{u\}\,\mathrm{d}V - \int_V \{f\}^{\mathrm{T}}\{u\}\,\mathrm{d}V \tag{3.2-8}$$

其中，位移$\{u\}$为连续场，采用位移插值，把连续的位移场$\{u\}$离散为有限个节点位移$\{u\}_n$，即

$$\{u\} = [N]\{u\}_n \tag{3.2-9}$$

式中，$[N]$为位移插值函数。将式(3.2-9)代入式(3.2-8)得

$$\begin{aligned}
\Pi &= \frac{1}{2}\int_V \{u\}_n^{\mathrm{T}}[N]^{\mathrm{T}}[B']^{\mathrm{T}}[D][B'][N]\{u\}_n\,\mathrm{d}V - \int_V \{f\}^{\mathrm{T}}[N]\{u\}_n\,\mathrm{d}V \\
&= \frac{1}{2}\int_V \{u\}_n^{\mathrm{T}}[B]^{\mathrm{T}}[D][B]\{u\}_n\,\mathrm{d}V - \int_V \{f\}^{\mathrm{T}}[N]\{u\}_n\,\mathrm{d}V
\end{aligned} \tag{3.2-10}$$

其中

$$[B] = [B'][N] \tag{3.2-11}$$

为了达到最小势能状态，则系统势能Π对节点位移$\{u\}_n$的变分需等于零，即

$$\frac{\chi\Pi}{\chi\{u\}_n} = 0 \tag{3.2-12}$$

将式(3.2-10)代入式(3.2-12)得

$$\frac{\chi\Pi}{\chi\{u\}_n} = \int_V [B]^{\mathrm{T}}[D][B]\,\mathrm{d}V \cdot \{u\}_n - \int_V [N]^{\mathrm{T}}\{f\}\,\mathrm{d}V = 0 \tag{3.2-13}$$

考虑到有限元法的分片插值特性，则

$$[K]_e = \int_{V_e} [B]^{\mathrm{T}} [D][B]\,\mathrm{d}V \tag{3.2-14}$$

$$\{f\}_e = \int_{V_e} [N]^{\mathrm{T}} \{f\}\,\mathrm{d}V \tag{3.2-15}$$

式中，$[K]_e$ 和 $\{f\}_e$ 分别表示单元刚度矩阵和单元等效节点力矢量。

3.2.2　退化空间梁单元有限元列式推导

本书所讨论的空间退化梁中的所谓 "退化"，是指其位移插值模式是通过三维空间位移场引入铁木辛柯（Timoshenko）梁平截面假定退化而得到的。作者团队利用四节点退化板壳单元对一批预应力混凝土箱形试验梁进行了非线性有限元分析[8]，随后，发展出退化梁单元分析方法，并开发了大型有限元计算程序，将其成功应用于数个大型钢筋混凝土结构和钢-混凝土组合结构的有限元分析[9-19]。

空间退化梁单元是一种等参单元，其实质主要在于，用轴线节点位移表示梁单元的三维空间位移场。通过引入 Timoshenko 梁的平截面假设，变形前垂直于梁轴线的横截面，在变形后仍保持一个平面，但不再垂直于变形后梁轴的挠曲线。

这一假设在考虑梁变形的特点，抓住实际梁结构受力行为主要矛盾的同时，又保留了其空间结构特性，所以，退化梁单元既能分析浅梁，也可分析深梁。在对梁单元形成单元刚度矩阵的计算中，采用了在截面上分层或分块积分的方法，因此能充分适应各种截面形式，同时能方便地模拟夹层梁、叠合梁和组合梁结构等。

1. 坐标插值

如图 3.2-1 所示，假定梁单元为任意截面形式的等截面直梁。坐标插值函数可以写为

$$\begin{Bmatrix} x \\ y \\ z \end{Bmatrix} = \sum_{i=1}^{2} \begin{bmatrix} N_i(r) & 0 & 0 \\ 0 & N_i(r) & 0 \\ 0 & 0 & N_i(r) \end{bmatrix} \left(\begin{Bmatrix} x_i \\ y_i \\ z_i \end{Bmatrix} + y'\vec{V}_2 + z'\vec{V}_3 \right) \tag{3.2-16}$$

式中，$(x \quad y \quad z)^{\mathrm{T}}$ 为梁中任一点的坐标；$(x_i \quad y_i \quad z_i)^{\mathrm{T}}$ 为节点坐标；y'、z' 为梁中任意一点在图 3.2-1 所示的局部坐标系 $(\vec{V}_2 \quad \vec{V}_3)$ 下的坐标；$N_i(r)$ 为坐标插值函数，即

$$N_i(r) = (1 + r_i r)/2 \tag{3.2-17}$$

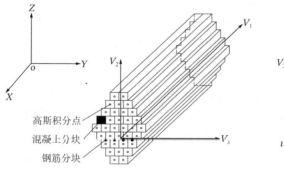

图 3.2-1　退化梁单元

单元局部坐标系 $(\vec{V}_1 \quad \vec{V}_2 \quad \vec{V}_3)$ 可用下式求出：

$$\vec{V_1} = \left(\frac{(x_2 - x_1)}{L} \quad \frac{(y_2 - y_1)}{L} \quad \frac{(z_2 - z_1)}{L} \right)^{\mathrm{T}} = (l_1 \quad m_1 \quad n_1)^{\mathrm{T}} \tag{3.2-18}$$

式中，L 为单元长度；$\vec{V_3} = (l_3 \quad m_3 \quad n_3)^{\mathrm{T}}$ 为预定义数据。则 $\vec{V_2}$ 可由下式求得：

$$\vec{V_2} = \vec{V_3} \times \vec{V_1} \tag{3.2-19}$$

2. 位移插值

单元内任一点的位移可以写为

$$\begin{Bmatrix} u \\ v \\ w \end{Bmatrix} = \sum_{i=1}^{2} \begin{bmatrix} N_i(r) & 0 & 0 \\ 0 & N_i(r) & 0 \\ 0 & 0 & N_i(r) \end{bmatrix} \left(\begin{Bmatrix} u_i \\ v_i \\ w_i \end{Bmatrix} + \begin{Bmatrix} u_i(\alpha) \\ v_i(\alpha) \\ w_i(\alpha) \end{Bmatrix} \right) \tag{3.2-20}$$

式中，$(u \quad v \quad w)^{\mathrm{T}}$ 为梁内任一点的位移矢量；$(u_i \quad v_i \quad w_i)^{\mathrm{T}}$ 为单元节点线位移矢量；$(u_i(\alpha) \quad v_i(\alpha) \quad w_i(\alpha))^{\mathrm{T}}$ 表示截面上节点产生的转角矢量 $(\alpha'_{i1} \quad \alpha'_{i2} \quad \alpha'_{i3})^{\mathrm{T}}$ 引起的线位移，可表示为

$$\begin{Bmatrix} u_i(\alpha) \\ v_i(\alpha) \\ w_i(\alpha) \end{Bmatrix} = \begin{vmatrix} V_1 & V_2 & V_3 \\ \alpha'_{i1} & \alpha'_{i2} & \alpha'_{i3} \\ 0 & y' & z' \end{vmatrix} = (\alpha'_{i2}z' - \alpha'_{i3}y')\vec{V_1} - \alpha'_{i1}z'\vec{V_2} + \alpha'_{i1}y'\vec{V_3}$$

$$= \begin{bmatrix} y'l_3 - z'l_2 & z'l_1 & -y'l_1 \\ y'm_3 - z'm_2 & z'm_1 & -y'm_1 \\ y'n_3 - z'n_2 & z'n_1 & -y'n_1 \end{bmatrix} \begin{Bmatrix} \alpha'_{i1} \\ \alpha'_{i2} \\ \alpha'_{i3} \end{Bmatrix} \tag{3.2-21}$$

由坐标变换公式可知

$$\begin{Bmatrix} \alpha'_{i1} \\ \alpha'_{i2} \\ \alpha'_{i3} \end{Bmatrix} = \begin{bmatrix} l_1 & m_1 & n_1 \\ l_2 & m_2 & n_2 \\ l_3 & m_3 & n_3 \end{bmatrix} \begin{Bmatrix} \alpha_{i1} \\ \alpha_{i2} \\ \alpha_{i3} \end{Bmatrix} \tag{3.2-22}$$

式中，$(\alpha_{i1} \quad \alpha_{i2} \quad \alpha_{i3})^{\mathrm{T}}$ 为整体坐标系下的节点转角矢量；α_{i1}、α_{i2}、α_{i3} 为整体坐标系下分别绕 x、y、z 坐标轴的转动量。将式(3.2-22)代入式(3.2-21)得

$$\begin{Bmatrix} u_i(\alpha) \\ v_i(\alpha) \\ w_i(\alpha) \end{Bmatrix} = \begin{bmatrix} 0 & \begin{matrix} y'l_3m_1 - z'l_2m_1 \\ -y'l_1m_3 + z'l_1m_2 \end{matrix} & \begin{matrix} y'l_3n_1 - z'l_2n_1 \\ -y'l_1n_3 + z'l_1n_2 \end{matrix} \\ \begin{matrix} y'l_1m_3 - z'l_1m_2 \\ -y'l_3m_1 + z'l_2m_1 \end{matrix} & 0 & \begin{matrix} y'm_3n_1 - z'm_2n_1 \\ -y'm_1n_3 + z'm_1n_2 \end{matrix} \\ \begin{matrix} y'l_1n_3 - z'l_1n_2 \\ -y'l_3n_1 + z'l_2n_1 \end{matrix} & \begin{matrix} y'm_1n_3 - z'm_1n_2 \\ -y'm_3n_1 + z'm_2n_1 \end{matrix} & 0 \end{bmatrix} \begin{Bmatrix} \alpha_{i1} \\ \alpha_{i2} \\ \alpha_{i3} \end{Bmatrix} \tag{3.2-23}$$

利用 $\vec{V_1}$、$\vec{V_2}$ 和 $\vec{V_3}$ 的正交性，并将式(3.2-22)代入式(3.2-23)可得

$$\begin{Bmatrix} u \\ v \\ w \end{Bmatrix} = \sum_{i=1}^{2} N_i \begin{bmatrix} 1 & 0 & 0 & 0 & y'n_2 + z'n_3 & -y'm_2 - z'm_3 \\ 0 & 1 & 0 & -y'n_2 - z'n_3 & 0 & y'l_2 + z'l_3 \\ 0 & 0 & 1 & y'm_2 + z'm_3 & -y'l_2 - z'l_3 & 0 \end{bmatrix} \begin{Bmatrix} u_i \\ v_i \\ w_i \\ \alpha_{i2} \\ \alpha_{i2} \\ \alpha_{i3} \end{Bmatrix} \tag{3.2-24}$$

3. 应变计算

整体坐标系下，单元内任一点的应变可以写为

$$\{\bar{\varepsilon}\} = \begin{Bmatrix} \bar{\varepsilon}_{11} \\ \bar{\varepsilon}_{22} \\ \bar{\varepsilon}_{33} \\ \bar{\gamma}_{12} \\ \bar{\gamma}_{13} \\ \bar{\gamma}_{23} \end{Bmatrix} = \begin{bmatrix} \dfrac{\partial}{\partial x} & 0 & 0 \\ 0 & \dfrac{\partial}{\partial y} & 0 \\ 0 & 0 & \dfrac{\partial}{\partial z} \\ \dfrac{\partial}{\partial y} & \dfrac{\partial}{\partial x} & 0 \\ \dfrac{\partial}{\partial z} & 0 & \dfrac{\partial}{\partial x} \\ 0 & \dfrac{\partial}{\partial z} & \dfrac{\partial}{\partial y} \end{bmatrix} \begin{Bmatrix} u \\ v \\ w \end{Bmatrix} \tag{3.2-25}$$

式中，$\{\bar{\varepsilon}\} = \begin{pmatrix} \bar{\varepsilon}_{11} & \bar{\varepsilon}_{22} & \bar{\varepsilon}_{33} & \bar{\gamma}_{12} & \bar{\gamma}_{13} & \bar{\gamma}_{23} \end{pmatrix}^{\mathrm{T}}$ 为单元内任一点在整体坐标系下的应变。

将式 (3.2-24) 代入式 (3.2-25)，可得

$$\{\bar{\varepsilon}\} = \sum_{i=1}^{2} [\bar{B}_i]\{\delta_i\} \tag{3.2-26}$$

式中，$\{\delta_i\} = \begin{pmatrix} u_i & v_i & w_i & \alpha_{i1} & \alpha_{i2} & \alpha_{i3} \end{pmatrix}^{\mathrm{T}}$ 为整体坐标系下节点位移向量。

$$[\bar{B}_i] = \begin{bmatrix} \overline{B_i^{11}} & \overline{B_i^{12}} \\ \overline{B_i^{21}} & \overline{B_i^{22}} \end{bmatrix} \tag{3.2-27}$$

其中

$$\left[\overline{B_i^{11}}\right] = \begin{bmatrix} N_{ix'} & 0 & 0 \\ 0 & N_{iy'} & 0 \\ 0 & 0 & N_{iz'} \end{bmatrix} \tag{3.2-28}$$

$$\left[\overline{B_i^{12}}\right] = \begin{bmatrix} 0 & [(y'n_2 + z'n_3)N_i]_{x'} & [(-y'm_2 - z'm_3)N_i]_{x'} \\ [(-y'n_2 - z'n_3)N_i]_{y'} & 0 & [(y'l_2 + z'l_3)N_i]_{y'} \\ [(y'm_2 + z'm_3)N_i]_{z'} & [(-y'l_2 - z'l_3)N_i]_{z'} & 0 \end{bmatrix} \tag{3.2-29}$$

$$\left[\overline{B_i^{21}}\right] = \begin{bmatrix} N_{iy'} & N_{ix'} & 0 \\ N_{iz'} & 0 & N_{ix'} \\ 0 & N_{iz'} & N_{iy'} \end{bmatrix} \tag{3.2-30}$$

$$\left[\overline{B_i^{22}}\right] = \begin{bmatrix} [(-y'n_2 - z'n_3)N_i]_{x'} & [(y'n_2 + z'n_3)N_i]_{y'} & \begin{array}{c}[(-y'm_2 - z'm_3)N_i]_{y'} \\ +[(y'l_2 + z'l_3)N_i]_{x'}\end{array} \\ [(y'm_2 + z'm_3)N_i]_{x'} & \begin{array}{c}[(y'n_2 + z'n_3)N_i]_{z'} \\ +[(-y'l_2 - z'l_3)N_i]_{x'}\end{array} & [(-y'm_2 - z'm_3)N_i]_{z'} \\ \begin{array}{c}[(-y'n_2 - z'n_3)N_i]_{z'} \\ +[(y'm_2 + z'm_3)N_i]_{y'}\end{array} & [(-y'l_2 - z'l_3)N_i]_{y'} & [(y'l_2 + z'l_3)N_i]_{z'} \end{bmatrix} \tag{3.2-31}$$

式 (3.2-28)～式 (3.2-31) 中需求 $N_{ix'}$、$N_{iy'}$、$N_{iz'}$、$y'_{x'}$、$y'_{y'}$、$y'_{z'}$、$z'_{x'}$、$z'_{y'}$、$z'_{z'}$，可用下式求得：

$$\begin{Bmatrix} N_{ix'} \\ N_{iy'} \\ N_{iz'} \end{Bmatrix} = \begin{bmatrix} r_{x'} & y'_{x'} & z'_{x'} \\ r_{y'} & y'_{y'} & z'_{y'} \\ r_{z'} & y'_{z'} & z'_{z'} \end{bmatrix} \begin{Bmatrix} N'_{ir} \\ N'_{iy'} \\ N'_{iz'} \end{Bmatrix} \tag{3.2-32}$$

式中，矩阵$\begin{bmatrix} r_{x'} & y'_{x'} & z'_{x'} \\ r_{y'} & y'_{y'} & z'_{y'} \\ r_{z'} & y'_{z'} & z'_{z'} \end{bmatrix}$是雅克比矩阵的逆矩阵，即

$$\begin{bmatrix} r_{x'} & y'_{x'} & z'_{x'} \\ r_{y'} & y'_{y'} & z'_{y'} \\ r_{z'} & y'_{z'} & z'_{z'} \end{bmatrix} = \begin{bmatrix} x'_r & y'_r & z'_r \\ x'_{y'} & y'_{y'} & z'_{y'} \\ x'_{z'} & y'_{z'} & z'_{z'} \end{bmatrix}^{-1} \tag{3.2-33}$$

雅克比矩阵可用下式求得：

$$\begin{Bmatrix} x'_r \\ y'_r \\ z'_r \end{Bmatrix} = \sum_{i=1}^{2} \begin{bmatrix} N'_{ir} & 0 & 0 \\ 0 & N'_{ir} & 0 \\ 0 & 0 & N'_{ir} \end{bmatrix} \left(\begin{Bmatrix} x_i \\ y_i \\ z_i \end{Bmatrix} + y' \vec{V}_2 + z' \vec{V}_3 \right) = \begin{Bmatrix} \dfrac{x_2 - x_1}{2} \\ \dfrac{y_2 - y_1}{2} \\ \dfrac{z_2 - z_1}{2} \end{Bmatrix} = \frac{1}{2} L \cdot \vec{V}_1 \tag{3.2-34}$$

$$\begin{Bmatrix} x'_{y'} \\ y'_{y'} \\ z'_{y'} \end{Bmatrix} = \sum_{i=1}^{2} \begin{bmatrix} N_i(r) & 0 & 0 \\ 0 & N_i(r) & 0 \\ 0 & 0 & N_i(r) \end{bmatrix} \cdot \vec{V}_2 = \vec{V}_2 \tag{3.2-35}$$

$$\begin{Bmatrix} x'_{z'} \\ y'_{z'} \\ z'_{z'} \end{Bmatrix} = \sum_{i=1}^{2} \begin{bmatrix} N_i(r) & 0 & 0 \\ 0 & N_i(r) & 0 \\ 0 & 0 & N_i(r) \end{bmatrix} \cdot \vec{V}_3 = \vec{V}_3 \tag{3.2-36}$$

通过上述方法即可求得$[\overline{B}_i]$。

求得整体坐标系下的应变表达式后，根据梁单元的受力特点，定义局部坐标系下梁单元的应变为

$$\{\varepsilon\} = \begin{Bmatrix} \varepsilon_{11} \\ \gamma_{12} \\ \gamma_{13} \\ \gamma_{23} \end{Bmatrix} \tag{3.2-37}$$

由坐标变换关系，有

$$\{\varepsilon\} = [T]\{\overline{\varepsilon}\} \tag{3.2-38}$$

式中，$[T]$为坐标变换矩阵。将式(3.2-36)代入式(3.2-38)得

$$\{\varepsilon\} = \sum_{i=1}^{2} [B_i]\{\delta_i\} \tag{3.2-39}$$

其中

$$[B_i] = [T][\overline{B}_i] \tag{3.2-40}$$

4. 应力计算

根据梁的受力特点，定义局部坐标系下应力状态为

$$\{\sigma\} = \begin{Bmatrix} \sigma_{11} \\ \sigma_{12} \\ \sigma_{13} \\ \sigma_{23} \end{Bmatrix} \tag{3.2-41}$$

在局部坐标系下，单元的应力-应变关系可以写为

$$\{\sigma\} = [D]\{\varepsilon\} = [D][B]\{\delta\} \tag{3.2-42}$$

对于线弹性材料，[D]可以表示为

$$[D] = \begin{bmatrix} E & 0 & 0 & 0 \\ 0 & G & 0 & 0 \\ 0 & 0 & G & 0 \\ 0 & 0 & 0 & G \end{bmatrix} \tag{3.2-43}$$

式中，$G = E/2(1 + v)$；E为材料的弹性模量；v为泊松比。

5. 单元刚度矩阵和单元内力矢量的形成

退化梁单元采用在截面上分层或分块积分的方法来形成单元刚度矩阵。如果每一层（每一块）采用沿梁轴线多高斯点积分方法，则容易出现"剪锁现象"。因而，在每层或每块上沿梁轴线只取一个积分点，一般这个积分点取在单元沿梁轴线的中心点处。

设单元截面分为p层（块），则单元刚度矩阵的积分可以写为

$$[K]_e = \int_{-1}^{1} \int_{y'} \int_{z'} [B]_e^T [D]_e [B]_e \, dz' \, dy' \, dr$$

$$= L \sum_{j=1}^{p} \Delta A_j \times [B]_j^T [D]_j [B]_j \Big|_{y', z', r=0} \tag{3.2-44}$$

式中，ΔA_j为每个分层或者分块的横截面面积；L为单元的长度；$[B]_j$和$[D]_j$分别为每个积分点处的几何矩阵和物理矩阵。

单元内力计算可表示为

$$F_e^{in} = \int_{-1}^{1} \int_{y'} \int_{z'} [B]_e^T \{\sigma\}_e \, dz' \, dy' \, dr = L \times \sum [B]_j^T \{\sigma\}_j \Big|_{y', z', r=0} \times \Delta A_j \tag{3.2-45}$$

式中，$\{\sigma\}_j$为第j个积分点的应力矢量；$[B]_j$为第j个积分点的几何矩阵。

3.2.3　算例分析

文献[20]分析了一片钢骨混凝土组合梁，梁长 24m，全梁高 1.95m，钢梁用上翼缘为350mm × 16mm、腹板为 1550mm × 10mm 和下翼缘为 380mm × 20mm 的三块钢板焊接而成，其横截面尺寸如图 3.2-2 所示。混凝土的弹性模量为 3.65×10^4MPa，钢的弹性模量为2.058×10^5MPa，竖向车辆荷载简化为均布荷载，按 25.6kN/m 计算。

采用本节程序得到的挠度值、应力值与理论计算值的比较如图 3.2-3、图 3.2-4 所示。可以看出，基于退化理论的空间梁单元在分析由多种材料组成的组合梁时能够得到很好的结果。

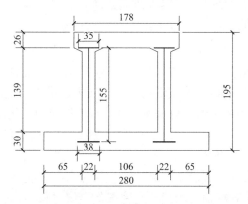

图 3.2-2　钢骨混凝土组合梁横截面尺寸（单位：cm）

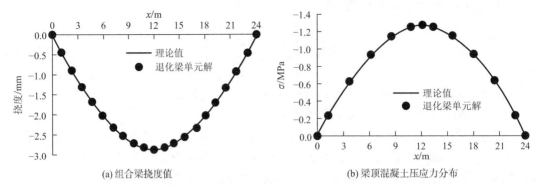

(a) 组合梁挠度值　　　　　　(b) 梁顶混凝土压应力分布

图 3.2-3　组合梁挠度及梁顶混凝土压应力分布

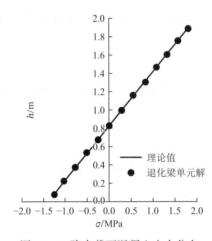

图 3.2-4　跨中截面混凝土应力分布

3.3　基于退化梁单元的非线性力学行为分析理论

3.3.1　混凝土和钢材非线性本构模型

退化梁单元在形成单元刚度矩阵和计算节点内力时采用了分块积分技术，因此，对于不同的分块赋予不同的材料特性，可以方便地处理混凝土和钢材的材料非线性行为。本节主要对混凝土和钢材的单轴应力-应变关系模型进行讨论。

1. 混凝土单轴受压应力-应变关系

混凝土典型单轴受压应力-应变关系如图 3.3-1 所示。从图中可以看出，混凝土的单轴受压应力-应变关系表现出明显的非线性行为。当应力水平小于混凝土抗压强度的 30%时，混凝土的应力-应变关系表现为线弹性关系。进一步增加应力，当应力水平达到抗压强度的 30%～50%时，混凝土的应力-应变关系表现为弱非线性关系，但大致服从胡克定律。当应力增加至抗压强度的 50%～75%时，混凝土应力-应变关系表现出较强的非线性行为，界面裂缝与砂浆裂缝开始汇集，形成宏观可见裂缝。当应力高于混凝土抗压强度的 75%时，裂缝进入失稳扩展阶段。达到峰值应力后，与一般的金属材料不同，混凝土不会出现塑性流动或者塑性强化，如果在此时增加应变就会出现图 3.3-1 所示的软化段（下降段）[21]。

关于混凝土在单轴受压应力-应变关系的数学描述，国内外学者开展了大量的研究工作，提出了不同的数学模型。本节介绍其中几种较有代表性的模型。

2. Hongnestad 模型

Hongnestad 模型是一种广泛应用的混凝土单轴受压应力-应变关系数学模型。如图 3.3-2 所示，该模型采用二次抛物线描述应力-应变关系曲线的上升段，采用斜直线描述应力-应变关系曲线的下降段，具体表达式为

$$\sigma = \sigma_0 \left[2 \left(\frac{\varepsilon}{\varepsilon_0} \right) - \left(\frac{\varepsilon}{\varepsilon_0} \right)^2 \right] \qquad 0 \leqslant \varepsilon \leqslant \varepsilon_0$$

$$\sigma = \sigma_0 \left[1 - 0.15 \left(\frac{\varepsilon - \varepsilon_0}{\varepsilon_u - \varepsilon_0} \right) \right] \quad \varepsilon_0 \leqslant \varepsilon \leqslant \varepsilon_u \tag{3.3-1}$$

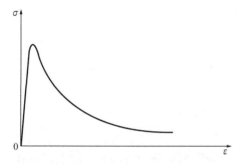 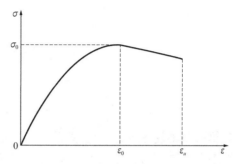

图 3.3-1　混凝土典型单轴受压应力-应变关系　　　图 3.3-2　Hongnestad 模型

3. Sazen 模型

Sazen 模型采用一个统一的函数来描述混凝土单轴受压应力-应变关系的全过程曲线，具体表达式为

$$\sigma = \frac{E_0 \varepsilon}{1 + \left(\frac{E_0}{E_s} - 2 \right) \left(\frac{\varepsilon}{\varepsilon_0} \right) + \left(\frac{\varepsilon}{\varepsilon_0} \right)^2} \tag{3.3-2}$$

其中，ε_0 为应力峰值点对应的应变，E_0 为原点切线弹性模量，E_s 为峰值点处割线弹性模量。Sazen 模型描述的应力-应变关系曲线的形状如图 3.3-3 所示。

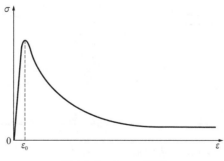

图 3.3-3　Sazen 模型

4. Elwi 与 Muarry 模型

Sazen 模型的下降段曲线的下降速度完全由上升段曲线参数决定。为了改善对下降段的描述，Elwi 与 Muarry 提出了改进模型（图 3.3-4），即

$$\sigma = \frac{E_0 \varepsilon}{1 + \left(R + \frac{E_0}{E_s} - 2\right)\left(\frac{\varepsilon}{\varepsilon_0}\right) - (2R - 1)\left(\frac{\varepsilon}{\varepsilon_0}\right)^2 + R\left(\frac{\varepsilon}{\varepsilon_0}\right)^3} \tag{3.3-3}$$

其中

$$R = \frac{E_0(\sigma_0/\sigma_u - 1)}{E_s(\varepsilon_u/\varepsilon_0 - 1)^2} - \frac{\varepsilon_0}{\varepsilon_u} \tag{3.3-4}$$

其中，参数 σ_u 和 ε_u 的物理意义如图 3.3-4 所示。

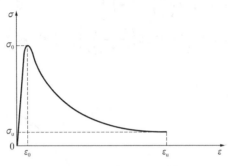

图 3.3-4　Elwi 与 Muarry 模型

5. 钢材单轴受压应力-应变关系

根据应力-应变关系特点的不同,工程上使用的钢材可分为有明显屈服点钢材和无明显屈服点钢材。发生延性破坏的钢材,其本构曲线一般可分为线弹性段、非线性弹性段、塑性流动段、强化段及二次塑流五个阶段。钢材受拉应力-应变曲线与受压时基本一致。

由于屈服后的应变急剧增大,实际工程中一般将上述曲线简化为双折线表示的理想弹塑性关系,如图 3.3-5 所示。由于理想弹塑性本构模型的屈服后刚度为零,易造成计算不收敛,在实际计算过程中,可假设屈服后的切线弹性模量为初始弹性模量的 1/100,以提高计算的稳定性。如果需重点关注结构在钢材屈服甚至强化后的行为,也可将钢材的一维应力-应变关系简化为四折线模型,如图 3.3-6 所示。

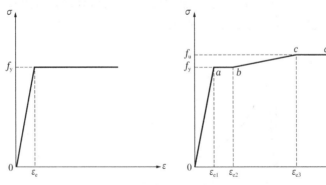

图 3.3-5　有明显物理流限的钢材　　图 3.3-6　有明显物理流限的钢材
　　　　　理想弹塑性本构模型　　　　　　　　　四折线本构模型

对于无明显物理流限的钢材,如预应力钢绞线和高强钢丝等,其力学特性与有明显物理流限的钢材存在很大差异,主要表现为没有明显的屈服点,达到极限抗拉强度后迅速破坏,延伸率较小等。为简化分析,可按 Ramberg-Osgood 曲线进行模拟:

$$\sigma_{\mathrm{p}} = \begin{cases} E_{\mathrm{p}}\varepsilon_{\mathrm{p}} & \sigma_{\mathrm{p}} \leqslant 0.7 f_{\mathrm{pu}} \\ \dfrac{E_{\mathrm{p}}'\varepsilon_{\mathrm{p}}}{\left[1 + \left(\dfrac{E_{\mathrm{p}}'\varepsilon_{\mathrm{p}}}{f_{\mathrm{pu}}}\right)^{m}\right]^{\frac{1}{m}}} & \sigma_{\mathrm{p}} > 0.7 f_{\mathrm{pu}} \end{cases} \tag{3.3-5}$$

式中，E_{p} 为无明显物理流限钢材的弹性模量；E_{p}' 为 Osgood 曲线零点切线弹性模量，可取 214GPa；f_{pu} 为极限抗拉强度；m 为 Osgood 曲线的形状函数，可取为 4。

3.3.2　基于退化梁单元的几何非线性分析理论

虚功方程是推导有限元列式重要的力学基础。在大变形情况下的虚功方程可以写为

$$\int_{V} S_{ij}\delta E_{ij}\,\mathrm{d}V_0 = \int_{V} p_{0i}\delta u_i\,\mathrm{d}V_0 + \int_{A} q_{0i}\delta u_i\,\mathrm{d}A_0 \tag{3.3-6}$$

式中，S_{ij} 为克希霍夫应力；E_{ij} 为格林应变；V 为物体在参考构形中占据的体积；A 为物体在参考构形中的边界；p_{0i}、q_{0i} 分别为参考构形中体力荷载和表面力荷载；u_i 为相对于参考构形的位移。

大变形情况下的格林应变张量 E_{ij} 定义为

$$E_{ij} = \frac{1}{2}\left(\frac{\partial u_i}{\partial X_j} + \frac{\partial u_j}{\partial X_i} + \frac{\partial u_k}{\partial X_i}\frac{\partial u_k}{\partial X_j}\right) \tag{3.3-7}$$

式中，X_i 为参考构形中质点的位置。相比小应变情况下的柯西应变张量，格林应变张量 E_{ij} 多了一个二次项，此时应变与位移不再呈线性关系。

克希霍夫应力 S_{ij} 与格林应变 E_{ij} 的关系为

$$S_{ij} = D_{ijkl}^{0}E_{kl} \tag{3.3-8}$$

对于大多数大位移、大转角、小应变的几何非线性分析，可以近似认为

$$D_{ijkl}^{0} \approx D_{ijkl} \tag{3.3-9}$$

式中，D_{ijkl} 为小变形情况下的本构张量。

设由时刻 t_i 到时刻 t_{i+1} 结构产生的位移增量为 Δu_i，用插值函数表示为

$$\Delta u_i = N\Delta u_i^{\mathrm{e}} \tag{3.3-10}$$

式中，N 为插值函数；Δu_i^{e} 为节点位移增量。则格林应变增量可以表示为

$$\Delta E_{ij} = \frac{1}{2}\left(\frac{\partial \Delta u_i}{\partial x_j} + \frac{\partial \Delta u_j}{\partial x_i} + \frac{\partial \Delta u_k}{\partial x_i}\frac{\partial \Delta u_k}{\partial x_j}\right) \tag{3.3-11}$$

式中，x_i 为时刻 t_i 时质点的位置坐标。式(3.3-11)可以分解为

$$\Delta E_{ij} = \Delta E_{ij}^{\mathrm{L}} + \Delta E_{ij}^{\mathrm{N}} \tag{3.3-12}$$

其中

$$\Delta E_{ij}^{\mathrm{L}} = \frac{1}{2}\left(\frac{\partial \Delta u_i}{\partial x_j} + \frac{\partial \Delta u_j}{\partial x_i}\right) \tag{3.3-13}$$

$$\Delta E_{ij}^{\mathrm{N}} = \frac{1}{2}\frac{\partial \Delta u_k}{\partial x_i}\frac{\partial \Delta u_k}{\partial x_j} \tag{3.3-14}$$

$\Delta E_{ij}^{\mathrm{L}}$ 和 $\Delta E_{ij}^{\mathrm{N}}$ 分别表示应变增量的线性部分和非线性部分。

对式(3.3-13)、式(3.3-14)采用矢量记法，有

$$\{\Delta E\}_L = [L]\{\Delta u\} \tag{3.3-15}$$

$$\{\Delta E\}_N = \frac{1}{2}[\Delta A][H]\{\Delta u\} \tag{3.3-16}$$

其中

$$[L] = \begin{bmatrix} \dfrac{\partial}{\partial x} & 0 & 0 \\[2mm] 0 & \dfrac{\partial}{\partial y} & 0 \\[2mm] 0 & 0 & \dfrac{\partial}{\partial z} \\[2mm] \dfrac{\partial}{\partial y} & \dfrac{\partial}{\partial x} & 0 \\[2mm] \dfrac{\partial}{\partial z} & 0 & \dfrac{\partial}{\partial x} \\[2mm] 0 & \dfrac{\partial}{\partial z} & \dfrac{\partial}{\partial y} \end{bmatrix} \tag{3.3-17}$$

$$[\Delta A] = \begin{bmatrix} \dfrac{\partial \Delta u}{\partial x} & \dfrac{\partial \Delta v}{\partial x} & \dfrac{\partial \Delta w}{\partial x} & 0 & 0 & 0 & 0 & 0 & 0 \\[2mm] 0 & 0 & 0 & \dfrac{\partial \Delta u}{\partial y} & \dfrac{\partial \Delta v}{\partial y} & \dfrac{\partial \Delta w}{\partial y} & 0 & 0 & 0 \\[2mm] 0 & 0 & 0 & 0 & 0 & 0 & \dfrac{\partial \Delta u}{\partial z} & \dfrac{\partial \Delta v}{\partial z} & \dfrac{\partial \Delta w}{\partial z} \\[2mm] \dfrac{\partial \Delta u}{\partial y} & \dfrac{\partial \Delta v}{\partial y} & \dfrac{\partial \Delta w}{\partial y} & \dfrac{\partial \Delta u}{\partial x} & \dfrac{\partial \Delta v}{\partial x} & \dfrac{\partial \Delta w}{\partial x} & 0 & 0 & 0 \\[2mm] \dfrac{\partial \Delta u}{\partial z} & \dfrac{\partial \Delta v}{\partial z} & \dfrac{\partial \Delta w}{\partial z} & 0 & 0 & 0 & \dfrac{\partial \Delta u}{\partial x} & \dfrac{\partial \Delta v}{\partial x} & \dfrac{\partial \Delta w}{\partial x} \\[2mm] 0 & 0 & 0 & \dfrac{\partial \Delta u}{\partial z} & \dfrac{\partial \Delta v}{\partial z} & \dfrac{\partial \Delta w}{\partial z} & \dfrac{\partial \Delta u}{\partial y} & \dfrac{\partial \Delta v}{\partial y} & \dfrac{\partial \Delta w}{\partial y} \end{bmatrix} \tag{3.3-18}$$

$$[H] = \begin{bmatrix} \dfrac{\partial}{\partial x}[I] \\[2mm] \dfrac{\partial}{\partial y}[I] \\[2mm] \dfrac{\partial}{\partial z}[I] \end{bmatrix} \tag{3.3-19}$$

式中，$[I]$为 3×3 阶单位阵。

引入位移插值模式，即

$$\{\Delta u\} = [N]\{\Delta u\}_e \tag{3.3-20}$$

则

$$\{\Delta E\}_L = [B]_L\{\Delta u\}_e \tag{3.3-21}$$

$$\{\Delta E\}_N = [B]_N\{\Delta u\}_e \tag{3.3-22}$$

其中

$$[B]_L = [L][N] \tag{3.3-23}$$

$$[B]_N = \frac{1}{2}[\Delta A][G] \tag{3.3-24}$$

$$[G] = [H][N] \tag{3.3-25}$$

下面推导切线刚度矩阵。将式(3.3-6)写成矩阵形式为

$$\int_V \delta\{\Delta E\}^T\{S\}\,dV = \int_V \delta\{u\}^T\{p\}\,dV + \int_A \delta\{u\}^T\{q\}\,dA \tag{3.3-26}$$

式中，$\{S\}$为克希霍夫应力矢量；$\{p\}$、$\{q\}$分别为体积力和表面力矢量。引入位移插值方程后得

$$\int_V [B]^T\{S\}\,dV = \int_V [N]^T\{p\}\,dV + \int_A [N]^T\{q\}\,dA \tag{3.3-27}$$

将式(3.3-27)改写为

$$\psi = \int_V [B]^T\{S\}\,dV - \{R\} = 0 \tag{3.3-28}$$

其中

$$\{R\} = \int_V [N]^T\{p\}\,dV + \int_A [N]^T\{q\}\,dA \tag{3.3-29}$$

$\{R\}$的物理意义为荷载的等效节点力矢量。

为了求得切线刚度矩阵，对式(3.3-28)求导得

$$d\psi = \int_V [B]^T d\{S\}\,dV + \int_V d[B]^T\{S\}\,dV = [K]_T\,d\{u\}_e \tag{3.3-30}$$

式中，$[K]_T$为切线刚度矩阵，由两部分组成。考虑关系式：

$$d\{S\} = [D]\,d\{E\} = [D][B]\,d\{u\}_e \tag{3.3-31}$$

则，式(3.3-30)的第一部分为

$$\int_V [B]^T d\{S\}\,dV = \int_V [B]^T[D][B]\,dV \cdot d\{u\}_e = [K]_D \cdot d\{u\}_e \tag{3.3-32}$$

其中，$[K]_D$可以写为

$$\begin{aligned} [K]_D &= \int_V ([B]_L + [B]_N)^T[D]([B]_L + [B]_N)\,dV \\ &= \int_V [B]_L^T[D][B]_L\,dV + \int_V [B]_L^T[D][B]_N\,dV + \\ &\quad \int_V [B]_N^T[D][B]_L\,dV + \int_V [B]_N^T[D][B]_N\,dV \end{aligned} \tag{3.3-33}$$

对于式(3.3-30)的第二部分，因为$d[B]_L = 0$，所以

$$d[B] = d[B]_L + d[B]_N = d[B]_N \tag{3.3-34}$$

则

$$\int_V d[B]^T\{S\}\,dV = \int_V d[B]_N^T\{S\}\,dV = \int_V [G]^T d[\Delta A]^T\{S\}\,dV \tag{3.3-35}$$

其中，$d[\Delta A]^T\{S\}$可以化简为

$$d[\Delta A]^T\{S\} = [M][G]\,d\{u\}_e \tag{3.3-36}$$

其中

$$[M] = \begin{bmatrix} S_{xx}[I] & S_{xy}[I] & S_{xz}[I] \\ S_{xy}[I] & S_{yy}[I] & S_{yz}[I] \\ S_{xz}[I] & S_{yz}[I] & S_{zz}[I] \end{bmatrix} \tag{3.3-37}$$

式中，$[I]$ 为 3×3 单位矩阵。将式(3.3-36)代入式(3.3-37)，得

$$\int_V d[B]^T\{S\}\,dV = \int_V [G]^T[M][G]\,dV \cdot d\{u\}_e \tag{3.3-38}$$

对于式(3.3-33)，切线刚度矩阵一般只取线性部分，则切线刚度矩阵为

$$[K]_T = [K]_0 + [K]_\sigma \tag{3.3-39}$$

其中

$$[K]_0 = \int_V [B]_L^T[D][B]_L\,dV \tag{3.3-40}$$

$$[K]_\sigma = \int_V [G]^T[M][G]\,dV \tag{3.3-41}$$

式中，$[K]_0$ 为小位移刚度矩阵；$[K]_\sigma$ 为几何刚度矩阵。

3.3.3 非线性方程组求解算法

对于非线性有限元问题，经过有限元离散，最后都可以归结为求解以下非线性代数方程组：

$$[K(U)]\{U\} = \{F\} \tag{3.3-42}$$

求解式(3.3-42)有很多种方法，这些方法的基本思路都是将这个非线性方程组逐步线性化的过程。本节介绍在非线性有限元分析中最常用的 Newton-Raphson 迭代法和弧长法。

1. Newton-Raphson 迭代法

一般而言，非线性问题很难获得全量解答，通常采用增量求解算法。在每一荷载增量步内，如果保持刚度矩阵不变，则称为"等刚度迭代"。反之，在每一次迭代时，形成一次刚度矩阵，则称为"变刚度迭代"。下面介绍 Newton-Raphson 迭代法的基本思想和实现过程。

1）设上一荷载步计算已达到收敛，则当前平衡状态的节点位移$\{U\}$，应变结果$\{\varepsilon\}$、应力结果$\{\sigma\}$以及已平衡外荷载$\{F\}$已知。设下一步求解的荷载增量为$\{\Delta F\}$，则下一步迭代需要平衡的荷载总量为

$$\{F\}^* = \{F\} + \{\Delta F\} \tag{3.3-43}$$

2）由当前平衡状态的节点位移$\{U\}$、应变结果$\{\varepsilon\}$和应力结果$\{\sigma\}$，计算每个单元的几何矩阵$[B]$和物理矩阵$[D]$，并由此计算单元切线刚度矩阵为

$$[K]_e^T = \int_{V_e} [B]^T[D][B]\,dV_e \tag{3.3-44}$$

集成所有单元的切线刚度矩阵，得到整体切线刚度矩阵为

$$[K]^T = \sum [K]_e^T \tag{3.3-45}$$

3）求解线性化方程组：

$$[K]^T\{\Delta U\} = \{\Delta F\} \tag{3.3-46}$$

4）由式(3.3-46)计算得到位移增量$\{\Delta U\}$、计算应变增量$\{\Delta\varepsilon\}$和应力增量$\{\Delta\sigma\}$。

5）将上一步计算得到的位移增量$\{\Delta U\}$、应变增量$\{\Delta\varepsilon\}$和应力增量$\{\Delta\sigma\}$，累加到当前节点位移$\{U\}$、应变结果$\{\varepsilon\}$和应力结果$\{\sigma\}$，即

$$\{U\} = \{U\} + \{\Delta U\}$$
$$\{\varepsilon\} = \{\varepsilon\} + \{\Delta\varepsilon\} \tag{3.3-47}$$
$$\{\sigma\} = \{\sigma\} + \{\Delta\sigma\}$$

6）由当前应力结果$\{\sigma\}$计算单元节点内力：

$$\{R\}_e = \int_{V_e} [B]^T \{\sigma\} \, dV_e \tag{3.3-48}$$

集成单元节点力，得到结构节点内力为

$$\{R\} = \sum \{R\}_e \tag{3.3-49}$$

7）由上一步计算得到的结构节点内力，计算不平衡力：

$$\{\Delta F\} = \{F\}^* - \{R\} \tag{3.3-50}$$

接下来判断迭代是否收敛。一般而言，判断迭代收敛有位移收敛准则和力收敛准则，这两种准则分别写为

$$\frac{\|\{\Delta U\}\|}{\|\{U\}\|} \leqslant \delta \tag{3.3-51}$$

$$\frac{\|\{\Delta F\}\|}{\|\{F\}^*\|} \leqslant \delta \tag{3.3-52}$$

式中，δ为迭代收敛限，$\|\cdot\|$为矢量范数。

如果迭代已经收敛，则进入第1步开始下一增量步计算；反之，返回第2步，进行下一次线性化迭代。

2. 弧长法

在结构非线性有限元分析中，会遇到通过荷载-位移曲线峰值点和结构出现负刚度的情况。传统的荷载增量算法，如 Newton-Raphson 法，无法解决上述问题，因此先后出现了多种求解算法。相较而言，弧长法是理论上最完备，也是最有效的一种算法，被广泛应用于各种结构的非线性分析[22-24]。本节对弧长法的基本原理进行简单讨论。

在弧长法中任一增量步内的迭代求解过程中，其迭代控制方程可写为

$$\Delta p_i^T \Delta p_i + A_0 \Delta\lambda_i^2 q^T q = \Delta p_{i+1}^T \Delta p_{i+1} + A_0 \Delta\lambda_{i+1}^2 q^T q = \Delta l^2 \tag{3.3-53}$$

式中，Δp_i为第i次迭代的位移增量矢量；$\Delta\lambda_i$为第i次迭代的荷载增量因子；q为荷载矢量；A_0为一标量；Δl为弧长。如图 3.3-7 所示。

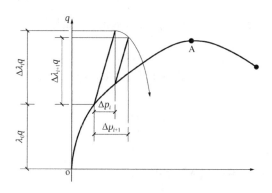

图 3.3-7　弧长法迭代示意

由式(3.3-53)和图 3.3-7 不难看出，每一增量步内，解的搜寻过程是在荷载-位移空间中以上一收敛点为中心的椭圆体上进行。显然，加上式(3.3-53)的迭代控制条件后，从直观上看，迭代求解可以成功地越过图 3.3-7 中的峰值点 A。

在弧长法早期的研究中，文献[22]、[23]采用了将式(3.3-53)线性化的方法，令

$$\Delta p_{i+1} = \Delta p_i + \delta_i \tag{3.3-54}$$

$$\Delta \lambda_{i+1} = \Delta \lambda_i + \delta \lambda_i \tag{3.3-55}$$

式中，δ_i 为第 $i+1$ 次迭代的增量位移；$\delta \lambda_i$ 为第 $i+1$ 次迭代的增量荷载因子。将式(3.3-54)、式(3.3-55)代入式(3.3-53)，得

$$\Delta p_i^{\mathrm{T}} \Delta p_i + A_0 \Delta \lambda_i^2 q^{\mathrm{T}} q = (\Delta p_i + \delta_i)^{\mathrm{T}} (\Delta p_i + \delta_i) + A_0 (\Delta \lambda_i + \delta \lambda_i)^2 q^{\mathrm{T}} q \tag{3.3-56}$$

化简式(3.3-56)，只保留线性项，得

$$\delta_i^{\mathrm{T}} \Delta p_i + A_0 \delta \lambda_i \Delta \lambda_i q^{\mathrm{T}} q = 0 \tag{3.3-57}$$

这就是所谓的固定法平面条件（Fixed Normal Plane Constraint），其物理意义是增量 $(\delta_i, \delta \lambda_i)$ 在荷载-位移空间中总与 $(\Delta p_i, \Delta \lambda_i)$ 组成的超平面垂直。

设第 i 次迭代后，不平衡力为

$$e_i = E_i - F_i \tag{3.3-58}$$

式中，E_i 为外加荷载，在第 i 次迭代时为 $(\lambda_0 + \Delta \lambda_i)q$；$F_i$ 为等效节点力。考虑式(3.3-54)和式(3.3-55)，得

$$K \delta_i = e_i + \delta \lambda_i q \tag{3.3-59}$$

式中，K 为刚度矩阵。联立式(3.3-59)中的 n 个方程和式(3.3-57)中的 1 个方程，由这 $n+1$ 个方程可以求得 δ_i 和 $\delta \lambda_i$ 共 $n+1$ 个未知数，这就是弧长法最初的直接算法。这种算法在求解过程中，联立方程时破坏了刚度矩阵的带状性，求解效率较低，目前一般很少应用。文献[24]提出了间接算法，由式(3.3-59)可得

$$\delta_i = K^{-1} e_i + \delta \lambda_i K^{-1} q = \delta_{e_i} + \delta \lambda_i \delta_q \tag{3.3-60}$$

其中

$$\delta_{e_i} = K^{-1} e_i \tag{3.3-61}$$

$$\delta_q = K^{-1} q \tag{3.3-62}$$

则，第 $i+1$ 次迭代的位移增量为

$$\Delta p_{i+1} = \Delta p_i + \delta_i = \Delta p_i + \delta_{e_i} + \delta \lambda_i \delta_q \tag{3.3-63}$$

将式(3.3-63)代入式(3.3-53)，并取 $A_0 = 0$，得

$$\left(\Delta p_i + \delta_{e_i} + \delta \lambda_i \delta_q\right)^{\mathrm{T}} \left(\Delta p_i + \delta_{e_i} + \delta \lambda_i \delta_q\right) = \Delta l^2 \tag{3.3-64}$$

整理上式得

$$a_1 \delta \lambda_i^2 + a_2 \delta \lambda_i + a_3 = 0 \tag{3.3-65}$$

其中

$$a_1 = \delta_q^{\mathrm{T}} \delta_q \tag{3.3-66}$$

$$a_2 = 2\delta_q^{\mathrm{T}} \left(\Delta p_i + \delta_{e_i}\right) \tag{3.3-67}$$

$$a_3 = \left(\Delta p_i + \delta_{e_i}\right)^{\mathrm{T}} \left(\Delta p_i + \delta_{e_i}\right) - \Delta l^2 \tag{3.3-68}$$

方程(3.3-65)的系数可以由第 i 次迭代的计算结果求得，从方程(3.3-65)求得 $\delta \lambda_i$ 后，即可

求得第$i+1$次迭代的试探解，这便是间接算法的基本思想。

3.3.4　算例分析

1.钢管混凝土偏心受压短柱

文献[25]给出了一组钢管混凝土构件偏心受压试验（本算例将该试验称为 A1），其构件几何尺寸为$\phi 106 \times 3 \times 418$（mm），$f_y = 305$MPa，$f_{cu} = 45$MPa。文献[26]给出了一组钢管混凝土偏心受压构件的试验（本算例将该试验称为 A2），其构件几何尺寸为$\phi 166 \times 5 \times 1495$（mm），$f_y = 294$MPa，$f_{cu} = 51.2$MPa。本节对上述两个偏心受压钢管混凝土短柱进行全过程分析，绘制M-N包络曲线，计算结果如图 3.3-8 所示。

在本算例中，采用本书研究团队在文献[17]中提出的约束钢管混凝土的本构模型，图 3.3-8 中的虚线表示采用该模型计算得到的M-N包络曲线。作为对比，同时给出了采用完全约束混凝土模型与非约束混凝土本构模型的计算结果。与试验结果比较，采用约束混凝土本构模型与试验结果吻合较好。非约束混凝土本构模型与完全约束混凝土本构模型的计算结果分别构成了试验结果的内外包络线。在轴压与偏心距较小的情况下，试验结果与采用完全约束混凝土本构模型得到的计算结果较吻合；在由小偏心受压增长至大偏心受压的过程中，试验结果落在两种本构模型计算结果之间，理论计算曲线与试验结果均由靠近外包络线逐渐过渡至靠近内包络线。这一现象表明，套箍效应随着偏心距的增大而不断减弱。当为小偏心受压时，核心混凝土全截面处于受压状态，破坏时混凝土无开裂，套箍效应可以认为接近轴心受压混凝土，因而试验结果接近外包络曲线；相反地，在大偏心受压以及纯弯状态下，核心混凝土出现了大量的开裂情况，混凝土径向膨胀有限，套箍效应难以发挥，因而试验结果靠近内包络线。偏心距介于大偏心与小偏心之间时，由于部分混凝土的开裂，套箍效应部分发挥，因而试验结果介于内外包络线之间。

当钢管混凝土处于大偏心受压与受弯破坏时，构件破坏形式为钢材受拉屈服，混凝土强度对构件承载能力影响不大，因而采用非约束混凝土本构模型与完全约束混凝土本构模型计算的极限承载力结果比较接近。

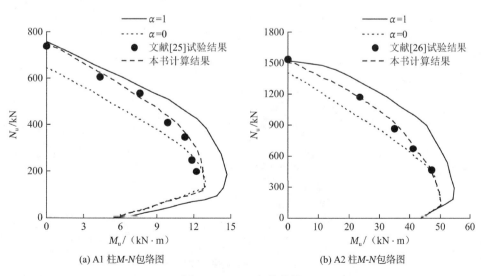

(a) A1 柱M-N包络图　　　　　(b) A2 柱M-N包络图

图 3.3-8　N-M包络曲线

2. 钢管高强混凝土长柱的压溃失稳

在进行长柱的稳定承载能力分析时，需考虑由几何非线性引起的大变形效应与材料非线性效应的共同作用。

Zeghiche 等[27]完成了不同偏心距时两端简支的钢管高强混凝土偏压长柱的压溃试验。在试验长柱中，采用了高强混凝土，其圆柱体抗压强度达到 100MPa。图 3.3-9 给出了轴向偏心荷载与二分之一柱高位置的横向位移曲线。为了反映压溃过程，计算时考虑了材料非线性与几何非线性共同作用。作为对比，也给出了仅考虑材料非线性，而未考虑几何非线性的结果。

从图 3.3-9 可以看出，考虑几何非线性与材料非线性共同作用的计算结果与试验结果吻合较好。在达到承载能力峰值点前，所有曲线吻合较好，达到峰值点后，试验结果显示结构承载能力迅速降低，这有可能是达到承载能力极限后加载控制困难引起的。同时可以看出，不考虑几何非线性的影响，将会大大高估偏心受压长柱的稳定承载能力。

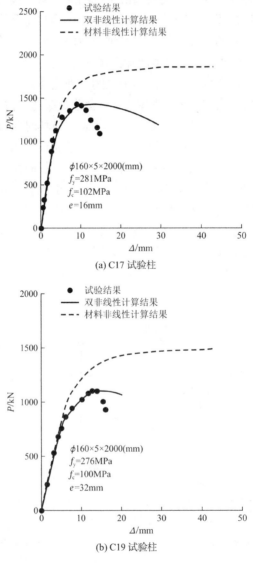

图 3.3-9　偏心受压钢管混凝土长柱柱中的荷载-横向位移曲线

3.4　基于退化梁单元的组合梁力学行为分析

3.4.1　组合梁结构界面滑移模型和试验梁分析

在钢-混凝土组合梁中，对截面滑移的模拟是一个关键技术问题。已有研究表明，钢-混凝土组合梁的界面滑移存在一定的非线性行为。Ollgaard 等[28]提出了一个广泛应用的剪力连接件的剪力-滑移模型，其表达式为

$$Q = Q_{\max}\left(1 - e^{-\beta s}\right)^{\alpha} \tag{3.4-1}$$

式中，$Q_{\max}$ 为剪力连接件的极限受剪承载力；s 为界面相对滑移量（mm）；α 和 β 为常量，Ariber 和 Labib 建议取 $\alpha = 0.8$、$\beta = 0.7 \text{mm}^{-1}$，Johnson 和 Molenstra 建议取 $\alpha = 0.989$、$\beta = 1.535 \text{mm}^{-1}$[29]。本节分析计算采用该模型。

图 3.4-1 所示为文献[30]进行的钢-混凝土组合简支梁试验，集中荷载作用在跨中。为模拟负弯矩区力学性能，试验时将组合梁倒置。混凝土应力-应变关系采用 Hognestad 模型，钢筋和钢材的应力-应变关系采用四折线模型。计算时，混凝土抗压强度取 24MPa，抗拉强度取 2.5MPa，混凝土初始弹性模量为 21.8GPa。钢筋和钢梁假设为理想弹塑性材料。钢筋的屈服强度为 540MPa，钢梁的屈服强度为 375MPa；钢材的弹性模量均为 200GPa。剪力连接件的极限受剪承载能力为 73.75kN，剪力连接件沿梁纵向的布置间距为 515mm。计算得到的跨中荷载-位移曲线如图 3.4-2 所示。

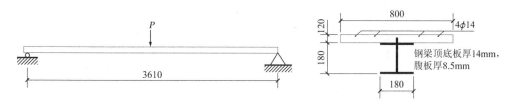

图 3.4-1　钢-混凝土组合简支梁试验示意图（单位：mm）

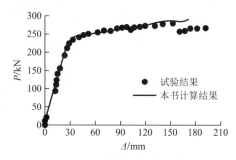

图 3.4-2　跨中荷载-位移曲线

对于普通钢-混凝土连续组合梁，由于中支座附近混凝土板承受拉力作用，混凝土会过早地开裂，将导致结构耐久性下降等问题。如果跨中荷载较大，组合梁的变形和裂缝宽度可能还不能满足正常使用极限状态的要求。在这种情况下，采用预应力技术能够很好地解决这一问题。

文献[31]对钢-混凝土组合梁负弯矩区的力学性能进行了试验研究，本书选取其中的无粘结体外预应力钢-混凝土组合梁 SCB2 和 SCB5 作为研究算例。其中，SCB2 梁为反向集中加

载的简支组合梁，SCB5 梁为对称加载的两跨连续组合梁，其构造及加载方式如图 3.4-3 所示。钢梁为 180mm × 100mm 的箱形截面梁，混凝土翼板尺寸为 600mm × 70mm，板内配筋率为 1.347%。钢梁与混凝土板之间采用 ϕ10mm × 50mm 的栓钉连接，SCB2 梁的布置间距为 120mm，每排 2 根；SCB5 梁在正弯矩区布置间距为 80mm，负弯矩区为 60mm，每排 2 根。

　　SCB2 梁和 SCB5 梁均布置一根 7ϕi5 钢绞线来施加预应力，如图 3.4-3 所示，钢绞线强度标准值 f_{pk} 为 1860MPa，弹性模量 E_p 为 1.95×10^5MPa。计入实际预应力损失后，SCB2 梁实际有效张拉力为 164kN，SCB5 梁实际有效张拉力为 108kN。

　　混凝土材料受压应力–应变曲线关系采用 Hongnestad 曲线，受拉段采用弹脆性模型，混凝土各材料参数如表 3.4-1 所示；钢材应力–应变曲线采用双折线模型，各材料参数如表 3.4-2 所示。

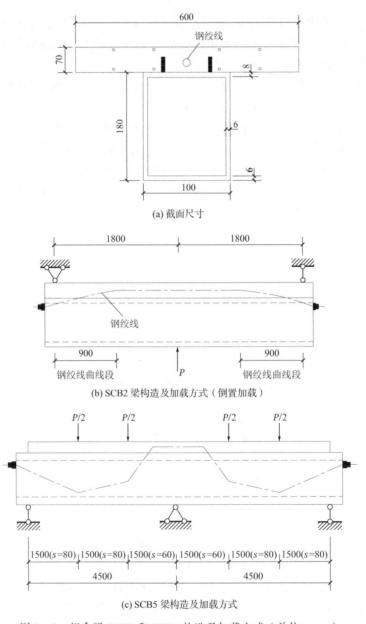

(a) 截面尺寸

(b) SCB2 梁构造及加载方式（倒置加载）

(c) SCB5 梁构造及加载方式

图 3.4-3　组合梁 SCB2 和 SCB5 构造及加载方式（单位：mm）

组合梁 SCB2、SCB5 混凝土材料参数　　　　　表 3.4-1

梁编号	f_c/MPa	ε_0	ε_{cu}	f_t/MPa	E_c/MPa
SCB2	32	0.002	0.0038	1.96	32000
SCB5	24	0.0015	0.0038	2.5	32000

组合梁 SCB2、SCB5 钢材材料参数　　　　　表 3.4-2

项目	f_y/MPa	ε_y	f_u/MPa	ε_u
钢梁	370	0.00185	450	0.32
钢筋	395	0.00198	560	0.302

图 3.4-4 和图 3.4-5 给出了组合梁 SCB2 和 SCB5 跨中截面荷载-变形曲线的非线性有限元分析结果与试验结果的对比。从图中可以看出，利用退化梁单元程序计算的结果与试验值吻合良好。当荷载较小时，变形呈线性增加；随着荷载增大，混凝土板开裂，结构刚度出现下降；随着荷载继续增大，钢梁发生屈服，组合梁的变形明显呈非线性增长。

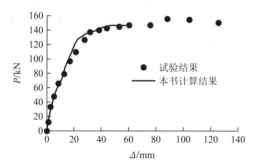

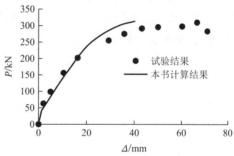

图 3.4-4　SCB2 梁跨中截面荷载-变形曲线　　　图 3.4-5　SCB5 梁跨中截面荷载-变形曲线

图 3.4-6 和图 3.4-7 给出了组合梁 SCB2 和 SCB5 与荷载-预应力筋拉力增量的计算结果，可以看出，非线性有限元分析结果较好地反映了实际结构行为。

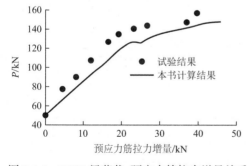

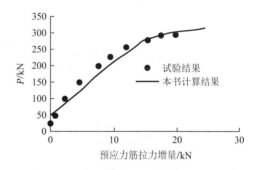

图 3.4-6　SCB2 梁荷载-预应力筋拉力增量关系　　　图 3.4-7　SCB5 梁荷载-预应力筋拉力增量关系

3.1.2　考虑施工过程的组合梁结构全过程非线性分析

混凝土结构双非线性有限元分析程序 CSBNLA（Concrete Structure Bi-nonlinear Analysis）是本书作者团队开发的基于退化梁单元的大型有限元分析程序，本节介绍利用该程序进行考虑施工过程的钢-混凝土组合梁的非线性有限元分析。

某跨海大桥采用多联 6×80m 预应力钢-混凝土连续组合梁,在设计计算时选取其中一联进行分析,桥跨布置如图 3.4-8 所示。

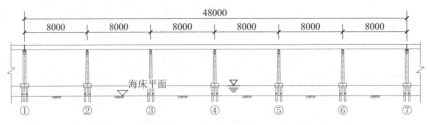

图 3.4-8 桥跨布置（单位：cm）

钢梁和混凝土桥面板的截面尺寸如图 3.4-9 和图 3.4-10 所示,在钢梁腹板和底板均设置了加劲肋。混凝土桥面板采用工厂预制,为了消除混凝土收缩徐变对结构的不利影响,要求桥面板存放至少 180d 后,方能与钢梁组合成整体结构。钢梁采用 Q345 钢材,桥面板采用 C60 混凝土,钢梁和桥面板采用 $\phi22mm \times 200mm$ 栓钉连接。

该桥采用双向预应力体系,其纵向预应力包括体内预应力和体外预应力,体外预应力束 W1、W2、W3 的型号为 15-27;体内预应力束 T1、T2 的型号为 15-12。体外束张拉控制应力为 1209MPa,体内束张拉控制应力为 1395MPa。

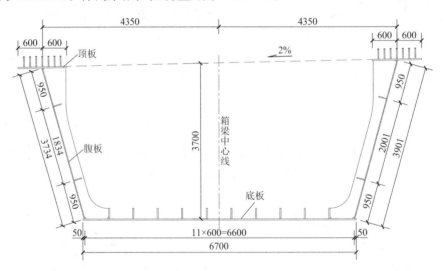

图 3.4-9 钢梁截面尺寸（单位：mm）

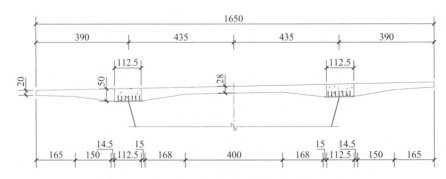

图 3.4-10 混凝土桥面板截面尺寸（单位：mm）

该桥的施工过程如如图 3.4-11 所示。

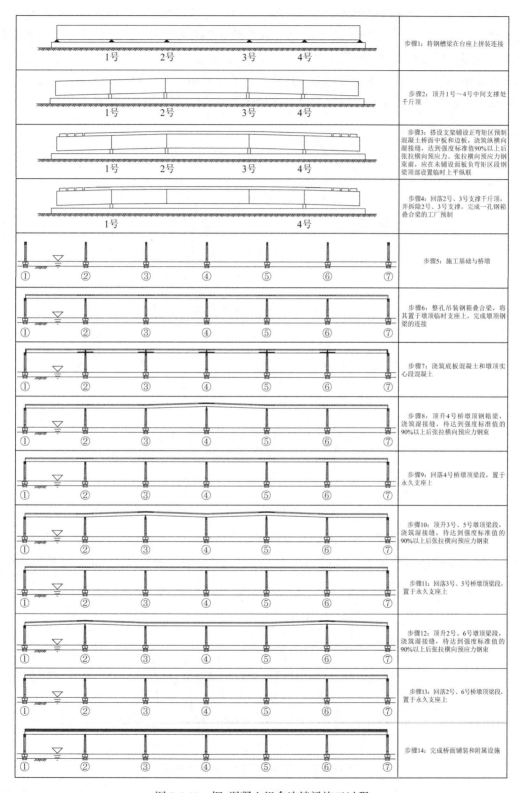

图 3.4-11 钢-混凝土组合连续梁施工过程

采用 midas Civil 和 CSBNLA 进行该桥的弹性静力分析。在用 midas 建立模型时，利用联合截面来模拟组合梁的钢梁和混凝土桥面板，这种方法忽略了钢梁和混凝土板之间的相对滑移，认为二者是完全连接的。在退化梁单元程序 CSBNLA 中，采用共节点单元来模拟钢梁和混凝土桥面板，这种思路产生的计算效果与 midas Civil 联合截面应该是一致的。图 3.4-12 给出了第二跨跨中挠度随施工过程变化的计算结果，图 3.4-13 则给出了张拉预应力完成后全桥挠度计算结果。可以看出，两种建模方式计算结果吻合良好。

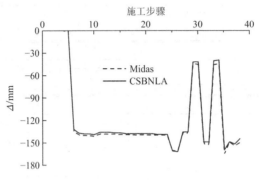

图 3.4-12　第二跨跨中挠度

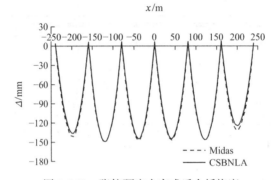

图 3.4-13　张拉预应力完成后全桥挠度

图 3.4-14 给出了采用 CSBNLA 考虑滑移效应与不考虑滑移效应，施加二期恒荷载成桥后全桥挠度计算结果对比。可以看出，不考虑滑移效应会在一定程度上高估结构的刚度。

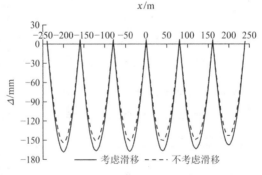

图 3.4-14　滑移效应对成桥挠度的影响

在进行非线性分析时，一般而言，恒荷载变化相对稳定，而活荷载则表现出一定的随机性。因此，本节采用恒荷载不变、活荷载逐级增加的方式来分析该桥的非线性行为，即：恒荷载 $+\lambda$ 活荷载。其中 λ 的最大值反映了桥梁结构所能承受的极限活荷载相当于标准活荷载的倍数，类似于"最大活荷载系数"，反映了结构超活荷载运营的能力。标准活荷载按照《公路桥涵设计通用规范》JTG D60—2015 规定的车道荷载进行计算。

结构的极限承载力是相对于某种特定的荷载分布而言的。桥梁结构成桥时的内力分布将影响到其极限承载力。对于施工过程中结构体系发生转化的超静定结构而言，一次成桥得到的成桥内力与实际内力可能会有较大差异。该桥在设计中结构体系多次转换，钢梁安装和混凝土浇筑顺序多变，因此承载力分析需建立在考虑施工阶段的成桥内力的基础上。成桥后的活荷载加载方式，选取典型控制截面的最不利加载方式，本节考虑以下两种工况。

工况一：恒荷载和基于中间支座处的最不利车道加载。

工况二：恒荷载和基于第三跨跨中的最不利车道加载。

图 3.4-15～图 3.4-18 给出了工况一的挠度和应力结果。可以看出，随着活荷载加载系数的不断增大，活荷载直接作用的第一、三、四、六跨逐渐下挠，第二跨和第五跨逐渐上挠。当结构达到破坏极限时，混凝土板顶面出现压溃，钢梁底面进入塑性屈服区。由第四跨跨中荷载-挠度曲线结果分析可知，当 $\lambda \leqslant 9$ 时，结构位移响应表现为线性；当 $\lambda > 9$ 时，结构行为表现出强烈的非线性，并很快达到破坏极限。

图 3.4-19～图 3.4-22 给出了工况二的挠度和应力结果。可以看出，破坏时连续梁表现出了与工况一类似的结构行为。同时，其破坏时活荷载加载系数相对较小，也就是说，该工况更为不利。

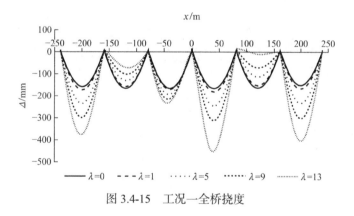

图 3.4-15　工况一全桥挠度

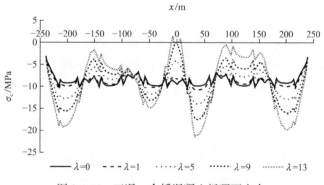

图 3.4-16　工况一全桥混凝土板顶面应力

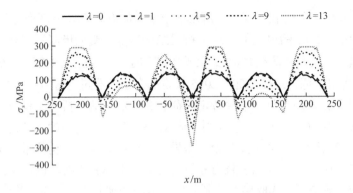

图 3.4-17 工况一全桥钢梁底面应力

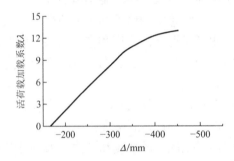

图 3.4-18 工况一第四跨跨中荷载-挠度曲线

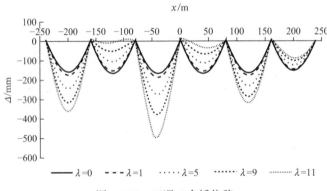

图 3.4-19 工况二全桥位移

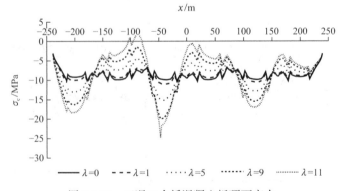

图 3.4-20 工况二全桥混凝土板顶面应力

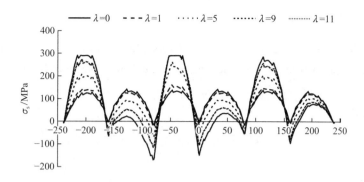

图 3.4-21　工况二全桥钢梁底面应力

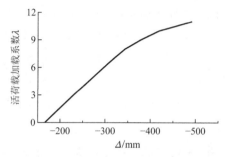

图 3.4-22　工况二第三跨跨中荷载-挠度曲线

参考文献

[1] NGO D, SCORDELIS A C. Finite element analysis of reinforced concrete beams[J]. ACI Journal, 1967. 64(3): 152-163.

[2] NILSSON A H, Nonlinear Analysis of Reinforced Concrete by Finite Element Method. [J]. ACI Journal, 1968, 65(9): 757-766.

[3] ZIENKIEWICZ O C. The finite element method in engineering science[M]. New York: McGraw-Hill Book Company, 1971.

[4] ASCE Committee on Concrete and Masonry Structures. Task committee on finite element analysis of reinforced concrete structures: a state-of-art report on finite element analysis of reinforced concrete structures[R]. ASCE, 1982.

[5] SCORDELIS A C. Past, present and future development finite element analysis of reinforced concrete structures[R]. ASCE, 1986.

[6] 聂建国. 钢-混凝土组合结构原理与实例[M]. 北京: 科学出版社, 2009.

[7] 杨庆生. 现代计算固体力学[M]. 北京: 科学出版社, 2007.

[8] LIU H, XIANG T, ZHAO R. Research on non-linear structural behaviors of prestressed concrete beams made of high strength and steel fiber reinforced concretes[J]. Construction & building

materials, 2009, 23(1): 85-95.

[9] XIANG T, TONG Y, ZHAO R. A general and versatile nonlinear analysis program for concrete bridge structure[J]. Advances in engineering software, 2005, 36(10): 681-690.

[10] 童育强, 向天宇, 赵人达. 基于退化理论的空间梁单元有限元分析[J]. 工程力学, 2006, 23(1): 33-37.

[11] 向天宇, 童育强, 赵人达. 基于退化梁单元的混凝土结构徐变分析[J]. 工程力学, 2006, 23(4): 140-143.

[12] 占玉林, 向天宇, 赵人达. 几何非线性结构的徐变效应分析[J]. 工程力学, 2006, 23(7): 45-48.

[13] XU T F, XIANG T Y, ZHAO R D. Nonlinear finite element analysis of circular concrete-filled steel tube structures[J]. Structural engineering and mechanics, 2010, 35(3): 315-334.

[14] 徐腾飞, 赵人达, 向天宇, 等. 钢管混凝土高墩非线性稳定承载能力可靠度分析[J]. 土木建筑与环境工程, 2010, 32(2): 60-63.

[15] 马坤, 向天宇, 赵人达, 等. 高速铁路钢筋混凝土拱桥长期变形的随机分析[J]. 土木工程学报, 2012, 45(11): 141-146.

[16] 马坤, 向天宇, 徐腾飞, 等. 收缩徐变对高速铁路钢筋混凝土拱桥时变应力影响的概率分析[J]. 铁道学报, 2013, 35(9): 94-99.

[17] XIANG T Y, YANG C, ZHAO G Y. Stochastic creep and shrinkage effect of steel-concrete composite beam[J]. Advances in structural engineering, 2015, 18(8): 1129-1140.

[18] 徐腾飞, 向天宇, 赵人达. 钢筋混凝土偏心受压柱长期变形随机分析[J]. 西南交通大学学报, 2014, 49(4): 626-630.

[19] XU T F, XIANG T Y, ZHAO R D. Stochastic analysis on flexural behavior of reinforced concrete beams based on piecewise response surface scheme[J]. Engineering failure analysis, 2016, 59: 211-222.

[20] 毛学明. 铁路预弯组合梁力学性能的研究及其设计软件的初步开发[D]. 成都: 西南交通大学, 2002.

[21] CHEN W F. Plasticity in reinforced concrete[M]. New York: McGraw-Hill Book Company, 1982.

[22] WEMPNER G A. Discrete approximations related to nonlinear theories of solids[J]. International journal of solids and structures, 1971, 7(11): 1581-1599.

[23] RIKS E. An incremental approach to the solution of snapping and buckling problems[J]. International journal of solids & structures, 1979, 15(7): 529-551.

[24] CRISFIELD M A. An arc-length method including line searches and accelerations[J]. International journal for numerical methods in engineering, 1983, 19(9): 1269-1289.

[25] 汤关祚, 招炳泉, 竺惠仙, 等. 钢管混凝土基本力学性能的研究[J]. 建筑结构学报, 1982, 3(1): 13-31.

[26] 蔡绍怀. 现代钢管混凝土结构[M]. 北京: 人民交通出版社, 2007.

[27] ZEGHICHE J, CHAOUI K. An experimental behaviour of concrete-filled steel tubular columns[J]. Journal of constructional steel research, 2005, 61(1): 53-66.

[28] OLLGAARD J G, SLUTTER R G, FISHER J W. Shear strength of stud connectors in lightweight and normal weight concrete[J]. Engineering journal of AISC, 1971, 8(2): 55-64.

[29] 聂建国, 刘明, 叶列平. 钢-混凝土组合结构[M], 北京: 中国建筑工业出版社, 2005.

[30] FABBROCINO G, PECCE M. Experimental tests on steel-concrete composite beams under negative bending[J]. Engineering, materials science, 2000(1): 217-223.

[31] 张彦玲. 钢-混凝土组合梁负弯矩区受力性能及开裂控制的试验及理论研究[D]. 北京: 北京交通大学, 2009.

第 4 章

新型组合梁

4.1 概述

本章主要完成了几种新型连接件构成的结构受弯性能研究,如基于 PBL 剪力连接件的单、双向组合桥面板受正、负弯矩作用下的力学行为;基于 T 形 PBL 剪力连接件的组合梁受弯性能;基于胶粘型剪力连接件的组合梁受弯性能;预应力增强的钢箱混凝土受弯性能。

4.2 PBL 剪力连接件组合桥面板

4.2.1 单双向板弹塑性界限

采用有限元方法,引入材料的非线性本构关系和界面粘结-滑移关系,研究组合桥面板单双向板弹塑性分界界限。为了使数值计算模型更接近于实际,对国内外已有的带有 PBL 剪力连接件的钢-混凝土组合桥面板的研究资料进行归纳总结,其主要几何参数如表 4.2-1 所示。

带 PBL 剪力连接件的钢-混凝土组合桥面板的参数统计 表 4.2-1

来源	边界条件	计算跨度/mm	混凝土板厚/mm	钢底板厚/mm	开孔钢板厚/mm	开孔钢板高/mm
文献[1]	简支	2700	140	5	—	
文献[2]	简支	2200	120	8	10	100
文献[3]	简支	3400/2400	170	6	12	135
文献[4]	简支	3500	220	6/8	6	127
文献[5]	简支	1740/1540	120	8	8/10	90

由表 4.2-1 可以看出,混凝土板厚度为计算跨度的 0.05～0.07 倍,开孔钢板高度约为混凝土厚度的 0.55～0.83 倍,开孔钢板厚度是钢底板厚度的 1～2 倍。引入长短边之比参数 α,定义为

$$\alpha = \frac{b}{a} \tag{4.2-1}$$

式中,α 为边长比;a 为短边长度;b 为长边长度。

假设 $a = 1000$mm,由上述分析,分别取混凝土板厚 50mm,钢底板和开孔钢板厚 6mm,取不同边长比 α 为 1.0、1.5、2.0、2.5、3.0、3.5、4.0、4.5、5.0,则对应的不同长宽比的长边 b 为 1000mm、1500mm、2000mm、2500mm、3000mm、3500mm、4000mm、4500mm、5000mm。开孔钢板剪力连接件的间距为 300mm,为便于分析,定义沿短边方向为 x 轴,长

边方向为z轴，竖向为y轴。数值分析钢-混凝土组合桥面板基本几何参数及结构布置如图 4.2-1 所示。

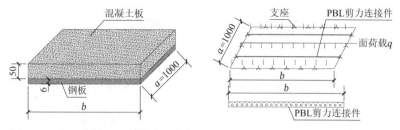

图 4.2-1　钢-混凝土组合桥面板几何参数及结构布置示意图（单位：mm）

通过对不同边长比的钢-混凝土组合板在均布荷载作用下的计算模型分析，可将大量原始数据整理成图表，以反映板的实际受力情况及其随边长比的变化规律。长、短边支反力也间接反映了结构受力性能的变化，为了更清楚地表示沿各边总反力比值随着边长比变化的关系，引入以支反力表达的荷载传递系数γ的概念，即

$$\gamma = \frac{\sum R_{\mathrm{b}}}{\sum R_{\mathrm{a}} + \sum R_{\mathrm{b}}} \tag{4.2-2}$$

式中，γ为荷载传递系数；R_{a}为短边方向的反力；R_{b}为长边方向的反力。

不同边长比α的变化得到的荷载传递系数γ的变化曲线如图 4.2-2～图 4.2-6 所示，可以看出：①不同条件下的板，γ均随边长比α的增大而增大，在边长比α较小的情况下γ增大速度较快，而后增大速度缓慢；从反力荷载传递角度考察，当$\gamma > 85\%$时，长边荷载传递系数随边长比的变化减小，短边方向的荷载系数也较小，可以忽略。为统一划分标准，可以近似定义$\gamma = 85\%$作为区分单、双向板的分界水准线。②剪力连接程度对荷载传递的影响比较小。③弹性理论分析过程中，$\alpha = 1$时，两长边简支、两短边固结板的$\gamma = 0.45 < 0.5$，这时固结边支反力较大；$\alpha \geqslant 1.5$ 时，两长边简支、两短边固结板的γ与四边简支板的γ数值接近。四边固结板的长支承边荷载传递系数与边长比的关系变化图与四边简支板的几乎一致；$\alpha = 1$时，两长边固结、两短边简支板的$\gamma > 0.55$，固结板支反力较大，随着α的增大，γ的值逐渐接近四边固结板；$\alpha \geqslant 3.5$ 时，与四边固结板的γ数值相差较小。④弹塑性理论分析时荷载传递系数与边长比的关系变化较弹性理论分析时增长更加缓慢。⑤支承边的反力反映了荷载传递的大致规律，即沿长边的反力就是沿短跨方向传递的荷载。图 4.2-2～图 4.2-6 充分反映了板的荷载主要沿短边方向传递的原则。

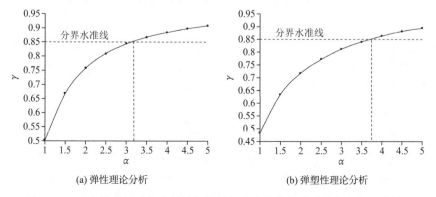

图 4.2-2　四边简支板（完全粘结）的长支承边荷载传递系数与边长比的关系

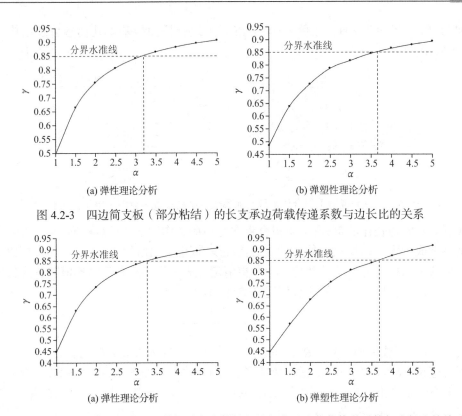

图 4.2-3　四边简支板（部分粘结）的长支承边荷载传递系数与边长比的关系

图 4.2-4　两长边简支、两短边固结板（完全粘结）的长支承边荷载传递系数与边长比的关系

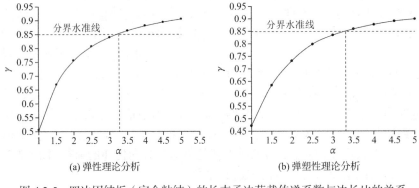

图 4.2-5　四边固结板（完全粘结）的长支承边荷载传递系数与边长比的关系

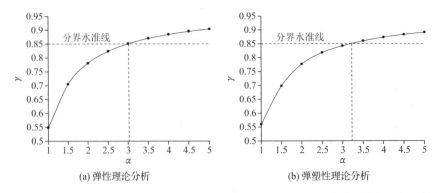

图 4.2-6　两长边固结、两短边简支板（完全粘结）的长支承边荷载传递系数与边长比的关系

为进一步分析板面内弯矩分布与边长比的关系，引入弯矩系数的概念，定义为

$$m_x = \frac{M_x}{qba^2}, \ m_z = \frac{M_z}{qba^2} \tag{4.2-3}$$

式中，m_x为x方向弯矩系数；m_z为z方向弯矩系数；M_x为x方向弯矩；M_z为z方向弯矩；q为荷载集度。

取中心线处的弯矩值作为特征结果，不同边长比α得到的弯矩系数变化情况如图 4.2-7～图 4.2-11 所示。

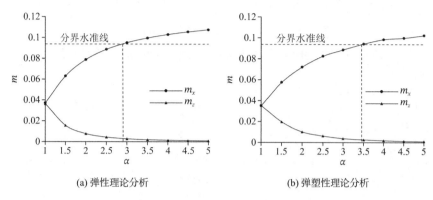

图 4.2-7　四边简支板（完全粘结）的弯矩系数与边长比的关系

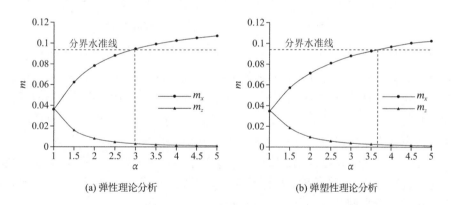

图 4.2-8　四边简支板（部分粘结）的弯矩系数与边长比的关系

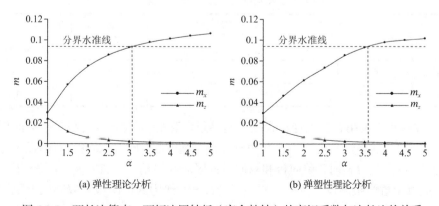

图 4.2-9　两长边简支、两短边固结板（完全粘结）的弯矩系数与边长比的关系

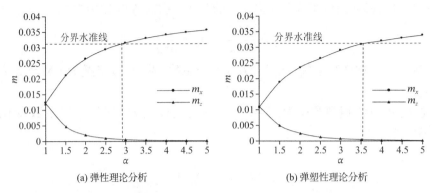

(a) 弹性理论分析　　　　　　　　　　　(b) 弹塑性理论分析

图 4.2-10　四边固结板（完全粘结）的弯矩系数与边长比的关系

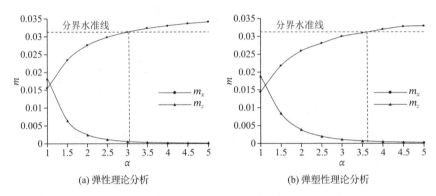

(a) 弹性理论分析　　　　　　　　　　　(b) 弹塑性理论分析

图 4.2-11　两长边固结、两短边简支板（完全粘结）的弯矩系数与边长比的关系

参照既有研究，单、双向板划分原则如下：①荷载传递系数 γ 达到 85% 以上时，增加速度缓慢趋于稳定，可认为是一个界限点。②弯矩系数曲线都是由陡峭逐渐趋向平缓，以其曲率变化的临界点作为一个界限点。为统一分界依据，取对应梁跨中总弯矩系数的 75% 作为分界点（两端简支梁跨中总弯矩系数为 1/8，两端固结梁跨中总弯矩系数为 1/24），通过对应曲线，可以看出该分界点是偏于安全的。③弹塑性理论分析时，荷载-应变曲线较直观地反映出边长比 α 达到一定数值时，极限荷载保持不变，也可作为划分依据。不同条件下板的单、双向板的区分界限建议值如表 4.2-2 所示。

单、双向板的区分界限建议值　　　　　　　　　　　　　　表 4.2-2

分析类型	四边简支板		两长边简支两短边固结板	四边固结板	两长边固结两短边简支板
	完全粘结	部分粘结	完全粘结	完全粘结	完全粘结
弹性分析	3	3	3	3	3
弹塑性分析	3.5	3.5	3.5	3.5	3.5

由表 4.2-2 可以看出，剪力连接程度及边界条件对钢-混凝土组合板单、双向板区分界限影响不大，而弹性理论分析和弹塑性理论分析对钢-混凝土组合板单、双向板区分界限有影响，且弹塑性理论分析时，单向板和双向板的区分界限稍大。如果钢-混凝土组合桥面板直接套用混凝土桥面板的设计规范，以边长比 $\alpha = 2$ 作为其单向板和双向板界限划分的依据，存在以下不合理之处：①荷载的传递还不能认为是单向传递的；②沿长跨方向的弯矩

较大，不能通过布置构造钢筋的方式将其忽略；③沿短跨方向的配筋偏多，不能得到充分利用。因此，不宜直接套用混凝土桥面板的设计规范作为钢-混凝土组合板的单向板和双向板的区分界限。

4.2.2 单向板试验研究

1. 单向板模型设计

本试验共设计 14 块简支单向板试件，其中 8 块试件用于研究组合板在正弯矩作用下的抗弯性能，6 块试件用于研究组合板在负弯矩作用下的抗弯性能。文献[4]建议开孔钢板的孔洞间距为孔洞直径的 2～2.5 倍，孔洞直径约为开孔钢板高度的 1/2；文献[6]建议钢底板厚度不小于 8mm。本试验设计的单向板尺寸见表 4.2-3，钢构件部分构造见图 4.2-12。

单向板尺寸　　　　　　　　　　　　　　　　　　表 4.2-3

长×宽×厚/mm	个数	混凝土厚/mm	开孔钢板高/mm	计算跨度/mm	备注
1900×400×158	9	150	120	1800	开孔钢板纵向布置
1900×400×128	1	120	90	1800	
1700×360×158	3	150	120	1600	开孔钢板横向布置
1700×360×128	1	120	90	1600	

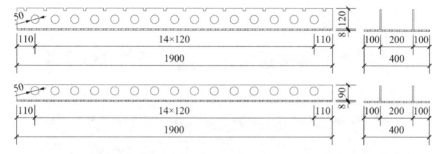

图 4.2-12 单向板（开孔钢板纵向布置）钢构件构造示意图（单位：mm）

2. 单向板试验结果

正弯矩作用下的钢-混凝土组合板单向板试件 FT1-0～FT1-5 的主要试验结果见表 4.2-4。

正弯矩作用下试件 FT1-0～FT1-5 主要试验结果　　　　表 4.2-4

编号	M_{cr}/（kN·m）	M_y/（kN·m）	M_u/（kN·m）	δ_y/mm	δ_u/mm	M_u/M_y	δ_u/δ_y	破坏形式
FT1-0A	39.9	91.2	139.7	7.21	19.75	1.53	2.74	弯曲破坏
FT1-0B	34.2	96.9	131.1	8.80	18.46	1.35	2.10	弯曲破坏
FT1-0C	28.5	74.1	134.0	6.37	20.87	1.81	3.28	弯曲破坏
FT1-1	45.6	57.0	90.3	8.32	22.38	1.58	2.69	弯曲破坏
FT1-2	28.5	62.7	74.1	5.42	6.86	1.18	1.27	剪切破坏
FT1-3	37.6	61.1	86.5	10.45	24.25	1.42	2.32	剪切破坏

编号	M_{cr}/（kN·m）	M_y/（kN·m）	M_u/（kN·m）	δ_y/mm	δ_u/mm	M_u/M_y	δ_u/δ_y	破坏形式
FT1-4	23.5	70.5	98.7	6.40	11.99	1.40	1.87	剪切破坏
FT1-5	32.9	65.8	79.9	9.30	13.33	1.21	1.43	弯剪破坏

注：$M = P(l - 600)/4$，其中，P 为试验中所施加的荷载；l 为计算跨度，试件 FT1-3～FT1-5 取 1540mm，其余试件取 1740mm。M_{cr} 表示混凝土下表面出现第一条裂缝时所对应的试件跨中弯矩实测值；M_y 表示跨中钢板达到屈服应变时所对应的试件跨中弯矩实测值；M_u 表示试件所能承受的最大弯矩值；δ_y 和 δ_u 分别表示对应于 M_y 和 M_u 的跨中挠度实测值。

在正弯矩作用下，根据开孔钢板剪力连接件的布置方向以及是否贯穿钢筋，试件呈现出不同的破坏形式，如图 4.2-13 所示。试件 FT1-0～FT1-1 为典型的弯曲破坏，跨中钢板屈服、混凝土压溃；FT1-2～FT1-4 为剪切破坏，剪跨段混凝土出现斜向裂缝，支座附近钢板屈服；FT1-5 则呈现为弯剪破坏，剪跨段混凝土出现斜向裂缝，跨中钢板屈服、混凝土压溃。

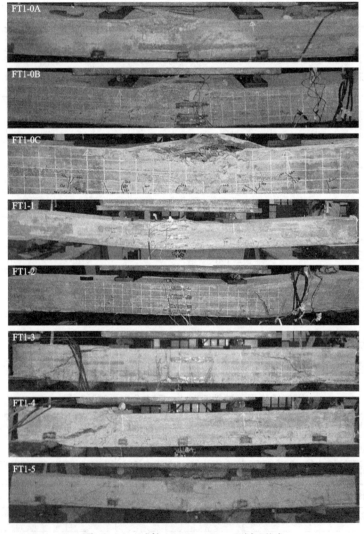

图 4.2-13　试件 FT1-0～FT1-5 破坏形式

负弯矩作用下的钢-混凝土组合板单向板试件 FT2-0～FT2-3 的主要试验结果见表 4.2-5。

负弯矩作用下试件 FT2-0～FT2-3 主要试验结果　　　　　　表 4.2-5

编号	$M_{cr}/$（kN·m）	$M_y/$（kN·m）	$M_u/$（kN·m）	δ_y/mm	δ_u/mm	M_u/M_y	δ_u/δ_y
FT2-0A	11.4	34.2	45.6	8.37	36.68	1.33	4.38
FT2-0B	11.4	34.2	45.3	8.48	35.78	1.32	4.22
FT2-0C	11.4	34.2	42.8	8.79	35.60	1.25	4.05
FT2-1	11.4	45.6	57.0	8.37	42.75	1.25	5.11
FT2-2	11.4	17.1	23.4	6.30	36.43	1.37	5.78
FT2-3	7.1	14.1	18.8	5.95	35.23	1.33	5.92

注：$M = P(l - 600)/4$，其中 P 为试验中所施加的荷载；l 为计算跨度，试件 FT2-3 取 1540mm，其余试件取 1740mm。表中符号含义同表 4.2-4。

在负弯矩作用下，试件的破坏形态均为弯曲破坏，混凝土板受拉开裂退出工作，纵向钢筋和开孔钢板下缘均受拉屈服。试件 FT2-0～FT2-3 试验后的破坏形式如图 4.2-14 所示。

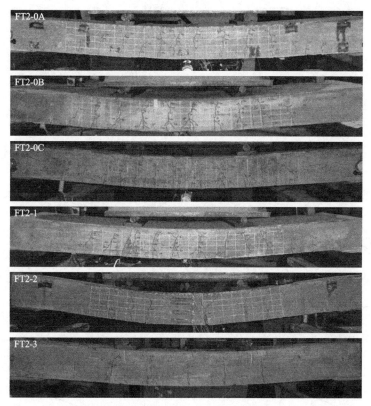

图 4.2-14　试件 FT2-0～FT1-3 破坏形式

单向板试件的荷载-挠度曲线如图 4.2-15～图 4.2-24 所示。从图中可以看出，FT1 系列试件的计算值与试验值变化趋势基本一致，曲线同样经历了弹性变形阶段、弹塑性发展阶段、屈服过程以及塑性阶段。FT2 系列的模拟精确程度相对较低，表现为计算的试件刚度偏大以及承载能力偏高。分析原因可知，ABAQUS 中的有限元单元均为理想的均匀、各向同性单元，而实际试件的材料组成复杂，混凝土本身就是由水泥、碎石、砂等多种材料构造，钢板中也存在不同程度的初始缺陷。这些初始缺陷可能造成试件在加载过程中的提前破坏，例如混凝土的开裂、钢板与混凝土的滑移、变形曲率的不规则增大等，从而导致数值计算的曲线在上升段斜率偏大，即刚度偏大。

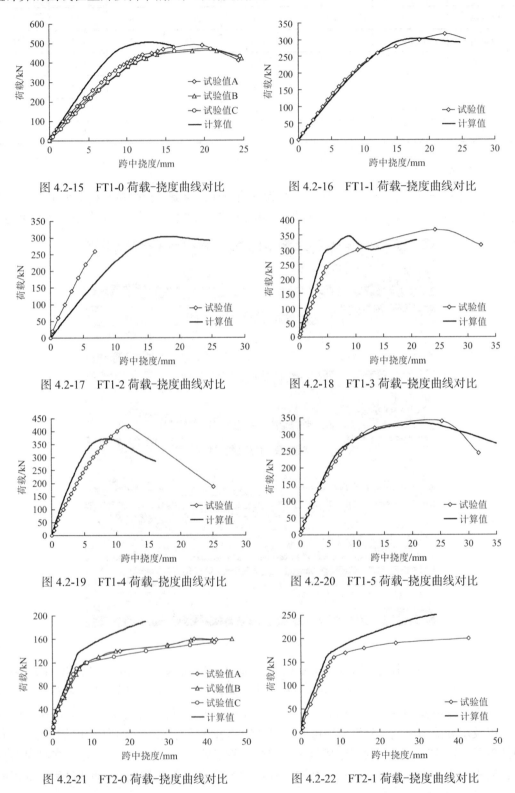

图 4.2-15　FT1-0 荷载-挠度曲线对比　　　　图 4.2-16　FT1-1 荷载-挠度曲线对比

图 4.2-17　FT1-2 荷载-挠度曲线对比　　　　图 4.2-18　FT1-3 荷载-挠度曲线对比

图 4.2-19　FT1-4 荷载-挠度曲线对比　　　　图 4.2-20　FT1-5 荷载-挠度曲线对比

图 4.2-21　FT2-0 荷载-挠度曲线对比　　　　图 4.2-22　FT2-1 荷载-挠度曲线对比

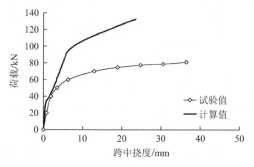

图 4.2-23　FT2-2 荷载-挠度曲线对比　　　　图 4.2-24　FT2-3 荷载-挠度曲线对比

4.2.3　双向板试验研究

1. 双向板模型设计

本试验共设计 17 块双向板试件，试件长 × 宽为 1700mm × 1700mm，混凝土强度等级为 C40，混凝土板厚 150mm 或 120mm，开孔钢板高 120mm 或 90mm，其他主要参数见表 4.2-6 和表 4.2-7。

双向板主要参数一　　　　　　　　　　　　　表 4.2-6

试件编号	加载边界条件	混凝土板厚/mm	开孔钢板间距/mm	钢底板厚/mm	数量
FT3-0	四边简支	150	180	8	2
FT3-1	纵向两边简支	150	180	8	2
FT3-2	横向两边简支	150	180	8	2
FT3-3	四边简支	150	240	8	2
FT3-4	四边简支	150	180	10	2
FT3-5	四边简支	120	180	8	1

注：FT3 系列正向加载，即钢底板受拉。FT3-1～FT3-5 为 FT3-0 仅改变一个参数所得。

双向板主要参数二　　　　　　　　　　　　　表 4.2-7

试件编号	加载边界条件	底部纵向钢筋根数	数量
FT4-0	四边简支	14	2
FT4-1	两边简支	14	2
FT4-2	四边简支	6	1
FT4-3	四边简支	0	1

注：FT4 系列反向加载，即钢底板受压。FT4-1、FT4-2 与 FT4-0 仅支撑边界条件。

2. 双向板试验结果

正向集中加载的钢-混凝土组合板双向板试件 FT3-0～FT3-5 的主要试验结果见表 4.2-8。由于正向加载试件的底面为钢板，无法观测混凝土的开裂情况，故开裂荷载 P_{cr} 通过观察 P-δ 曲线的第一个转折点处所对应的荷载来近似得到。

正向加载试件 FT3-0～FT3-5 主要试验结果 表 4.2-8

编号	P_{cr}/kN	P_y/kN	P_u/kN	δ_y/mm	δ_u/mm	P_u/P_y	δ_u/δ_y
FT3-0A	200	1250	1650	5.01	10.44	1.32	2.08
FT3-0B	150	1200	1500	4.73	8.73	1.25	1.85
FT3-1A	100	1000	1360	6.13	12.44	1.36	2.03
FT3-1B	80	1180	1500	6.84	14.20	1.27	2.08
FT3-2A	100	1300	1340	8.83	10.12	1.03	1.15
FT3-2B	150	1140	1160	7.77	10.38	1.02	1.34
FT3-3A	200	1050	1300	4.48	9.48	1.24	2.12
FT3-3B	200	1250	1450	5.23	9.71	1.16	1.86
FT3-4A	150	1300	1870	6.17	9.35	1.44	1.52
FT3-4B	200	1400	1880	5.32	7.48	1.34	1.41
FT3-5	200	750	1020	4.46	11.09	1.36	2.49

注：P_y表示跨中钢板达到屈服应变时所对应的荷载实测值；P_u表示试件所能承受的极限荷载；δ_y和δ_u分别表示对应于P_y和P_u的组合板中心挠度实测值。

反向集中加载的钢-混凝土组合板双向板试件 FT4-0～FT4-3 的主要试验结果见表 4.2-9。由于试件在加载过程中荷载随挠度不断增大，至加载过程结束仍未出现极限荷载，而挠度已大于计算跨度l的 1/40。为了试验安全，取中点挠度达到$l/200 = 8mm$ 时所对应的荷载为极限荷载P_u。

反向加载试件 FT4-0～FT4-3 主要试验结果 表 4.2-9

编号	P_{cr}/kN	P_y/kN	P_u/kN	δ_y/mm	P_u/P_y
FT4-0A	80	320	439	4.42	1.37
FT4-0B	60	300	422	4.39	1.41
FT4-1A	80	260	353	4.86	1.36
FT4-1B	100	300	374	5.75	1.25
FT4-2	80	240	364	3.72	1.52
FT4-3	40	120	124	6.63	1.03

注：P_{cr}表示混凝土下表面出现第一条裂缝时所对应的荷载实测值，P_y表示中心开孔钢板受拉边缘达到屈服应变时所对应的荷载实测值；P_u表示试件所能承受的极限荷载；δ_y表示对应于P_y的组合板中心挠度实测值。

双向板试件的荷载-挠度曲线如图 4.2-25～图 4.2-34 所示，试验值 A 和试验值 B 分别对应两次加载循环。从图中可以看出，试件的计算值与试验值变化趋势基本一致，曲线同样经历了弹性变形阶段、弹塑性发展阶段、屈服过程以及塑性阶段。其中以正向加载的 FT3 系列的吻合程度最好，进一步证明了本节建立的有限元非线性仿真分析模型对于正向抗弯试件的力学性能模拟的合理性；数值分析结果可以较全面地反映带开孔钢板剪力连接件的钢-混凝土组合桥面板的抗弯力学性能，满足本节的抗弯性能分析要求。FT4 系列的模拟精确程度相对较低，表现为计算的试件刚度偏大以及承载能力偏高。分析原因可知，有限元单元均为理想的均匀、各向同性单元，而实际试件的材料组成复杂，混凝土本身就是由水泥、碎石、砂等多种材料构造，钢板中也存在不同程度的初始缺陷。这些初始缺陷可能造成试件在加载过程中的提前破坏，例如混凝土的开裂、钢板与混凝土的滑移、变形曲率的不规则增大等，从而导致数值计算的曲线在上升段斜率偏大，即刚度偏大。

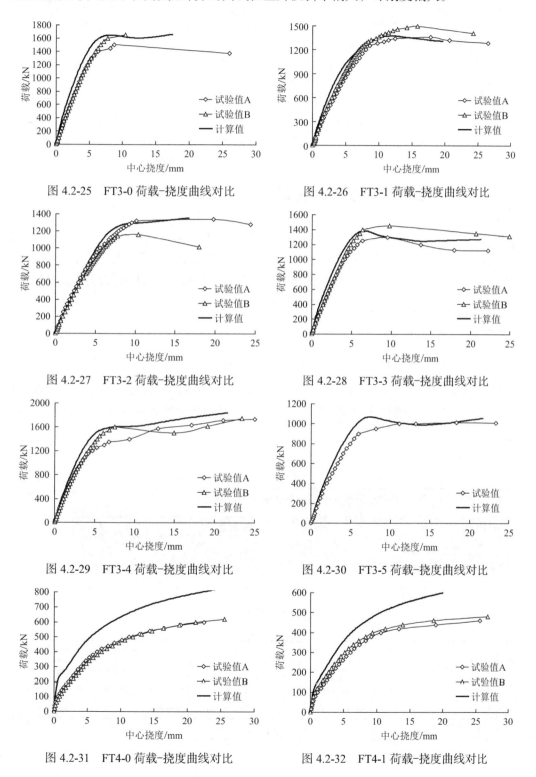

图 4.2-25　FT3-0 荷载-挠度曲线对比

图 4.2-26　FT3-1 荷载-挠度曲线对比

图 4.2-27　FT3-2 荷载-挠度曲线对比

图 4.2-28　FT3-3 荷载-挠度曲线对比

图 4.2-29　FT3-4 荷载-挠度曲线对比

图 4.2-30　FT3-5 荷载-挠度曲线对比

图 4.2-31　FT4-0 荷载-挠度曲线对比

图 4.2-32　FT4-1 荷载-挠度曲线对比

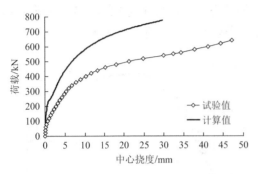

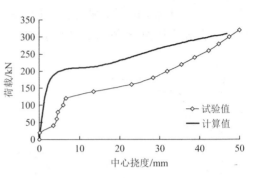

图 4.2-33　FT4-2 荷载-挠度曲线对比　　　图 4.2-34　FT4-3 荷载-挠度曲线对比

4.3　T 形 PBL 剪力连接件组合梁

在传统 PBL 剪力连接件基础上，本书提出 T 形 PBL 剪力连接件，并将其应用于钢-混凝土组合梁，目前有关的理论和试验研究均较少。本节通过钢-混凝土组合梁在负弯矩作用下的静力弯曲试验，研究剪力连接件类型、纵向钢筋配筋率、T 形 PBL 剪力连接件顶板宽度/形式等参数对其负弯矩区受力性能的影响规律。

4.3.1　试件设计

设计的负弯矩静力试验钢-混凝土组合梁试件总长 2.4m，计算跨径 2.2m，梁高 430mm，其中混凝土板厚度为 150mm。试件由钢梁、混凝土板、纵向受拉钢筋、横向构造钢筋、穿孔钢筋以及 PBL 剪力连接件构成，其基本结构形式及构造如图 4.3-1 所示。

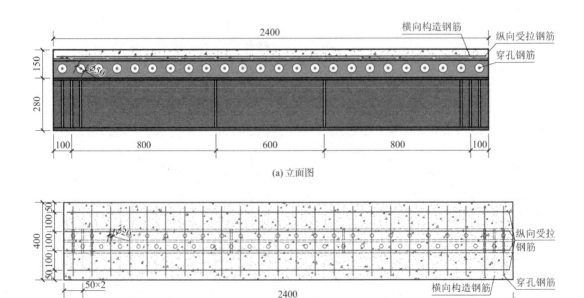

(a) 立面图

(b) 钢筋配置图

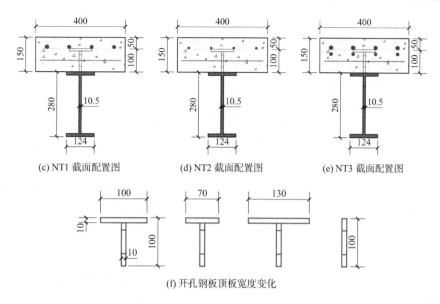

(c) NT1 截面配置图   (d) NT2 截面配置图   (e) NT3 截面配置图

(f) 开孔钢板顶板宽度变化

(g) 开孔钢板顶板节段拼装变化

图 4.3-1 组合梁基本结构形式及构造示意图（单位：mm）

试验设计中使用 28b 号标准热轧工字钢作为下部钢梁，钢梁高 280mm，上下翼缘宽度为 124mm，厚度为 13.7mm；腹板高 252.6mm，厚度为 8.5mm。混凝土板采用钢纤维混凝土，宽 400mm，厚 150mm，整体处于受拉状态，与桥梁结构保持一致。混凝土板与钢梁之间采用 T 形/传统 PBL 剪力连接件进行连接。连接件整体高 100mm，板厚 10mm。为保证纵向受拉钢筋的混凝土保护层厚度一致，设置剪力连接件的高度相同，即 T 形 PBL 剪力连接件的钢板部分由 90mm 肋板与 10mm 顶板构成，传统 PBL 剪力连接件的钢板部分由 100mm 肋板构成。根据实际桥梁结构的设计，T 形 PBL 剪力连接件顶板设置直径为 20mm 的圆形开孔，开孔间距为 100mm。混凝土板内纵向受拉钢筋、穿孔钢筋和横向构造钢筋参考实际工程设计，均采用 HRB400 的带肋钢筋。其中，纵向受拉钢筋根据试件配筋率配置 10mm、12mm 和 16mm 三种直径的钢筋，横向构造钢筋和穿孔钢筋直径为 12mm。标准构件纵向受拉钢筋配筋率为 1.3%，钢筋直径为 16mm，间距为 100mm；低配筋率构件的纵向受拉钢筋配筋率为 0.5%，钢筋直径为 10mm，间距为 100mm；高配筋率构件的纵向受拉钢筋配筋率为 2.1%，双层钢筋设置，上层钢筋直径为 16mm，下层钢筋直径为 12mm，间距为 100mm，混凝土保护层厚度均为 22mm。各组合梁试件的截面尺寸和材料均保持一致，主要的设计参数见表 4.3-1。

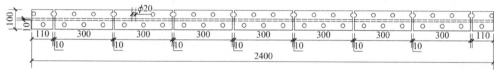

组合梁试件设计参数   表 4.3-1

试件编号	剪力连接件类型	配筋设计	纵向钢筋配筋率/%	顶板宽度/mm
NP1	传统 PBL	$4 \times \phi16@100$	1.3	10
NT1	T 形 PBL	$4 \times \phi16@100$	1.3	100

试件编号	剪力连接件类型	配筋设计	纵向钢筋配筋率/%	顶板宽度/mm
NT2	T 形 PBL	$4 \times \phi 10@100$	0.5	100
NT3	T 形 PBL	$4 \times \phi 16@100 + 4 \times \phi 12@100$	2.1	100
NT4	T 形 PBL	$4 \times \phi 16@100$	1.3	70
NT5	T 形 PBL	$4 \times \phi 16@100$	1.3	130
NT1-SA	T 形 PBL	$4 \times \phi 16@100$	1.3	100
NT1-SF	T 形 PBL	$4 \times \phi 16@100$	1.3	100

注：试件编号中，N 表示负弯矩受力；T 表示 T 形 PBL 剪力连接件；P 表示传统 PBL 剪力连接件；SA 表示 T 形 PBL 剪力连接件顶板节段拼装；SF 表示端钩粘排钢纤维混凝土。

4.3.2 加载及测试

试验采用负弯矩四点对称加载的方式进行，构件中部纯弯段长度为 600mm。试验时将组合梁的混凝土板两端置于滚轴支座上，模拟简支边界条件，通过压力机将竖向力施加在分载梁上，再通过加载点处垫块将分载梁上的力传递于钢梁下翼缘，整个试件的混凝土桥面板部分处于受拉状态。在加载前，通过细沙找平，保证试件在加载过程中受力均匀。如图 4.3-2 和图 4.3-3 所示。

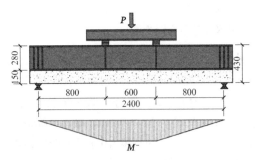

图 4.3-2 试件加载示意图（单位：mm）

图 4.3-3 试件加载实景

试验的加载制度如图 4.3-4 所示。在试验正式加载前，首先进行预加载，预加载至 15kN，荷载持续约 2min，检查加载机器是否运转正常、测试仪器是否检测正常，同时压实垫层，消除试件与装置之间的空隙，使试件支垫和受力平稳。检查结束后，卸载至 0，重复操作

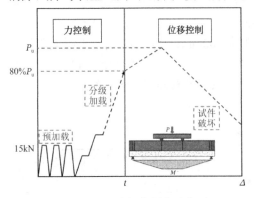

图 4.3-4 试验加载制度示意图

2～3 次。试验正式加载采用单调连续分级加载的方式进行，加载初期每级增加 10kN，持荷约 30s，同时仔细观察组合梁侧面混凝土的裂缝开展情况，采用裂缝观测仪定点观测裂缝宽度，并用彩色记号笔描出裂缝开展的位置和走向；应变箱实时记录各应变片和位移计的数据。记录完成后继续加载，当荷载达到 300kN 后以每级 20kN 的速度进行加载；当荷载增幅不明显，跨中荷载-位移曲线走向趋于平缓时，转为位移加载，时刻关注跨中位置位移计的示数，其示

数每增加 1mm 便记录各应变片和位移计的数据。当荷载达到峰值后，不断稳步下降，位移持续增加至 90mm 左右开始卸载，卸载时采用分级卸载，荷载每下降 50kN 记录一次数据，直至压力试验机卸载完全。

位移传感器的布置如图 4.3-5 所示。

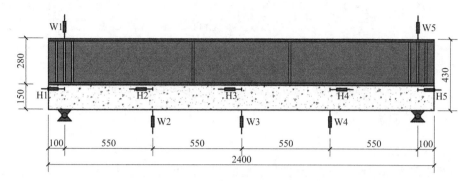

图 4.3-5 位移传感器布置示意图（单位：mm）

纵向钢筋应变片的布置如图 4.3-6 所示。在工字钢钢梁和混凝土板侧面的跨中位置粘贴应变片，用来观测组合梁跨中截面在加载全过程的应变分布变化情况。试件跨中截面应变片的布置如图 4.3-7 所示。混凝土板顶面应变片的布置如图 4.3-8 所示。

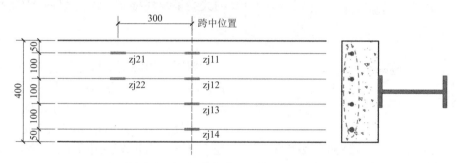

图 4.3-6 纵向钢筋应变片布置示意图（单位：mm）

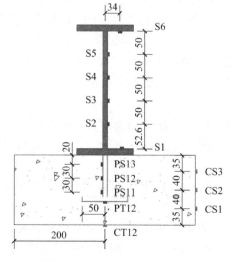

图 4.3-7 跨中截面应变片布置示意图（单位：mm）

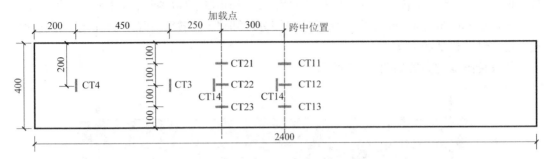

图 4.3-8　混凝土板顶面应变片布置示意图（单位：mm）

4.3.3　试验现象

1. 荷载-挠度曲线

在负弯矩静力荷载作用下，组合梁试件的荷载-挠度曲线如图 4.3-9 所示。结合试验过程，可将受力过程分为以下四个阶段。

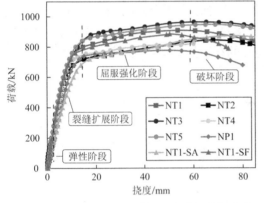

图 4.3-9　钢-混凝土组合梁试件荷载-挠度曲线

1）弹性阶段：从开始加载到试件纯弯段出现第一条弯曲裂缝前。此时混凝土板所受最大拉应变小于极限拉应变，荷载与挠度的关系呈线性特征，整个试件处于弹性受力阶段。

2）裂缝扩展阶段：从混凝土板开裂到试验梁屈服。当混凝土板开裂后，由于钢纤维在混凝土开裂后的区域存在剩余抗拉强度，跨越裂缝表面，吸收开裂产生的应变能，并产生桥接作用，此时钢梁和纵向受力钢筋仍处于弹性受力状态，组合梁试件刚度略微下降，但整体呈现弹性状态；试验梁的荷载-挠度曲线未出现明显的转折；随着荷载的持续增加，负弯矩区混凝土板处裂缝不断扩展并伴随着新裂缝的产生。

3）屈服强化阶段：从纵向受拉钢筋、T 形 PBL 剪力连接件和钢梁等钢结构部件屈服后进入强化阶段至峰值荷载，表现了组合梁试件良好的延性性能。此阶段组合梁试件的跨中挠度迅速增长，钢梁部分受拉面积不断增加，开始出现局部屈曲，试件抗弯刚度进一步下降；混凝土板破坏加剧，主裂缝宽度由增长转变为陡增，同时主裂缝间的次要裂缝不断扩展。

4）破坏阶段：从峰值荷载处至构件完全破坏。此阶段荷载到达试件极限受弯承载力后持续下降，组合梁整体变形加速，钢梁向一侧倾斜，伴随着腹板、下翼缘局部位置发生屈曲破坏，混凝土板完全破坏。

对比图 4.3-10 中试件 NT1～NT1-SF 的荷载-挠度曲线可知，组合梁试件在弹性阶段和裂缝扩展阶段的曲线基本保持一致，进入屈服强化阶段后，曲线发生明显变化。对于纵向钢筋配筋率和 T 形 PBL 剪力连接件顶板宽度变化的试件，观察发现，随着配筋率和顶板宽度的增加，其强化段的区间更大，极限受弯承载力越大。对比采用传统 PBL 剪力连接件和 T 形 PBL 剪力连接件的试件可知，进入屈服强化阶段后，采用传统 PBL 剪力连接件的试件荷载保持一段时间的平稳后进入破坏阶段，采用 T 形 PBL 剪力连接件的试件荷载会出现持续增长，到达峰值荷载后进入破坏阶段。因此，采用 T 形 PBL 剪力连接件的试件表现出更好的承载力强化性能，且承载能力比传统 PBL 剪力连接件提高17%。对比采用 T 形 PBL 剪力连接件和顶板节段拼装的试件可知，采用顶板节段拼装的试件，进入强化阶段后，先保持一段时间荷载平稳，然后持续增长，最后进入破坏阶段，两者的承载能力保持相当。混凝土类型参数对试件的荷载-挠度曲线影响较小。钢-混凝土组合梁试件的主要试验结果如表 4.3-2 所示。试件加载过程中的屈服点按照能量法[4]进行确定。

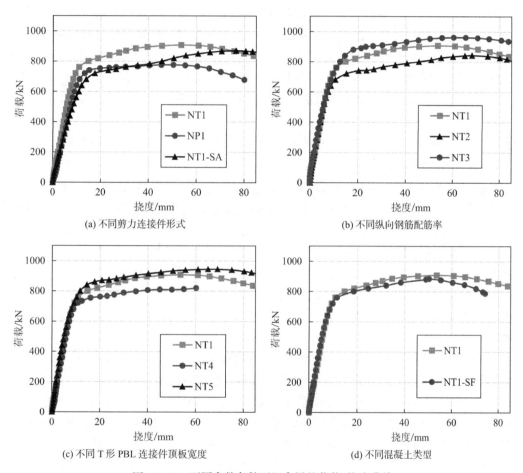

图 4.3-10 不同参数条件下组合梁的荷载-挠度曲线

组合梁试件主要试验结果   表 4.3-2

试件编号	P_{cr}/kN	P_y/kN	P_u/kN	δ_y/mm	δ_u/mm	P_{cr}/P_u	P_y/P_u	δ_u/δ_y
NP1	70	713.3	775.8	13.28	49.30	9.0%	91.9%	3.71
NT1	50	820.7	907.6	14.23	53.64	5.5%	90.4%	3.77
NT2	65	765.4	843.5	18.14	68.08	7.7%	90.7%	3.75
NT3	50	866.1	962.1	15.96	60.28	5.2%	90.0%	3.78
NT4	60	756.3	820.0	14.44	60.13	7.3%	92.2%	4.16

试件编号	P_{cr}/kN	P_y/kN	P_u/kN	δ_y/mm	δ_u/mm	P_{cr}/P_u	P_y/P_u	δ_u/δ_y
NT5	50	858.9	945.2	15.57	68.06	5.3%	90.9%	4.37
NT1-SA	60	773.7	870.8	24.97	76.55	6.9%	88.8%	3.06
NT1-SF	90	807.2	884.0	14.38	50.37	10.2%	91.3%	3.50

注：P_{cr} 为试件的开裂荷载；P_y 为试件的屈服荷载；P_u 为试件的极限荷载；δ_y 为试件屈服时的对应挠度；δ_u 为试件极限荷载对应的挠度。

由表 4.3-2 可知，8 根组合梁试件在荷载达到峰值荷载的 6% 左右开裂，其中采用端钩粘排钢纤维混凝土的试件 NT1-SF 开裂最晚；试验荷载施加到峰值荷载的 90% 左右时，所有组合梁试件均进入屈服强化阶段。采用 2.1% 纵筋配筋率的试件 NT3 和 T 形顶板宽 130mm 的试件 NT5 承载能力最好，相对试件 NT1 的极限受弯承载力分别提高 6% 和 4%；采用传统 PBL 剪力连接件的试件 NP1 承载能力较差。采用 T 形 PBL 剪力连接件顶板宽 130mm 的 NT5 试件延性最佳，延性系数为 4.37。采用 T 形 PBL 剪力连接件、顶板拼装的试件 NT1-SA 延性性能相对较差，延性系数仅为 3.06，相对试件 NT1 减小了 18.8%。

2. 裂缝发展情况

根据试验结果的拍照记录，绘制不同剪力连接件形式、纵向钢筋配筋率、T 形 PBL 剪力连接件顶板宽度和混凝土类型情况下钢-混凝土组合梁试件顶面和侧面的裂缝，得到组合梁负弯矩破坏的裂缝分布图，如图 4.3-11～图 4.3-14 所示。图中白色区域表示混凝土板的负弯矩纯弯段；灰色区域表示混凝土板的负弯矩弯剪段；箭头所指线条表示试验过程持续观测的混凝土板负弯矩区最大裂缝宽度发展的主裂缝；黑色线条表示混凝土板负弯矩区破坏形成的主裂缝；灰色线条表示混凝土板负弯矩区主裂缝间产生的次要裂缝；混凝土侧板标示的荷载为首次观测到裂缝的荷载等级，单位为 kN；右侧数据为对应荷载等级下的裂缝宽度，单位为 mm。

1）不同剪力连接件形式的组合梁混凝土板裂缝分布图 4.3-11 所示。对比图中试件 NP1、NT1 和 NT1-SA 的混凝土板顶面和侧面的裂缝分布可知，当其他条件一定时，采用 T 形 PBL 剪力连接件的组合梁主裂缝数量显著增加，主裂缝间距显著减小，次要裂缝与纵向裂缝发展更明显，混凝土板裂缝破坏更充分；采用传统 PBL 剪力连接件的组合梁主裂缝分布较分散且主裂缝间的次要裂缝数量少，同时纵向裂缝发展不明显。相同条件下，采用 T 形 PBL 剪力连接件顶板节段拼装组合梁对比顶板未节段拼装处理的组合梁，混凝土板负弯矩弯曲破坏后，主裂缝数量相对减少，裂缝间距适当增加，次要裂缝发展明显。

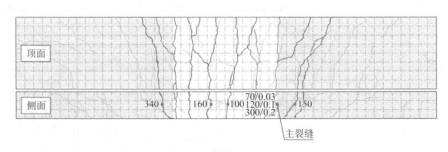

(a) 试件 NP1

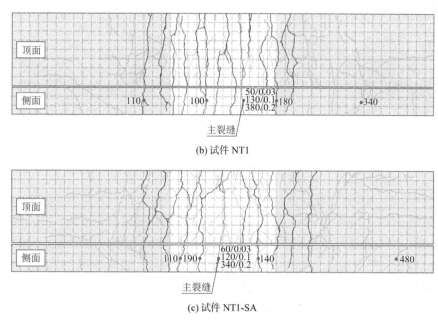

(b) 试件 NT1

(c) 试件 NT1-SA

图 4.3-11　不同剪力连接件形式的组合梁混凝土板裂缝分布图

2）不同纵向钢筋配筋率的组合梁混凝土板裂缝分布如图 4.3-12 所示。对比图中试件 NT1、NT2 和 NT3 的混凝土板顶面和侧面裂缝分布可知，当其他条件一定时，随着纵向受拉钢筋配筋率从 0.5% 增加到 1.3%，负弯矩区混凝土板纯弯段的主裂缝数量明显增多，且主裂缝间距减小，主裂缝更为密集；同时发现，组合梁弯剪段出现纵向裂缝的扩展趋势更加明显，从支座位置往跨中的延伸长度更大。此外，主裂缝之间的次要裂缝数量增加。随着纵向受拉钢筋配筋率继续增加至 2.1%，负弯矩区混凝土板的主裂缝数量保持平衡，未明显增加；主裂缝间的次要裂缝更加密集，且部分主裂缝相互贯通；与此同时，纵向裂缝扩展趋势愈加明显，部分纵向裂缝与弯剪段的主裂缝相互贯通。

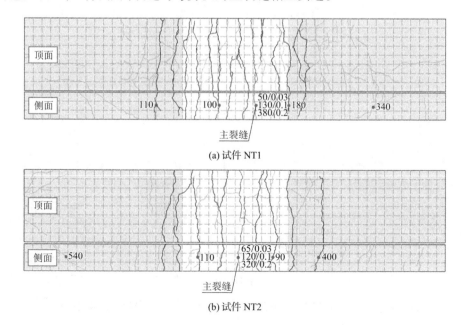

(a) 试件 NT1

(b) 试件 NT2

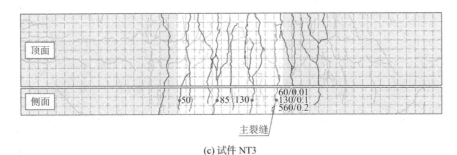

(c) 试件 NT3

图 4.3-12　不同纵向钢筋配筋率的组合梁混凝土板裂缝分布图

3）不同 T 形 PBL 剪力连接件顶板宽度的组合梁混凝土板裂缝分布如图 4.3-13 所示。对比图中试件 NT1、NT4 和 NT5 的混凝土板顶面和侧面裂缝分布可知，当其他条件一定时，T 形 PBL 剪力连接件顶板宽度从 70mm 增加到 100mm，组合梁混凝土板纯弯段主裂缝数量有所增长，平均裂缝间距减小，裂缝分布更为均匀；主裂缝间次要裂缝数量与纵向裂缝的扩展趋势相当。当 T 形 PBL 剪力连接件顶板宽度从 100mm 继续增加至 130mm 时，试验梁主裂缝数量与平均裂缝间距大小基本保持一致；主裂缝间次要裂缝发展迅速，所有主裂缝均通过次要裂缝相互贯通，纵向裂缝也扩展至与主裂缝相互贯通。

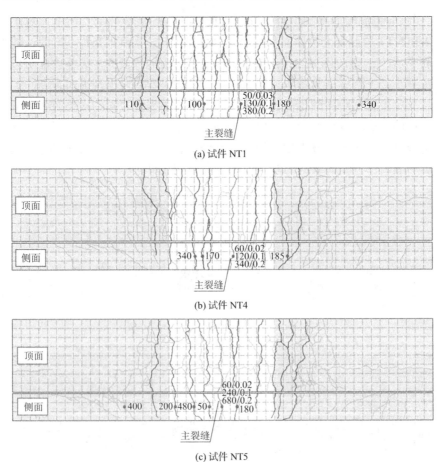

(a) 试件 NT1

(b) 试件 NT4

(c) 试件 NT5

图 4.3-13　不同 T 形 PBL 剪力连接件顶板宽度的组合梁混凝土板裂缝分布图

4）不同混凝土类型的组合梁混凝土板裂缝分布如图 4.3-14 所示。对比图中试件 NT1 和 NT1-SF 的裂缝分布可知，两组试件的混凝土板裂缝破坏分布基本保持一致。当其他条件一定时，采用多锚固点碳素冷拔钢丝切断型钢纤维和端钩粘排钢纤维制成的两类混凝土板，在主裂缝数量、裂缝间距和纵向裂缝发展等方面无明显区别，但使用端钩粘排钢纤维制成的混凝土板主裂缝之间的次要裂缝更加密集。

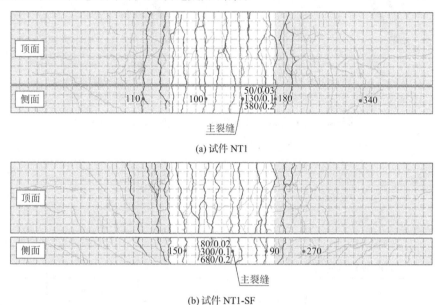

图 4.3-14　不同混凝土类型的组合梁混凝土板裂缝分布图

持续观测试验过程中钢-混凝土组合梁负弯矩区较早出现并稳定发展的主裂缝,得到不同参数条件下主裂缝最大宽度随荷载的变化规律,如图 4.3-15 所示。由图可知，在组合梁试件进入屈服强化阶段前，随着荷载的增长，最大裂缝宽度基本保持线性增长；当组合梁试件进入屈服阶段以后，最大裂缝宽度急剧增长，直至试件破坏。最大裂缝宽度是影响钢-混凝土组合结构耐久性的重要因素之一，根据《混凝土结构设计规范》GB 50010—2010[7]、《组合结构通用规范》GB 55004—2021[8]和《公路钢混组合桥梁设计与施工规范》JTG/T D64-01—2015[9]等相关规范，组合结构构件混凝土裂缝宽度在除室内干燥环境以外的其他情况，最大裂缝宽度不应超过 0.2mm。根据荷载-最大裂缝宽度曲线，提取最大裂缝宽度为 0.2mm 时对应的荷载值，如表 4.3-3 所示。

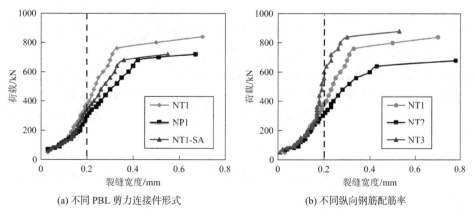

(a) 不同 PBL 剪力连接件形式　　　　　(b) 不同纵向钢筋配筋率

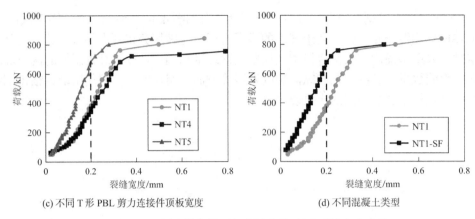

(c) 不同 T 形 PBL 剪力连接件顶板宽度   (d) 不同混凝土类型

图 4.3-15　不同参数条件下组合梁荷载-最大裂缝宽度曲线

0.2mm 裂缝宽度对应的荷载   表 4.3-3

试件编号	特征	0.2mm 裂缝宽度对应荷载值P/kN	峰值荷载P_u/kN	P/P_u
NP1	传统 PBL 剪力连接件	300	775.8	38.7%
NT1	T 形 PBL 剪力连接件	380	907.6	41.9%
NT2	纵筋配筋率 0.5%	320	843.5	37.9%
NT3	纵筋配筋率 2.1%	560	962.1	58.2%
NT4	顶板宽 70mm	360	820.0	43.9%
NT5	顶板宽 130mm	680	945.2	71.9%
NT1-SA	顶板节段拼装	340	870.8	39.0%
NT1-SF	端钩粘排钢纤维混凝土	680	884.0	76.9%

由图 4.3-15 和表 4.3-3 可知，当其他因素保持一定，纵向钢筋配筋率变化时，在加载前期，最大裂缝宽度的发展差别不明显；荷载继续增加，组合梁的纵向钢筋配筋率越大，其最大裂缝宽度达到 0.2mm 的荷载值对应峰值荷载的比例越高；裂缝宽度达到 0.2mm 以后，纵向钢筋配筋率越大，组合梁最大裂缝宽度发展越慢。改变 T 形 PBL 剪力连接件顶板宽度时，顶板宽 130mm 的试件加载过程中裂缝发展最为缓慢，裂缝宽度达到 0.2mm 对应的荷载值远大于顶板宽度为 100mm 和 70mm 的试件；顶板宽度为 100mm 和 70mm 的试件最大裂缝宽度发展较为接近，顶板宽 70mm 的试件最大裂缝宽度发展速度略快于顶板宽 100mm 的试件。

对于设置不同剪力连接件形式的试件，最大裂缝宽度在 0.1mm 之前区别不明显，当最大裂缝宽度达到 0.2mm 时，可以看出设置 T 形 PBL 剪力连接件的试件裂缝发展速度小于设置节段拼装 PBL 剪力连接件的试件，同时小于设置传统 PBL 剪力连接件的试件，三者裂缝达到 0.2mm 时荷载等级对应峰值荷载的比例均在 40%左右。对于采用不同混凝土类型的试件 NT1 和 NT1-SF，采用端钩粘排钢纤维混凝土的试件在加载过程中最大裂缝宽度发展明显慢于采用普通钢纤维混凝土的试件，裂缝宽度达到 0.2mm 时对应的荷载等级显著提高。

3. 破坏模式

组合梁试件在负弯矩静载作用下的整体破坏形态基本相同，均表现为弯曲破坏，如图 4.3-16 所示。

图 4.3-16　组合梁整体破坏形态

观察试验过程的现象可知，试件破坏特征均表现为随着荷载的持续增加，混凝土板裂缝开展并横向贯通整个顶板，钢纤维受拉被拔出，混凝土逐渐退出工作，板内纵向受拉钢筋受力持续增加并屈服，开孔钢板纵向受拉屈服，组合梁整体变形加速，伴随着钢梁腹板、下翼缘的屈曲破坏并向一侧倾斜，继续加载直至组合梁试件完全破坏。主要破坏特征如图 4.3-17 所示。

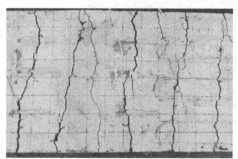

(a) 混凝土板顶面裂缝

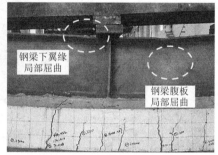

(b) 钢梁局部屈曲

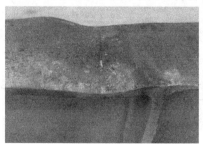

(c) 钢梁下翼缘屈曲

(d) 钢纤维拔出

(e) 钢梁倾斜

图 4.3-17　组合梁主要破坏特征

不同参数的组合梁试件在静力加载过程中的试验现象基本相同，以试件 NT1 为例，当荷载达到 $0.05P_u$ 左右时，混凝土板侧面跨中位置附近出现第一条可见竖向弯曲裂缝，使用裂缝观测仪观测其裂缝宽度为 0.03mm；荷载继续增加，混凝土板侧面纯弯段陆续出现多条竖向弯曲裂缝，与此同时，最先出现的裂缝不断开展，裂缝宽度不断增加并逐渐向混凝土板底部延伸；荷载持续增加，混凝土板侧面弯剪段不断产生新裂缝，同时伴随着部分竖向弯曲裂缝贯穿混凝土板，混凝土板顶面以横向弯曲裂缝为主，主裂缝间距大致相当，并与侧面弯曲裂缝相对应；当荷载增加到 $0.4P_u$ 左右时，在混凝土板侧面弯剪段加载点与支座的连线位置区域出现剪切斜裂缝，组合梁竖向挠度持续缓慢增加；当荷载达到 $0.65P_u$ 左右时，支座位置出现竖向劈裂裂缝，混凝土板顶面和侧面主要弯曲裂缝间产生多条衍生裂缝；随着纵向受拉钢筋和 PBL 剪力连接件的持续受力并屈服，荷载增长速度放缓，试件的跨中挠度显著增长并出现了一段较长的强化阶段，体现了组合梁良好的延性；当荷载达到试件极限受弯承载力后持续缓慢下降，试件竖向变形继续增加。

4.3.4 理论分析

1. 参数化有限元分析

钢-混凝土组合梁有限元模型主要由混凝土板、纵向受拉钢筋、横向构造钢筋、穿孔钢筋、T 形 PBL 剪力连接件和钢梁构成，模型结构组成如图 4.3-18 所示。组合梁的结构尺寸、横截面细节和材料属性根据 4.3.1 节中的试件设计进行取值。

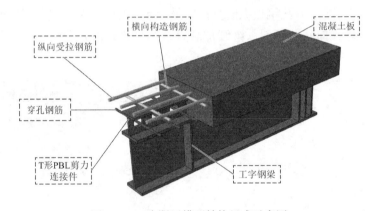

图 4.3-18　有限元模型结构组成示意图

为了研究不同参数的影响，以试验设计中剪力连接件类型、纵向钢筋配筋率和 T 形 PBL 剪力连接件顶板宽度为基础分析参数，并增加钢-混凝土组合梁截面中性轴位置以及 T 形 PBL 剪力连接件肋板开孔间距两个参数作为拓展分析参数。有限元模型总数量为 20 个，参数设计汇总见表 4.3-4。

有限元模型参数设计汇总表　　　　　　　　　表 4.3-4

试件编号	剪力连接件类型	纵向钢筋配筋率/%	T 形 PBL 剪力连接件顶板宽度/mm	组合梁截面中性轴位置	PBL 剪力连接件肋板开孔间距
NP1	PBL	1.3	10	钢梁内	100
NP2	PBL	2.1	10	钢梁内	100
NP3	PBL	2.7	10	钢梁内	100
NP4	PBL	3.1	10	钢梁内	100
NP5	PBL	4.4	10	钢梁内	100
NP6	PBL	1.3	10	混凝土板内	100
NT1	T 形 PBL	1.3	100	钢梁内	100
NT2	T 形 PBL	0.5	100	钢梁内	100

试件编号	剪力连接件类型	纵向钢筋配筋率/%	T 形 PBL 剪力连接件顶板宽度/mm	组合梁截面中性轴位置	PBL 剪力连接件肋板开孔间距
NT3	T 形 PBL	2.1	100	钢梁内	100
NT4	T 形 PBL	1.3	70	钢梁内	100
NT5	T 形 PBL	1.3	130	钢梁内	100
NT6	T 形 PBL	1.3	40	钢梁内	100
NT7	T 形 PBL	1.3	160	钢梁内	100
NT8	T 形 PBL	2.7	100	钢梁内	100
NT9	T 形 PBL	1.7	100	钢梁内	100
NT10	T 形 PBL	1.0	100	钢梁内	100
NT11	T 形 PBL	0	100	钢梁内	100
NT12	T 形 PBL	1.3	100	混凝土板内	100
NT13	T 形 PBL	1.3	100	钢梁内	150
NT14	T 形 PBL	1.3	100	钢梁内	300

注：试件编号中，N 表示负弯矩受力；T 表示 T 形 PBL 剪力连接件；P 表示传统 PBL 剪力连接件。

以试件 NP1、NT1、NT3 和 NT5 为例，提取其有限元模型荷载-挠度曲线的计算结果与试验结果进行对比，如图 4.3-19 所示，可见计算结果与试验结果吻合良好。

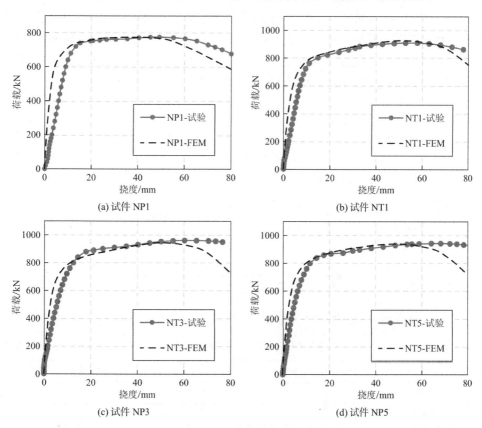

(a) 试件 NP1　　　　　　　　　　　(b) 试件 NT1

(c) 试件 NP3　　　　　　　　　　　(d) 试件 NP5

图 4.3-19　荷载-挠度曲线对比

有限元计算得到的典型试件极限受弯承载力与试验结果的对比见表 4.3-5。可以看出，典型试件的极限受弯承载力有限元计算结果与试验结果十分接近，两者的误差均在 2%以内，说明有限元模型的计算结果较为可靠，能够对组合梁的极限受弯承载力进行预测。

极限受弯承载力有限元计算结果与试验结果对比 表 4.3-5

试件编号	试验值P_u^t/kN	有限元计算值P_u^{FEA}/kN	P_u^{FEA}/P_u^t
NP1	775.8	774.75	1.00
NT1	907.6	923.89	1.02
NT3	962.1	946.04	0.98
NT5	945.2	941.58	1.00

2. 剪力连接件形式的影响

为了探究 T 形 PBL 剪力连接件和传统 PBL 剪力连接件应用到钢-混凝土组合梁后组合梁力学性能的差异，在保持其他构造尺寸不变的前提下，改变剪力连接件形式，得到有限元模型的荷载-挠度曲线如图 4.3-20 所示，计算结果见表 4.3-6。由图 4.3-20 可知，在加载前期，配置不同类型 PBL 剪力连接件的模型受力模式保持一致，当模型进入屈服强化阶段后，两者表现出明显的不同：试件 NP1 有一段较长的屈服平台，在此阶段荷载变化不明显，跨中挠度持续增加，一段时间后进入下降阶段；试件 NT1 则表现出明显的强化过程，荷载与跨中挠度均持续增长，达到峰值荷载后进入下降段。有限元模型加载过程与试验加载过程保持一致。由表 4.3-6 可知，试件 NT1 的极限受弯承载力相较于试件 NP1 提高 19.26%，两者均在 85%峰值荷载左右进入屈服强化阶段。试件 NT1 在屈服点对应的跨中挠度为12.01mm，试件 NP1 在屈服点对应的跨中挠度为 6.87mm，表明试件 NT1 在进入屈服强化阶段时能承受更大的弯曲变形，但相对而言其延性性能略差于试件 NP1。

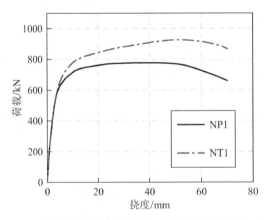

图 4.3-20　配置不同剪力连接件的模型荷载-挠度曲线对比

配置不同剪力连接件的模型计算结果 表 4.3-6

试件编号	类型	P_y/kN	P_u/kN	δ_y/mm	δ_u/mm	P_y/P_u	延性系数（δ_u/δ_y）
NP1	传统 PBL	681.3	774.7	6.87	34.93	0.88	5.08
NT1	T 形 PBL	802.1	923.9	12.01	50.73	0.87	4.22

注：P_y为模型的屈服荷载；P_u为模型的极限荷载；δ_y为模型屈服时的对应挠度；δ_u为模型极限荷载对应的挠度。

1）T 形 PBL 剪力连接件顶板宽度

顶板宽度是该类异形 PBL 剪力连接件的主要设计参数之一，因此建立 T 形 PBL 剪力连接件顶板宽度为 40mm、70mm、100mm、130mm、160mm 的五个有限元模型。图 4.3-21 给出了不同模型的荷载-挠度曲线。表 4.3-7 汇总了各模型的计算结果。由图 4.3-21 可知，顶板宽度为 40mm 的试件 NT6 的负弯矩受力过程更接近配置传统 PBL 剪力连接件的试件 NP1；顶板宽度为 160mm 的试件 NT7 极限受弯承载力略低于顶板宽为 130mm 的试件 NT5；试件 NT4、NT1 和 NT5 的极限受弯承载力随着顶板宽度的增加而增加。由表 4.3-7 可知，随着 T 形 PBL 剪力连接件顶板宽度的增加，组合梁模型的延性系数呈下降的趋势，试件 NT7 的延性系数最低为 4.14；顶板宽度为 130mm 的试件 NT5 兼具良好的抗弯性能和延性性能。

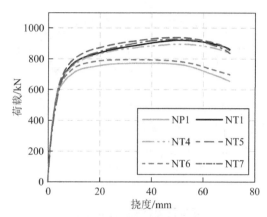

图 4.3-21　不同 T 形 PBL 剪力连接件顶板宽度模型荷载-挠度曲线对比

不同 T 形 PBL 剪力连接件顶板宽度模型计算结果　　　　　　　　表 4.3-7

试件编号	类型	顶板宽度/mm	P_y/kN	P_u/kN	δ_y/mm	δ_u/mm	P_y/P_u	延性系数（δ_u/δ_y）
NP1	传统 PBL	10	681.3	774.7	6.87	34.93	0.88	5.08
NT1	T 形 PBL	100	802.1	923.9	12.01	50.73	0.87	4.22
NT4	T 形 PBL	70	773.7	898.0	10.80	51.07	0.86	4.73
NT5	T 形 PBL	130	821.9	941.6	10.90	49.69	0.87	4.56
NT6	T 形 PBL	40	693.9	797.3	6.56	36.29	0.87	4.87
NT7	T 形 PBL	160	803.8	930.8	12.14	50.21	0.86	4.14

注：P_y 为模型的屈服荷载；P_u 为模型的极限荷载；δ_y 为模型屈服时的对应挠度；δ_u 为模型极限荷载对应的挠度。

2）纵筋配筋率与 T 形 PBL 剪力连接件顶板宽度对比

考虑 T 形 PBL 剪力连接件顶板配置率（配置率为 T 形顶板横截面面积与混凝土板横截面面积之比），研究其顶板设置与纵向受拉钢筋的配置对钢-混凝土组合梁的影响，分析得到的模型荷载-挠度曲线对比见图 4.3-22，模型计算结果汇总见表 4.3-8。值得注意的是，有限元模型的建立未考虑 T 形 PBL 剪力连接件的顶板开孔。由配置 T 形 PBL 剪力连接件且顶板宽度为 40mm 的模型 NT6 分析结果可知，其受力模式、峰值荷载及延性性能与配置传统 PBL 剪力连接件模型相当，且总配置率略低于配置传统 PBL 剪力连接件的模型。配置 T 形 PBL 剪力连接件的模型 NT1 和 NT2 的总配置率分别与配置传统 PBL 剪力连接件的模型

NP2 和 NP3 接近,但配置 T 形 PBL 剪力连接件的模型进入屈服强化阶段后表现出更为明显的强化过程,且峰值荷载对应的跨中挠度相对配置传统 PBL 剪力连接件的模型提高约 45%。配置传统 PBL 剪力连接件的模型 NP5 总配置率为 4.57%,其峰值荷载与配置 T 形 PBL 剪力连接件且不配纵向钢筋的模型 NT11 的峰值荷载差值在 5% 以内。上述分析表明,T 形 PBL 剪力连接件顶板的设置可代替部分纵向钢筋承受纵向拉力作用,提高组合梁的屈服强化性能,且便于工厂化预制组合梁。但 T 形 PBL 剪力连接件的顶板宽度不宜过小,否则与增加纵向钢筋配筋率效果相当且不便于安装施工。另一方面,增加纵向钢筋配筋率不能代替 T 形 PBL 剪力连接件的顶板设置效果,且当纵筋配筋率过高时,经济性较差。

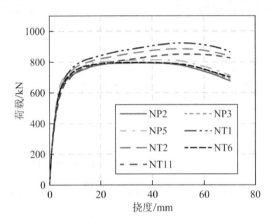

图 4.3-22　不同配置率模型荷载-挠度曲线对比

不同配置率模型计算结果　　　　　　　　　　　　表 4.3-8

试件编号	类型	纵筋配筋率/%	顶板宽度/mm	顶板配置率/%	总配置率/%	P_u/kN	δ_u/mm	延性系数
NP2	传统 PBL	2.1	10	0.17	2.27	794.8	34.81	4.98
NP3	传统 PBL	2.7	10	0.17	2.87	798.1	35.57	5.17
NP5	传统 PBL	4.4	10	0.17	4.57	814.5	42.28	6.24
NT1	T 形 PBL	1.3	100	1.67	2.97	923.9	50.73	4.22
NT2	T 形 PBL	0.5	100	1.67	2.17	886.1	50.45	4.56
NT6	T 形 PBL	1.3	40	0.67	1.9	797.3	36.29	4.87
NT11	T 形 PBL	0	100	1.67	1.67	851.4	51.32	4.59

注:总配置率为纵筋配筋率与顶板配置率之和。

3. 承载力计算理论

承载力计算采用以下假设:

1)当截面达到极限受弯承载力时,钢梁全截面达到屈服应力,因此可以采用塑性应力分布方法。

2)混凝土板裂缝逐渐开展,最终退出工作,忽略混凝土板的抗拉强度贡献。

3)当截面达到极限受弯承载力时,混凝土板内纵向钢筋受拉屈服。

4)钢梁在变形过程中未发生局部失稳破坏,一直保持稳定。

5)混凝土板与钢梁之间连接可靠,忽略两者之间的相对滑移。

6)组合梁在变形过程中,截面始终符合平截面假定。

结合模型试验结果，当钢-混凝土组合梁试件达到极限受弯承载力时，混凝土板内 T 形 PBL/传统 PBL 剪力连接件在屈服强化阶段充分发展，应变超过屈服应变，因此在上述塑性分析理论计算模型的基础上考虑剪力连接件对组合梁抗弯性能的贡献。假设在组合梁截面达到极限受弯承载力时，T 形 PBL/传统 PBL 剪力连接件达到屈服应力，计算简图如图 4.3-23 所示。

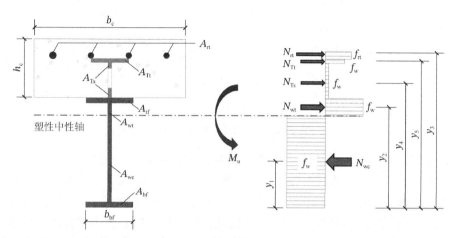

图 4.3-23　考虑剪力连接件的组合梁负弯矩极限受弯承载力计算简图

由截面受力平衡，可以得到平衡方程：

$$f_w A_{wc} + f_w A_{bf} = f_w A_{wt} + f_w A_{tf} + f_{rt} A_{rt} + f_w A_{Tt} + f_w A_{Ts} \tag{4.3-1}$$

式中，A_{Ts} 为 T 形 PBL 剪力连接件钢肋板截面面积；A_{Tt} 为 T 形 PBL 剪力连接件钢顶板截面面积。

由截面弯矩平衡，可以得到极限受弯承载力：

$$M_u = f_w(A_{wt} + A_{tf})(y_2 - y_1) + f_{rt} A_{rt}(y_3 - y_1) + f_w A_{Tt}(y_5 - y_1) + f_w A_{Ts}(y_4 - y_1) \tag{4.3-2}$$

式中，y_4 为 T 形 PBL 剪力连接件钢肋板合力作用点到钢梁下翼缘梁底的距离；y_5 为 T 形 PBL 剪力连接件钢顶板合力作用点到钢梁下翼缘梁底的距离。

根据上述考虑 T 形 PBL/传统 PBL 剪力连接件对组合梁负弯矩极限受弯承载力贡献的计算修正模型，得到钢-混凝土组合梁试件的极限受弯承载力理论值与试验值的对比，如表 4.3-9 和图 4.3-24 所示。

修正试件极限受弯承载力理论值与试验值对比　　　　　　　　　　　　表 4.3-9

试件编号	理论值 M_{ut}/（kN·m）	理论值 P_{ut}/kN	试验值 P_{ue}/kN	P_{ut}/P_{ue}
NP1	347.13	867.82	775.8	1.12
NT1	377.02	942.55	907.6	1.04
NT2	323.20	807.99	843.5	0.96
NT3	392.24	980.61	962.1	1.02
NT4	359.18	897.94	820.0	1.10
NT5	394.87	987.18	945.2	1.04
NT1-SA	341.06	852.66	870.8	0.98
NT1-SF	377.09	942.73	884.0	1.07

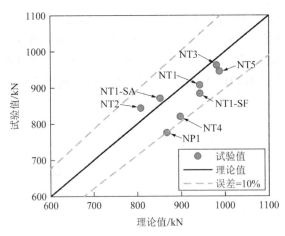

图 4.3-24　极限受弯承载力理论值与试验值对比

通过比较表 4.3-9 中组合梁试件的理论值和试验值可知，7 个配置 T 形 PBL 剪力连接件试验梁的理论值与试验值均十分接近，仅相差 2%～10%，误差均值维持在 2.5% 左右，远低于上述未修正计算模型 10% 左右的计算误差。但对于配置传统 PBL 剪力连接件的试件 NP1，根据修正计算模型得到的结果偏大。因此，对于配置 PBL 剪力连接件的钢-混凝土组合梁负弯矩区极限受弯承载力，可以根据塑性分析理论预测配置传统 PBL 剪力连接件的组合梁试件，并根据计算修正模型预测配置 T 形 PBL 剪力连接件的组合梁试件。

4. 裂缝宽度预测理论

目前，针对钢-混凝土组合梁负弯矩区裂缝发展规律的试验研究尚不充分，影响裂缝宽度和裂缝间距的因素有很多，各国学者对此暂无统一定论。现行具有代表性的国内外规范中，针对钢-混凝土组合结构负弯矩区裂缝间距和裂缝宽度的计算方法基本上是依据钢筋混凝土结构和混合理论的半经验计算方法，包括《混凝土结构设计规范》GB 50010—2010[7]（简称《混规》）、欧洲规范 Eurocode 2[10]等。国内外学者对此项研究也进行了诸多尝试，并提出了相应的裂缝间距和裂缝宽度修正计算式[11-13]。聂建国等[14]综合考虑纵向受拉钢筋配筋率、栓钉剪力连接件间距以及力比等因素的影响，对 4 根钢-混凝土组合简支梁和 2 根连续梁负弯矩区的裂缝特征进行了研究，并根据规范提出了相应的修正计算式。余志武等[15]根据 18 根部分预应力钢-混凝土组合梁负弯矩静力试验结果，研究了裂缝间距和裂缝宽度的计算式。

1）常见的钢-混凝土组合梁平均裂缝间距 l_{cr} 计算式

（1）《混凝土结构设计规范》GB 50010—2010[7]中的计算式

$$l_{cr} = \beta \left(1.9c_s + 0.08 \frac{d_{ep}}{\rho_{te}} \right) \tag{4.3-3}$$

式中，β 为裂缝间距系数，轴心受拉构件取 1.1，其他受力构件取 1；c_s 为最外层纵向受拉钢筋的保护层厚度，取值范围为 [20,65]；d_{ep} 为纵向受拉钢筋的等效直径；ρ_{te} 为按有效受拉混凝土截面面积计算纵向受拉钢筋的配筋率，在最大裂缝宽度计算中，当 $\rho_{te} < 0.01$ 时，取 $\rho_{te} = 0.01$，下同。

（2）欧洲规范 Eurocode 2[10]中的计算式

$$S_{r,max} = k_3 c_s + k_1 k_2 k_4 \phi / \rho_{p,eff} \tag{4.3-4}$$

$$\phi_{ep} = \frac{n_1\phi_1^2 + n_2\phi_2^2}{n_1\phi_1 + n_2\phi_2} \tag{4.3-5}$$

式中，$S_{r,max}$ 为最大裂缝间距；ϕ 为纵向受拉钢筋直径，如果某一截面使用了 n_1 根 ϕ_1 直径和 n_2 根 ϕ_2 直径的钢筋，则取等效直径 ϕ_{ep}；k_1 为纵向受拉钢筋粘结特性系数，光面钢筋取 1.6，带肋钢筋取 0.8；k_2 为纵向受拉钢筋应变分布系数，受弯构件取 0.5，受拉构件取 1.0；$\rho_{p,eff}$ 与式(4.3-3)中 ρ_{te} 含义相同；k_3、k_4 为经验系数，推荐取值分别为 3.4 和 0.425。

（3）聂建国等[14]提出的计算式

$$l_{cr} = 1.1\left(2.7c + \frac{0.11}{(\rho_{te}/d_{eq}) + 0.25(R_p^2/p)}\right)\nu \tag{4.3-6}$$

$$R_p = \frac{A_r f_{ry}}{A_s f_{sy}} \tag{4.3-7}$$

式中，R_p 为力比；p 为栓钉剪力连接件间距；ν 为纵向受拉钢筋粘结特征系数，光面钢筋取 1.0，带肋钢筋取 0.7；A_r、A_s 分别为纵向受拉钢筋和钢梁的截面面积；f_{ry}、f_{sy} 分别为纵向受拉钢筋和钢梁的屈服强度，下同。

（4）余志武等[15]提出的计算公式

$$l_{cr} = 1.9c + \frac{0.08}{\rho_{te}/d_{eq} + 0.04R_p^2/p} \tag{4.3-8}$$

根据上述规范和文献提出的混凝土桥面板裂缝间距计算式，得到本试验中裂缝间距的理论值与试验值对比如表 4.3-10 所示。

试件裂缝间距理论值与试验值对比（单位：mm）　　　　表 4.3-10

试件编号	理论值				试验值
	GB 50010—2010	Eurocode 2	聂建国等	余志武等	
NP1	137.29	277.72	194.33	135.50	115.07
NT1	137.29	277.72	194.33	135.50	83.97
NT2	198.39	406.28	296.08	197.71	109.2
NT3	102.92	204.67	143.21	101.14	80.89
NT4	137.29	277.72	194.33	135.50	107.93
NT5	137.29	277.72	194.33	135.50	82.36
NT1-SA	137.29	277.72	194.33	135.50	102.98
NT1-SF	137.29	277.72	194.33	135.50	76.63

由表 4.3-10 可知，根据国内外规范和相关学者给出的混凝土桥面板平均裂缝间距计算式得到的理论值与试验值均存在明显的差距。其中，欧洲规范按照钢筋混凝土轴心受拉的方法计算裂缝特征值，所得到的理论值与试验值相差较大，因为欧洲规范在混凝土保护层厚度系数和钢筋对裂缝间距影响系数的取值偏大，计算结果偏保守。聂建国等给定的裂缝宽度计算式也在一定程度上提高了两个因素对平均裂缝间距的影响程度;《混规》和余志武等给定的裂缝间距计算式得到的理论值接近，与试验值相差最小，两者对于混凝土保护层厚度对平均裂缝间距的影响系数取值一致，除此之外，余志武等还考虑力比和栓钉剪力连

接件间距的影响。

影响钢-混凝土组合梁负弯矩裂缝间距的主要因素包括：纵向受拉钢筋保护层厚度、纵向受拉钢筋等效配筋率、纵向受拉钢筋直径、力比以及剪力连接件间距。值得一提的是，上述学者对规范的修正均基于配置栓钉剪力连接件的钢-混凝土组合梁模型。在《混规》计算式的基础上，结合聂建国、余志武等学者关于裂缝间距的修正思路，对 T 形 PBL 剪力连接件的钢-混凝土组合梁负弯矩平均裂缝间距计算式进行修正，如图 4.3-25 所示。

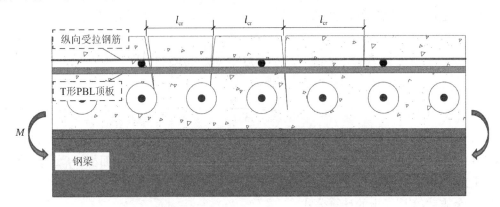

图 4.3-25　平均裂缝间距计算示意图

综上所述，引入 T 形 PBL/传统 PBL 剪力连接件顶板配置率 ρ_T，考虑顶板配置对力比 R_p 的影响，对平均裂缝间距计算模型进行如下修正：

$$l'_{cr} = 1.9c + \frac{0.08}{(\rho_{te} + \rho_T)/d_{eq} + 0.25R_p^2/p} \tag{4.3-9}$$

$$R_p = \frac{A_r f_{ry} + A_t f_{sy}}{A_s f_{sy}} \tag{4.3-10}$$

式中，ρ_T 为按有效受拉混凝土截面面积计算的 T 形 PBL 剪力连接件顶板配置率；R_p 为组合梁截面力比；p 为 T 形 PBL 剪力连接件肋板开孔间距；A_t 为 T 形 PBL 剪力连接件顶板截面面积；其余参数与《混规》中的释义相同。

按修正计算式得到的试件裂缝间距理论值与试验值对比如表 4.3-11 和图 4.3-26 所示。

试件裂缝间距理论修正值与试验值对比（单位：mm）　　　　表 4.3-11

试件编号	理论修正值 l'_{cr}	试验值 l_{cr}	l'_{cr}/l_{cr}
NP1	118.56	115.07	1.03
NT1	89.11	83.97	1.06
NT2	97.61	109.2	0.89
NT3	78.52	80.89	0.97
NT4	105.77	107.93	0.98
NT5	84.45	82.36	1.03
NT1-SA	127.09	102.98	1.23
NT1-SF	92.98	76.63	1.21

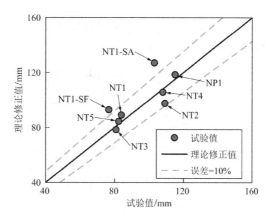

图 4.3-26 裂缝间距理论修正值与试验值对比

2）常见的钢-混凝土组合梁最大裂缝宽度 $\omega_{\max}$ 计算式

（1）《混凝土结构设计规范》GB 50010—2010[7]中的计算式

$$\omega_{\max} = \alpha_{\mathrm{cr}}\varphi\frac{\sigma_{\mathrm{s}}}{E_{\mathrm{s}}}\left(1.9c_{\mathrm{s}} + 0.08\frac{d_{\mathrm{eq}}}{\rho_{\mathrm{te}}}\right) \tag{4.3-11}$$

$$\varphi = 1.1 - 0.65\frac{f_{\mathrm{tk}}}{\rho_{\mathrm{te}}\sigma_{\mathrm{s}}} \tag{4.3-12}$$

式中，α_{cr} 为结构构件的受力特征系数，对于钢筋混凝土受弯、偏心受压构件，取 1.9；φ 为裂缝间纵向受拉钢筋的应变不均匀系数，取值范围为[0.2,1]；f_{tk} 为混凝土材料的轴心抗拉强度标准值；σ_{s} 为纵向受拉钢筋的应力值，下同。

（2）欧洲规范 Eurocode 2[10]中的计算式

$$\omega_{\max} = S_{\mathrm{r,max}} \times \max\left\{\frac{\sigma_{\mathrm{s}} - k_{\mathrm{t}}\frac{f_{\mathrm{ct,eff}}}{\rho_{\mathrm{p,eff}}}(1 + \alpha_{\mathrm{e}}\rho_{\mathrm{p,eff}})}{E_{\mathrm{s}}}, 0.6\frac{\sigma_{\mathrm{s}}}{E_{\mathrm{s}}}\right\} \tag{4.3-13}$$

式中，σ_{s} 为纵向受拉钢筋的应力；k_{t} 为荷载持续系数，短期荷载取 0.6，长期荷载取 0.4；$f_{\mathrm{ct,eff}}$ 为混凝土材料的抗拉强度；α_{e} 为纵向受拉钢筋弹性模量与混凝土弹性模量的比值，即 $E_{\mathrm{s}}/E_{\mathrm{c}}$。

（3）聂建国等[14]提出的计算式

$$\omega_{\max} = 1.45\varphi\frac{\sigma_{\mathrm{s}}}{E_{\mathrm{s}}} \times 1.1\left(2.7c + \frac{0.11}{(\rho_{\mathrm{te}}/d_{\mathrm{eq}}) + 0.25(R_{\mathrm{p}}^2/p)}\right)\nu \tag{4.3-14}$$

$$\varphi = 1.1 - \frac{1.5R_{\mathrm{p}}f_{\mathrm{tk}}}{\rho_{\mathrm{te}}\sigma_{\mathrm{s}}} \tag{4.3-15}$$

（4）余志武等[15]提出的计算式

$$\omega_{\max} - 1.41\varphi\frac{\sigma_{\mathrm{s}}}{E_{\mathrm{s}}}\left(1.9c + \frac{0.08}{\rho_{\mathrm{te}}/d_{\mathrm{eq}} + 0.04R_{\mathrm{p}}^2/p}\right) \tag{4.3-16}$$

$$\varphi = 1.1 - \frac{0.65(1 - 0.12r^2)f_{\mathrm{tk}}}{\rho_{\mathrm{te}}\sigma_{\mathrm{s}}} \tag{4.3-17}$$

式中，r 为钢-混凝土组合梁中钢梁与混凝土板的高度比。

　　根据上述规范和文献提出的钢-混凝土组合梁裂缝宽度计算式,得到本试验中最大裂缝宽度的理论值与试验值对比如图 4.3-27 所示。

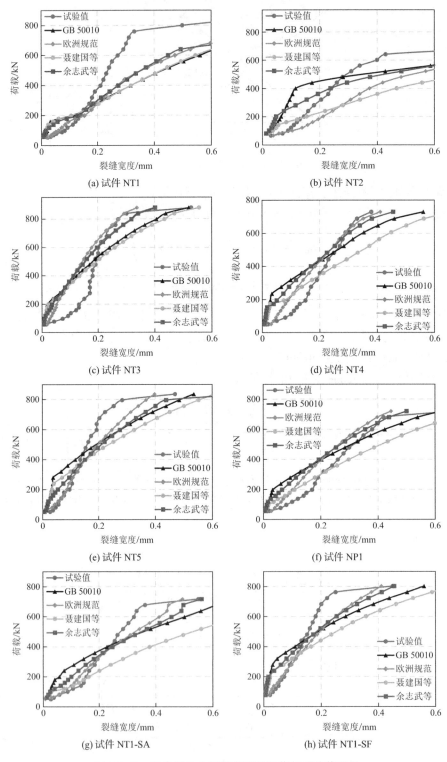

图 4.3-27　组合梁最大裂缝宽度理论值与试验值对比

结合对平均裂缝间距计算模型的修正以及各学者的修正思路，对组合梁负弯矩区裂缝宽度计算模型进行修正。组合梁负弯矩区最大裂缝宽度发展如图 4.3-28 所示。

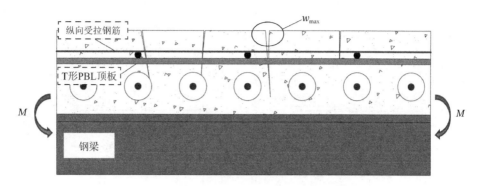

图 4.3-28　组合梁最大裂缝宽度发展示意图

综上所述，引入 T 形 PBL/传统 PBL 剪力连接件顶板配置率ρ_T，考虑顶板配置对力比R_p的影响，对最大裂缝宽度计算模型进行如下修正：

$$\omega_{\max} = 1.9\varphi \frac{\sigma_s}{E_s}\left(1.9c + \frac{0.08}{(\rho_{te} + \rho_T)/d_{eq} + 0.25R_p^2/p}\right) \tag{4.3-18}$$

$$\varphi = 1.1 - \frac{0.65(1 - 0.12r^2)f_{tk}}{(\rho_{te} + \rho_T)\sigma_s} \tag{4.3-19}$$

式中，ρ_T为按有效受拉混凝土截面面积计算的 T 形 PBL 剪力连接件顶板配置率；r表示钢-混凝土组合梁中钢梁与混凝土板的高度比；其余参数与《混规》中的释义相同。

根据修正后的模型计算得到的组合梁试件最大裂缝宽度理论值与试验值对比如图 4.3-29 所示。从图中可知，加载前期，部分试件的理论值与试验值相比修正前的规范计算式有了很大改进，加载后期的发展趋势与试验值更加贴近，最大裂缝宽度达到二类及以上环境条件制限值为 0.2mm 时对应的理论荷载值与试验值差距较小，但裂缝宽度的发展过程仍存在一定差距。总体来讲，修正后的计算模型能够大体预测带 T 形 PBL 剪力连接件的组合梁负弯矩区最大裂缝的扩展趋势。值得一提的是，混凝土裂缝宽度的发展变异性大，难以准确预测和计算，若要深入研究裂缝宽度的发展模型，还需开展大量的试验研究并在理论上进行补充。

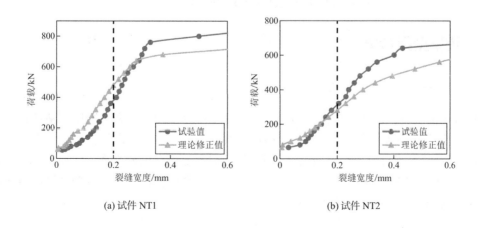

(a) 试件 NT1　　　　　　　　　　　　　　　　(b) 试件 NT2

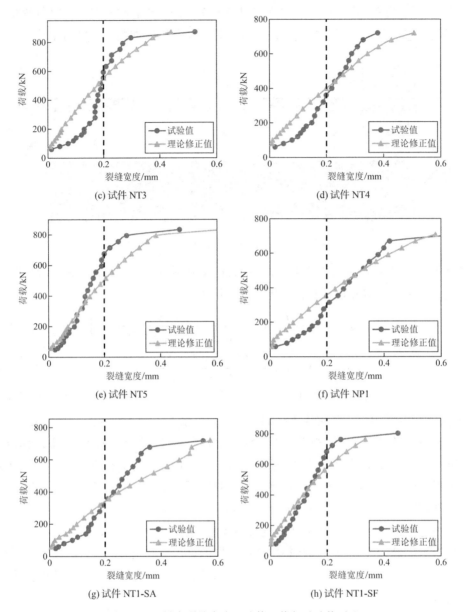

图 4.3-29　最大裂缝宽度理论修正值与试验值对比

4.4　胶粘型组合梁

4.4.1　基本理念

相对于传统机械型剪力连接件组合梁，胶粘型组合梁顾名思义，即用胶粘剂将钢梁和混凝土板粘结在一起，使两种材料形成整体，共同受力。目前国内外已有部分学者对此类剪力连接件进行了早期的研究工作，常用的胶粘剂主要为有机聚合物，如环氧树脂、各类改性环氧树脂、聚氨酯等，如图 4.4-1 所示。使用胶粘剂代替传统的机械型金属剪力连接件来传递界面的剪力，主要优势为：

1）整个粘结接触面均为剪力传递面，传力均匀且连续，避免了混凝土板中的应力集中现象，降低了混凝土板开裂的风险。

2）避免了机械型剪力连接件焊接工序，不会产生残余应力，节省用钢量的同时避免了钢梁劣化。

3）胶粘型剪力连接件可以减小混凝土板厚度，使钢-混凝土组合梁更加轻质。

4）胶粘剂通常防水性好，胶粘层填补了钢梁和混凝土板之间的缝隙，可确保交界面的有效防腐，提高钢-混凝土组合梁耐久性。

5）可采用预制构件，无须在钢梁模板上现浇混凝土，并适应预制构件装配施工方法，缩短施工时间，有效加快桥梁施工速度。

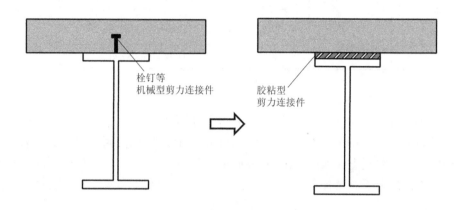

图 4.4-1　胶粘型组合梁示意图

4.4.2　试件设计

参考目前已有的相关研究，将胶的种类和厚度作为重要的参数考察指标。组合梁结构形式采用经典的混凝土板加工字钢的模式，梁全长 3300mm，跨径 3000mm，截面尺寸如图 4.4-2 所示。混凝土板高度h_c分为 55mm 和 150mm 两种规格，配置单层 HRB400 构造钢筋，3 根ϕ8@110 纵向钢筋和ϕ6@200 横向钢筋。工字梁尺寸不变，为了保证梁的稳定性和抗扭性能，在支座位置的腹板两侧增设了三道间距为 50mm 的加劲肋。剪力连接件分为胶粘剂和栓钉两种。

胶粘剂分别采用环氧树脂和磷酸镁水泥，粘结层厚度h_a分为 2mm、4mm、6mm 三种规格，布满整个粘结面。其中，当组合梁采用 55mm 薄板时，栓钉为小栓钉，其高度、直径及间距分别为 40mm、10mm、150mm；当组合梁采用 150mm 厚板时，栓钉为大栓钉，其高度、直径及间距分别为 80mm、13mm、125mm。本试验共设计了 7 根组合梁，以剪力连接件类型、胶粘剂种类、粘结层厚度和混凝土板厚度为试验

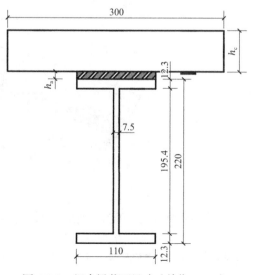

图 4.4-2　组合梁截面尺寸（单位：mm）

参数，研究不同参数下钢-混凝土组合梁的力学性能。具体的参数设计如表 4.4-1 所示。

组合梁试件参数设计   表 4.4-1

试件编号	剪力连接件		混凝土板厚度h_c/mm
	类型	规格	
JL55-2	环氧树脂	2mm	55
JL55-4	环氧树脂	4mm	55
JL55-6	环氧树脂	6mm	55
ML55-2	胶粘型 磷酸镁水泥	2mm	55
JL150-2	环氧树脂	2mm	150
SL55-10	栓钉	4.6 级 M10×40@150	55
SL150-13	机械型 栓钉	4.6 级 M13×80@125	150

4.4.3 试验测试

组合梁测点的布置如图 4.4-3 所示，沿梁跨径方向布置千分表，中间区域间距为 500mm，梁端间距取 450mm，共布置 7 个滑移测点。在跨中梁截面布置应变片来测量沿梁高方向的应变，在混凝土板顶面间距为 100mm 布置 3 个应变片，侧面和底面各布置 1 个应变片；在钢梁的上下翼缘各布置 1 个应变片，并沿腹板高度布置 3 个应变片。挠度测点间距为 750mm，共布置 5 个挠度测点（含梁端）。

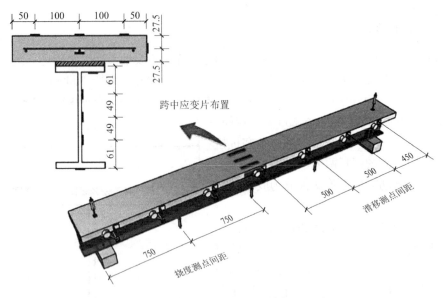

图 4.4-3　组合梁测点布置图（单位：mm）

预加载值取为 20kN，预加载时长为 5min。正式加载时对加载速率、加载级差进行严格控制，加载速率控制为 6kN/级，并保证每级荷载持荷 30s，以便读取试验数据；在结构接近破坏时适当放慢加载速率至 2kN/级，直至结构破坏。组合梁加载如图 4.4-4 所示。

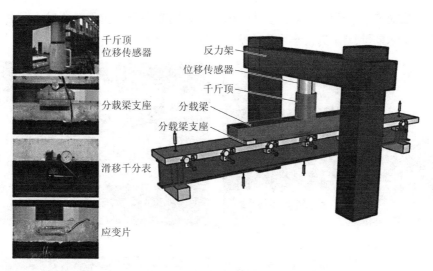

图 4.4-4 组合梁加载示意图

4.4.4 试验结果

胶粘型钢-混凝土组合梁在加载过程中共观察到以下两种破坏模式。

1）脱胶破坏：伴随着较大的声响，粘结层与钢梁表面发生部分脱开，结构提前进入弹塑性阶段，但大部分连接完好，结构仍能继续承载。随着荷载的继续增大，钢梁下翼缘逐渐受拉屈服，中性轴上移，混凝土板底部受拉开裂，直至结构破坏。混凝土底部的裂缝多位于加载点的两侧。

2）整体破坏：整个加载过程中未发生脱胶现象，混凝土板与钢梁连接完好。破坏表现为钢梁下翼缘逐渐受拉屈服，混凝土板底部受拉开裂，混凝土板顶面在加载点附近被压溃。结构承载能力得到充分发挥。

各个试件对应的破坏现象总结见表 4.4-2，破坏现场如图 4.4-5 所示。

组合梁试件破坏现象   表 4.4-2

试件编号	破坏现象
JL55-2	钢梁下翼缘屈服；混凝土板底部开裂；粘结层脱开
JL55-4	钢梁下翼缘屈服；混凝土板底部开裂；粘结层脱开
JL55-6	钢梁下翼缘屈服；混凝土板底部开裂；混凝土板顶部压溃
ML55-2	钢梁下翼缘屈服；混凝土板底部开裂；粘结层脱开
JL150-2	钢梁下翼缘屈服；混凝土板底部开裂；粘结层脱开
SL55-10	钢梁下翼缘屈服；混凝土板底部开裂；混凝土板端部裂缝，混凝土板跨中纵向裂缝
SL150-13	钢梁下翼缘屈服；混凝土板底部开裂

由试验结果可以看出，无论是脱胶破坏或混凝土压溃破坏，胶粘型剪力连接件的破坏形式均为脆性破坏。为了增强结构的延性，防止破坏的突然发生，可以考虑将胶粘型剪力连接件与机械型剪力连接件共同使用，这样既保证了剪力的连续传递，又可以将栓钉或 PBL 等连接件作为安全储备，保证结构的延性。由于加载系统也具有一定的重量，包括千斤顶、

钢制双层分载梁等，结构实际能够承受的极限荷载应略大于试验测试结果，但由于未统计加载系统的实际重量，所以不予考虑。极限荷载试验结果统计见表 4.4-3。

(a) 钢梁下翼缘屈服

(b) 混凝土板底部开裂

(c) 粘结层脱开

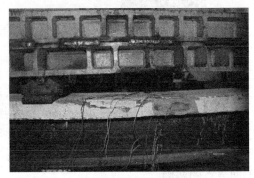

(d) 混凝土板顶部压溃

(e) 混凝土板端部裂缝

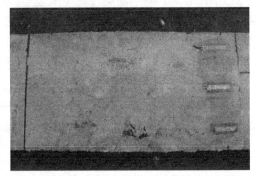

(f) 混凝土顶面纵向裂纹

图 4.4-5　组合梁试件破坏现场

极限荷载试验结果　　　　　　　　　　　　　　　　　表 4.4-3

试件编号	弹性极限荷载F_y/kN	塑性极限荷载F_u/kN	F_y/F_u
JL55-2	72	198	0.36
JL55-4	190	220	0.86
JL55-6	202	316	0.64
ML55-2	162	190	0.85
JL150-2	198	224	0.88

试件编号	弹性极限荷载F_y/kN	塑性极限荷载F_u/kN	F_y/F_u
SL55-10	210	252	0.83
SL150-13	174	334	0.52

对比采用 55mm 厚混凝土板的不同厚度环氧树脂粘结层的组合梁试件结果,即 JL55-2、JL55-4 和 JL55-6,可以看出,粘结层厚度的增加可以较明显地提高其极限承载力,两者呈非线性的正相关关系。但应注意的是,JL55-2 的弹性极限荷载和塑性极限荷载的比值明显低于平均水平。根据试验现象可以发现,JL55-2 在加载早期出现了部分脱胶的现象,即粘结层发生了部分失效,具体表现为加载进行中连接突然断开并产生巨响,各项测试数据均发生突变,结构仍能继续承载,但刚度发生变化。产生部分脱胶的原因推测是在试件制作过程中,由于粘结层太薄,产生了施工误差,导致粘结层存在薄弱区,在加载过程中提前发生破坏,造成部分连接失效,使结构提前进入弹塑性阶段,所以试件 JL55-2 的弹性极限荷载偏低。为了避免此类现象的发生,在保证施工质量的同时,应设计厚度适宜的粘结层,以保证有效粘结。

对比采用 55mm 和 150mm 厚混凝土板的环氧树脂的组合梁试件结果,即 JL55-2、JL55-4、JL55-6 和 JL150-2,可以看出,胶粘层厚度均为 2mm 的情况下,增大混凝土板厚能够一定程度上提高结构的极限承载能力,但效果十分有限。当粘结层厚度增加到 4mm 时,JL55-4 和 JL150-2 的弹性极限荷载和塑性极限荷载十分接近;当粘结层厚度继续增加至 6mm 时,JL55-6 的弹性极限荷载和塑性极限荷载均超过采用 150mm 厚混凝土板的组合梁。所以,在保证粘结质量良好的情况下,增大胶粘层厚度可以减小混凝土板的厚度,这将有利于减小结构自重。

对比采用两种不同胶粘剂的组合梁试件结果,即 JL55-2 和 ML55-2,可以看出,在粘结层厚度均为 2mm 的情况下,磷酸镁水泥组合梁的极限承载力不弱于环氧树脂组合梁。虽然磷酸镁水泥在推出试验中的抗剪能力偏低,但在组合梁试验中表现出了较好的承载能力,只是由于试验样本数量较小,尚有待于进一步的试验研究。

对比采用相同混凝土板厚度、不同连接方式的组合梁试件结果可以看出,在薄板混凝土组合梁中,当胶粘层厚度为 4~6mm 时,其承载能力不弱于采用栓钉的组合梁。从破坏现象上看,胶粘型组合梁能够避免跨中混凝土板顶部产生纵向裂缝,有利于降低混凝土板的开裂风险。但在厚板混凝土组合梁中,胶粘型组合梁的承载能力明显低于栓钉组合梁。推测原因应该是粘结层厚度过小(2mm),且接触面没有经过粗糙化处理,粘结能力不足,导致在加载早期发生脱胶,连接部分失效,使结构的承载能力没有得到充分的发挥。对于厚板的栓钉组合梁,从混凝土底板的应变数据来看,从加载开始,混凝土板底部已经开始受拉,在荷载达到 174kN 时,混凝土板底部开裂,结构进入弹塑性阶段,裂缝出现较早,并持续发展,最后混凝土板开裂严重。

4.4.5 理论分析

1. 有限元分析

采用有限元程序 ABAQUS 建立全尺寸的胶粘型组合梁模型,如图 4.4-6 所示。组合梁的尺寸、横截面细节和材料特性都根据试验方案设计值选取。边界条件和加载位置均与试验设置相同。

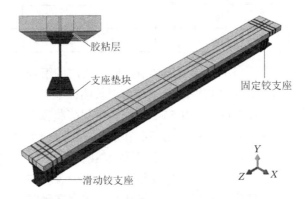

胶粘层

支座垫块

固定铰支座

滑动铰支座

图 4.4-6　胶粘型组合梁有限元模型示意图

以混凝土板厚和粘结层厚度为参数，共建立了四个模型对照组合梁试验。模型参数如表 4.4-4 所示。

模型参数汇总表　　　　　　　　　　　　　　表 4.4-4

试件编号	连接件材料	胶粘剂厚度/mm	混凝土板厚度/mm
JL55-2-A	环氧树脂	2	55
JL55-4-A	环氧树脂	4	55
JL55-6-A	环氧树脂	6	55
JL150-2-A	环氧树脂	2	150

通过尝试使用不同的网格尺寸来检验收敛性，最终采用网格尺寸为 20mm，以便在容许的处理时间内获得良好的数值解精度。粘结层的模拟参照 Zhao 等[16]的研究，采用粘结单元（cohesive element）建模，单元类型为八节点三维粘结单元（COH3D8）。粘结单元的连接性类似于实体单元，如 C3D8。然而，一个粘结单元可以看作由两个面（底面和顶面）组成；单元的底面上有节点，顶面上也有相应的节点。在粘结单元中，可采用连续介质的方法，假设胶粘剂具有有限厚度，并且可以使用常规材料模型，以及采用 Drucker-Prager 模型模拟胶层的弹塑性行为。其中一个原因是，胶粘剂预计会对压力敏感；另一个原因是，胶粘剂中的抗拉强度明显小于抗压强度，其单轴抗压强度和抗拉强度分别为 80.9MPa 和 35.9MPa；单轴抗压强度与抗拉强度之比λ，可用于计算参数K和β。根据关联流动法则，可以取膨胀角ψ与摩擦角β相等。这些参数在 ABAQUS 的线性 Drucker-Prager 材料模型中是必需的。根据 Chiang 等[17]的研究，相关参数可通过如下方法计算：

$$K = \frac{2 + \lambda}{2\lambda + 1} \tag{4.4-1}$$

$$\tan\beta = \frac{3(\lambda - 1)}{\lambda + 2} \tag{4.4-2}$$

式中，K为流应力之比，即三轴拉伸与三轴压缩屈服应力之比，控制屈服面形状；β为材料摩擦角。

粘结层与钢梁和混凝土板的相互作用，其接触的法向刚度由正拉粘结试验结果得出，切向刚度按推出试验得到的粘结滑移关系进行取值。

组合梁荷载-挠度曲线的计算值与实测值对比如图 4.4-7 所示。

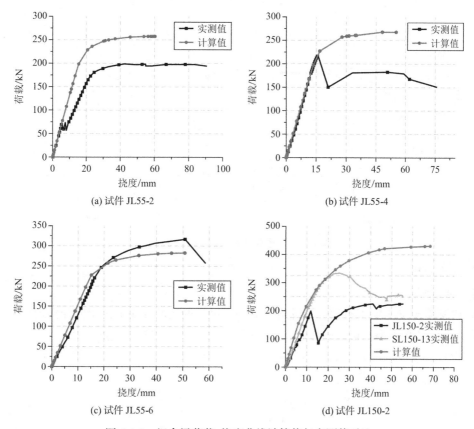

图 4.4-7　组合梁荷载-挠度曲线计算值与实测值对比

从图 4.4-7 中可看出，对于板厚 55mm 的组合梁模型，在弹性阶段，有限元模拟计算的曲线和实测曲线能够较好吻合，荷载和挠度都保持线性关系，且斜率基本一致。但随着脱胶的发生，实测曲线会有回落，随后结构刚度变化进入弹塑性阶段。产生局部脱胶现象的原因主要是粘结层本身存在薄弱区，这可能是施工误差导致的。尤其是 JL55-2 试件，脱胶破坏发生在加载早期。但在有限元模拟中，粘结层为理想连接，在结构失效前不会产生局部连接失效，所以曲线没有突变。对于板厚 150mm 的组合梁模型，在弹性阶段，实测曲线与有限元模拟计算的曲线斜率有较大区别，推测是由于在实际试验中，仅 2mm 的粘结层无法提供足够的粘结强度，导致实际结构的刚度低于理想的模拟结构。栓钉组合梁在加载初期与模拟曲线能够较好地吻合，说明初期连接可靠，但随着荷载增大，栓钉组合梁先进入塑性阶段，极限承载力低于模拟的胶粘型组合梁，说明在理想状态下，相同截面形式的胶粘型组合梁的承载能力高于栓钉组合梁。

通过对比不同粘结层厚度的计算结果（图 4.4-8）可以看出，粘结层厚度增大，可以在一定程度上提高结构的极限承载力，同时增大结构的刚度，但提升幅度不大。这是由于在理论上，仅增大 2mm 的截面高度对于整个截面的受弯承载力影响很小。从相对极限荷载的对比中可以看出，增大 2mm 的粘结层厚度，对极限荷载的提高约为 4.25%，提升幅度十分有限。这与 Luo 等[18]使用有限元进行参数分析所得到的结论相同。所以，与其单纯增加粘结层厚度，不如在保证粘结层厚度的基础上，设法增强粘结强度，这可能是提高结构承载力的更好的方式。

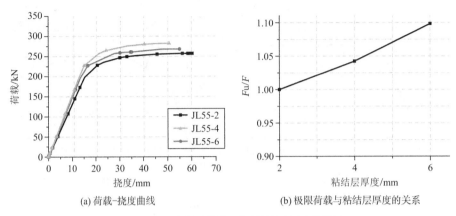

(a) 荷载-挠度曲线   (b) 极限荷载与粘结层厚度的关系

图 4.4-8   有限元模拟不同粘结层厚度的影响

2. 解析分析

1）基本假定

以单跨简支梁为模拟对象，假设梁的纵轴与钢梁的质心 G_s 重合，梁截面沿 z 轴对称，计算简图如图 4.4-9 所示，承受面内静荷载，作用在梁纵轴上的外力引起的截面弯矩和竖向剪力分别为 $M_y(x) = M(x)$ 和 $T_z(x) = T(x)$。

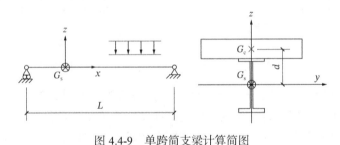

图 4.4-9   单跨简支梁计算简图

为了方便计算，做出如下假设：

（1）忽略混凝土板中的构造钢筋及施工阶段，主要关注机械连接和胶粘连接之间的比较。

（2）在弹性阶段，假定钢和混凝土的本构关系为线性拉伸和压缩。

（3）粘结层中的应力状态保持在弹性域内，不考虑梁 y 方向（即横向）上的受力和变形。

2）部分粘结模型

部分粘结模型（Slipping model），即考虑钢梁与混凝土板界面处的粘结滑移效应。混凝土板和钢梁相互粘结，由胶粘剂剪切应变引起的界面滑移，可以用连接算法计算，连接沿梁连续分布。这种方法非常符合胶粘型组合梁的实际情况。忽略掀起作用，单位长度的水平剪应力 v 与界面处的滑移 s 成比例，有

$$v(x) = -k(x)s(x) \tag{4.4-3}$$

v对应于作用在梁上的荷载；滑移s是混凝土板与钢梁界面处错动后的位置差，$s = x_c - x_s$，如图 4.4-10 所示。刚度k由推出试验确定的粘结滑移关系和钢梁上翼缘宽度决定。假设在弹性阶段，试件的刚度k与荷载水平无关，k取推出试验得出的粘结滑移曲线中线性段的斜率。

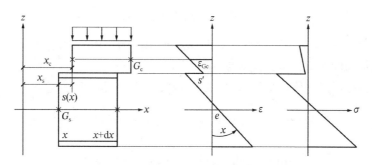

图 4.4-10　部分粘结模型

假设纵向应变ε在每种材料内部的横截面上线性分布，但在交界面处不连续。

对于钢梁有

$$\varepsilon(x, z) = e(x) + z\chi(x) \tag{4.4-4}$$

对于混凝土板有

$$\varepsilon(x, z) = e(x) + z\chi(x) + s'(x) \tag{4.4-5}$$

式中，s'为滑移相对于x的导数。假设发生滑移后，混凝土板和钢梁的曲率仍保持一致，因此，可以写出截面轴力平衡和弯矩平衡的方程为

$$N(x) = 0 = N_c(x) + N_s(x) \tag{4.4-6}$$

$$M(x) = M_c(x) + M_s(x) \tag{4.4-7}$$

其中

$$N_s = -E_s A_s e \tag{4.4-8}$$

$$N_c = -E_c A_c(e + s') - E_c S_c \chi = -E_c A_c \varepsilon_{Gc} \tag{4.4-9}$$

$$M_s = -E_s I_s \chi \tag{4.4-10}$$

$$M_c = -E_c I_{Gc} \chi + d N_c \tag{4.4-11}$$

式中，S_c为混凝土块相对于参考轴的第一力矩；I_{Gc}为混凝土块相对于自身质心的惯性矩。

根据上述计算式，曲率的表达式可以推导为

$$-\chi = \frac{M - N_c d}{E_c I_{Gc} + E_s I_s} \tag{4.4-12}$$

此外，组合梁微段的局部平衡条件为

$$v(x) = N_c'(x) \tag{4.4-13}$$

由式(4.4-3)～式(4.4-13)可以推导出

$$N_c''(x) - \alpha^2 N_c(x) = -\beta M(x) \tag{4.4-14}$$

其中

$$\alpha^2 = k \left[\frac{1}{E_c A_c} + \frac{1}{E_s A_s} + \frac{d^2}{E_c I_{Gc} + E_s I_s} \right] > 0 \tag{4.4-15}$$

$$\alpha^2 = k\left[\frac{1}{E_cA_c} + \frac{1}{E_sA_s} + \frac{d^2}{E_cI_{Gc} + E_sI_s}\right] > 0 \tag{4.4-16}$$

将式(4.4-3)对式(4.4-13)求导，同时有 $T = \frac{dM}{dx}$，可得

$$s''(x) - \alpha^2 s(x) = \frac{\beta}{k}T(x) \tag{4.4-17}$$

式(4.4-13)和式(4.4-17)为连续连接的钢-混凝土组合梁的特征微分方程。这两个方程以等效的方式表示弹性响应，可以同等使用。

求解上述方程可以先假设 $M(x) = b_Mx^2 + c_Mx + d_M$，之后得到通解为

$$N_c(x) = A_N\text{ch}(\alpha x) + B_N\text{sh}(\alpha x) + \frac{\beta}{\alpha^2}M(x) + \frac{2\beta b_M}{\alpha^4} \tag{4.4-18}$$

$$s(x) = A_s\text{ch}(\alpha x) + B_s\text{sh}(\alpha x) - \frac{\beta}{k\alpha^2}T(x) \tag{4.4-19}$$

式中，ch为双曲余弦函数；sh为双曲正弦函数；b_M、c_M、d_M 均为常数；未定系数（A_N，B_N）和（A_s，B_s）可以通过假设位于简支梁端部横截面内任意点处的轴向应力为零来确定，从而产生以下边界条件：

对于式(4.4-18)有

$$N_c(x=0) = N_c(x=L) = 0 \tag{4.4-20}$$

对于式(4.4-19)有

$$s'(x=0) = s'(x=L) = 0 \tag{4.4-21}$$

将边界条件和连续性条件代入方程中，就可以求出未定系数。未定系数确定后，N_c、s 和其他指标如应力、应变、内力等，都可以用式(4.4-14)～式(4.4-21)求得。将由式(4.4-12)计算的曲率积分两次，并考虑支承处的边界条件来求解，即可得到挠度的计算式。

3）模拟结果

本次试验研究重点关注组合梁跨中的挠度，将实际的材料参数代入两个计算模型中并求解，根据截面形式和粘结层厚度将试件分组，分别绘制荷载-挠度曲线，同时添加完全无粘结的组合梁挠度计算结果以示对比，如图4.4-11所示。由于本次试验混凝土板薄，挠度主要由钢梁产生，所以完全无粘结的挠度计算采用将混凝土板自重等效于均布荷载施加在钢梁上并与外荷载叠加的方法，产生的挠度可视为无粘结组合梁整体的挠度。由于试件JL55-2 和 ML55-2 具有相同的截面形式，所以其理论计算值相同，绘制在同一张图里。

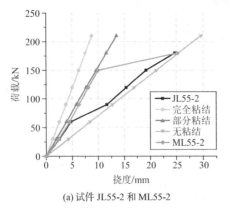
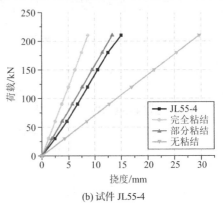

(a) 试件 JL55-2 和 ML55-2　　　　　　(b) 试件 JL55-4

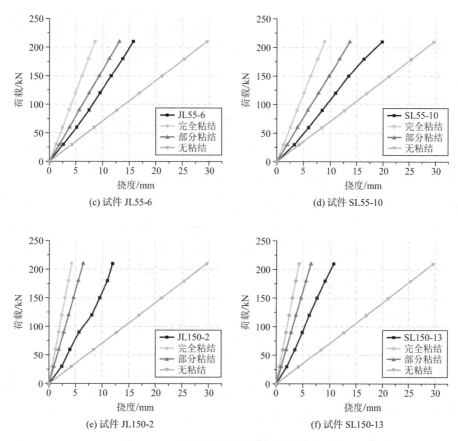

(c) 试件 JL55-6　　　　　　　　(d) 试件 SL55-10

(e) 试件 JL150-2　　　　　　　　(f) 试件 SL150-13

图 4.4-11　不同参数试件荷载-挠度曲线对比

从图 4.4-11 可以看出，挠度的实测结果大于两种模型的计算结果，部分粘结模型的计算结果大于完全粘结模型，说明完全粘结模型的计算刚度较大，且实测结果与计算结果均大于无粘结的计算结果，符合实际。对于混凝土板厚 55mm 的胶粘型组合梁试件，实测的荷载-挠度曲线更接近部分粘结模型的计算结果，且粘结层厚度越小时，实测结果与计算结果更接近。试件 JL55-2 和 ML55-2 由于局部连接发生破坏，结构的刚度发生明显变化，脱离了弹性阶段，所以后期的实测结果与计算结果存在较大差异；从试件较短的弹性阶段也能看出上述规律，且试件 JL55-2 在脱开破坏发生后，其荷载-挠度曲线基本与无粘结的计算曲线吻合，说明脱开面积较大，连接已基本破坏。以粘结质量较好的试件 JL55-4、JL55-6 和栓钉组 SL55-10 为例，定量分析两种模型计算结果与实测结果的差异，如表 4.4-5～表 4.4-7 所示。

计算挠度与实测挠度（荷载 90kN，单位：mm）　　　　　　　　　表 4.4-5

试件编号	实测数值	完全粘结模型	相对误差/%	部分粘结模型	相对误差/%
JL55-4	6.70	3.73	44.33	5.70	14.93
JL55-6	7.49	3.68	50.87	5.63	24.83
SL55-10	8.50	3.83	54.94	5.85	31.18

计算挠度与实测挠度（荷载 150kN，单位：mm） 表 4.4-6

试件编号	实测数值	完全粘结模型	相对误差/%	部分粘结模型	相对误差/%
JL55-4	10.53	6.21	41.03	9.51	9.69
JL55-6	11.62	6.13	47.25	9.38	19.28
SL55-10	13.46	6.38	52.60	9.75	27.56

计算挠度与实测挠度（荷载 210kN，单位：mm） 表 4.4-7

试件编号	实测数值	完全粘结模型	相对误差/%	部分粘结模型	相对误差/%
JL55-4	14.99	8.70	41.96	13.31	11.21
JL55-6	15.72	8.59	45.36	13.14	16.41
SL55-10	19.78	8.93	54.85	13.66	30.94

从表 4.4-5～表 4.4-7 可以看出，粘结层厚度为 4mm 时，实测值与完全粘结计算值相差约 40%～50%，误差范围较大；而实测值与部分粘结计算值仅相差 10%～15%，吻合较好。粘结层厚度为 6mm 时，实测值与完全粘结计算值相差约 50%，误差范围较大；而实测值与部分粘结计算值仅相差 16%～25%，吻合较好。考虑粘结滑移效应的部分连接模型更符合实测值，但由于粘结层刚度 k 是由推出试验确定的，推出试验受剪和组合梁受弯中的状态不完全相同，导致实测值与计算值有所偏差，但总体上具有较高的计算精度。栓钉组的实测值与完全粘结模型的计算值相差约 55%，与部分粘结模型的计算值相差约 30%，挠度实测值明显大于理论计算值，说明栓钉的连接强度没有达到理论假设的要求，结构整体刚度较低，界面滑移较大。实测挠度与无粘结计算挠度对比见表 4.4-8。

实测挠度与无粘结计算挠度对比（荷载 210kN，单位：mm） 表 4.4-8

试件编号	实测值	无粘结计算值	实测值/无粘结计算值
JL55-4	10.53	29.65	35.51%
JL55-6	11.62	29.65	39.19%
SL55-10	13.46	29.65	45.40%

从表 4.4-8 可以看出，相比无粘结组合梁的计算挠度，胶粘型组合梁的挠度减小效果更明显，约为 35%～40%，而栓钉组合梁的这一数值为 45%。说明胶粘型组合梁的整体性更好，结构刚度更大。对于混凝土板厚 150mm 的胶粘型组合梁试件，由于仅 2mm 厚的粘结层无法提供足够的连接强度，导致结构刚度不足，未达到数值模型中对连接强度的要求，实测结果与计算结果的偏差较大。相比之下，栓钉组合梁的刚度虽然也略小于计算模型，但大于胶粘型组合梁，说明在厚板的组合梁结构中，栓钉的连接效果大于 2mm 厚的环氧树脂胶粘剂。所以，为使厚板的胶粘型组合梁达到数值计算中的理想设计状态，应考虑增加连接强度。

4.5 预应力钢箱混凝土组合梁

长期以来，钢管混凝土结构被认为最适合作为受压构件应用于土木工程中，但随着研究的深入，人们发现受弯的钢管混凝土结构也具有较好的性能。当采用一定的结构或设计措施来改善管内混凝土的抗拉性能后，钢管混凝土构件也可以较好地应用于受弯构件中，其中，在钢管混凝土中施加预应力是最为典型的一种措施。在传统研究的基础上，提出了预应力矩形钢箱混凝土结构。典型的钢管混凝土结构用于梁式构件的例子包括：法国 Lharolles 附近的 Maupre 河谷上建成的一座七跨钢连续梁桥，该桥有三个特点，一是采用三角形截面；二是斜腹杆采用波纹钢板；三是下缘采用钢管混凝土结构，既承拉又受压。这可能是钢管混凝土应用到桥梁梁式构件较早的报道[19]。2000 年，日本的 Shinkansen 快速铁路桥主梁采用了圆形钢管混凝土梁，建成后的桥梁外景如图 4.5-1 所示。为了修建该桥，Nakamura 等[20-21]进行了 6 根模型梁的试验，其中 1 根模型梁为空钢管梁，3 根模型梁内填材料为充气沙浆，另外 2 根填充材料分别是轻骨料混凝土和普通混凝土材料。砂浆抗压强度分别 0.29MPa、0.98MPa 和 4.9MPa，混凝土强度均为 19.4MPa；钢管外直径为 609.6mm，钢板厚度为 7.9mm。试验结果表明，填充材料后的钢管混凝土构件较空钢管的强度和变形能力均有较大提高。当砂浆强度低于 1.0MPa 时，砂浆对钢板屈曲的延缓作用几乎可以忽略不计；但当内填充材料的抗压强度高于 5MPa 时，内填充材料对钢板屈曲的延缓作用有极大的提高。此外，还进行了钢管梁、钢管混凝土梁和钢筋混凝土梁的噪声和振动特性试验，试验结果表明，钢管混凝土梁的抗噪声和振动性能均较钢构件有较大的提高。从经济性角度分析，钢管混凝土梁较钢梁也有一定的优势。Nakamura 在文章最后展望性地提出钢管混凝土构件作为主梁的斜拉桥模型，其建议的模型如图 4.5-2 所示。将钢管混凝土梁作为斜拉桥的主梁，对于提升施工便利性和美观效果都有积极的作用。

图 4.5-1　日本 Shinkansen 桥

图 4.5-2　钢管混凝土斜拉桥模型

2005 年，Mossahebi 等[22]开展了钢管混凝土梁的荷载试验，如图 4.5-3 所示。钢管混凝土梁上翼缘设置宽 1320mm 的桥面板，梁体及桥面板总高度为 508mm，梁跨径 7800mm，加载模式为跨中集中加载。主梁截面为圆形，外直径 355.6mm，内填钢筋混凝土，钢管壁厚 25.4mm。试验结果显示，由于内填混凝土的作用，试验模型的局部稳定和整体稳定性都得到了极大提高。破坏时，钢管内的钢筋首先屈服，然后是钢管屈服，最后当桥面板混凝土压溃时，结构丧失承载能力。采用弯矩-曲率关系得到的计算结果与试验结果吻合良好，计算时未考虑混凝土的约束效应，文章最后还给出了施工工艺的建议。

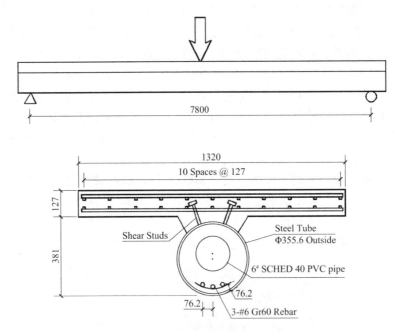

图 4.5-3　Mossahebi 等的试验模型

4.5.1　试验设计

本次试验设计了 8 片预应力钢箱混凝土梁，相关参数见表 4.5-1，试验梁的外形及布置如图 4.5-4 所示。

预应力钢箱混凝土梁模型参数　　　　　　　　　表 4.5-1

编号	高度/mm	宽度/mm	计算跨度/mm	钢板厚/mm	预应力索/根	张拉应力/MPa	预应力度	含钢率/%	混凝土强度等级	加载方式
s-1	450	300	5000	6	2	948.57	0.26	6.67	C50	双点加载
s-2	450	300	5000	8	2	1115.71	0.26	8.89	C50	单点加载
s-3	450	300	5000	6	4	930.00	0.40	6.67	C50	双点加载
s-4	450	300	5000	8	4	1041.43	0.40	8.89	C50	单点加载
s-5	450	300	5000	6	2	892.86	0.26	6.67	C60	双点加载
s-6	450	300	5000	8	2	1060.00	0.26	8.89	C60	单点加载
s-7	450	300	5000	6	4	874.29	0.40	6.67	C60	双点加载
s-8	450	300	5000	8	4	985.71	0.40	8.89	C60	单点加载

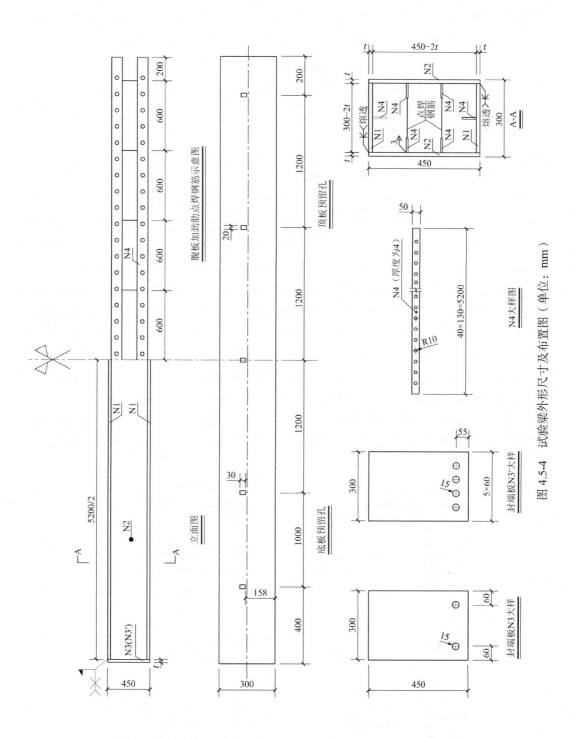

图 4.5-4　试验梁外形尺寸及布置图（单位：mm）

梁的开裂荷载、屈服荷载和峰值荷载试验结果见表 4.5-2。屈服荷载指试验过程中受拉区钢板应变达到材料屈服应变时对应的荷载，峰值荷载指加载过程中出现的最大荷载值。从表 4.5-2 可以看出，开裂荷载约为峰值荷载的 20%，屈服荷载大致可达到峰值荷载的 40%～50%。三者均随混凝土强度、钢板厚度和预应力度的不同而不同。

梁的特征点荷载 表 4.5-2

编号	开裂荷载M_{cr}/（kN·m）	屈服荷载M_y/（kN·m）	峰值荷载M_{max}/（kN·m）
s-1	135.00	245.86	645.00
s-2	162.50	324.84	924.13
s-3	210.00	339.18	801.30
s-4	237.50	594.67	1095.13
s-5	130.00	235.21	758.00
s-6	162.50	258.71	940.88
s-7	190.00	353.74	820.50
s-8	212.50	358.64	1118.38

预应力矩形钢箱混凝土梁较普通钢箱混凝土梁的区别在于，预应力对钢箱核心混凝土提供了约束效应。为了比较有无预应力对结果的影响，采用与试验梁完全相同的几何和材料参数，去掉预应力筋。由于缺乏大尺寸截面受弯钢箱混凝土本构关系的试验资料，根据国内外的研究，此处普通钢箱混凝土梁中的混凝土采用普通混凝土本构关系。应用纤维模型方法得到普通钢箱混凝土梁的计算结果，预应力的增强效果如图 4.5-5 所示。可以看出，预应力矩形钢箱混凝土梁在延性和极限荷载等方面均比钢箱混凝土有大幅度的提高，说明施加预应力后，钢箱受压区混凝土"套箍"效应有所增强，曲线下降段变得平缓。

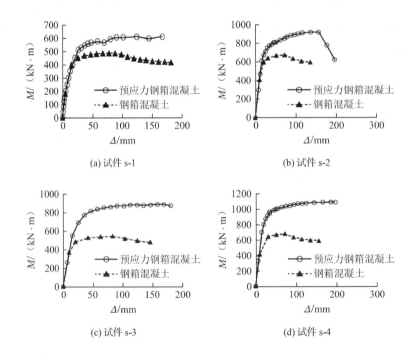

(a) 试件 s-1　　　　　　　　　　(b) 试件 s-2

(c) 试件 s-3　　　　　　　　　　(d) 试件 s-4

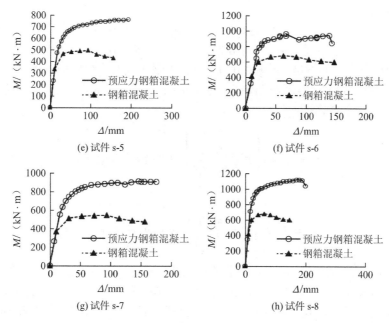

图 4.5-5　预应力的增强效果

4.5.2　理论分析

钢箱混凝土属于约束混凝土的范畴，尽管其约束效应没有圆形截面钢管混凝土强，但是计入预应力效应后约束效应的确存在。约束混凝土与普通混凝土的本构关系存在明显不同，表现在两个方面：①下降段的曲率不同，普通混凝土的下降段比约束混凝土曲率大；②约束混凝土峰值应变和极限压应变与普通混凝土存在差异。目前，大部分混凝土本构关系中均给出了峰值应变值，但是对于极限压应变却很少涉及；另外，在进行极限承载力计算时，混凝土的极限压应变直接关系到最后的结果。从文献[23]的试验结果可以看出，轴心受压柱破坏时其极限应变达到 0.04；而普通混凝土一般认为其极限压应变为 0.0033~0.0038，二者之间的差距约 10 倍，所以合理的极限压应变值显得极为重要。按照一般的观念判断，处于轴心受压的约束混凝土极限压应变比偏心受压或受弯构件的混凝土极限压应变大。但是，部分研究者[24]的试验资料得到了偏压约束混凝土较轴心受压更大的峰值应力和极限压应变，所以对于约束混凝土极限压应变仍需进一步的研究。目前对箍筋约束混凝土的极限压应变有较多的研究[25-26]，Scott 等[25]建议箍筋约束混凝土的极限压应变$\varepsilon_{\max}$可偏保守地按下式确定：

$$\varepsilon_{\max} = 0.004 + 0.9\rho_{\mathrm{v}}\left(\frac{f_{\mathrm{yh}}}{300}\right) \tag{4.5-1}$$

式中，ρ_{v}为箍筋的配箍率；f_{yk}为钢筋强度。

然而由于钢板较箍筋对核心混凝土的约束效应更强，上述计算式一般很难直接应用于钢箱混凝土。对于轴压钢管混凝土构件的极限压应变，文献[27]给出如下经验公式：

$$\varepsilon_{\mathrm{u}} = 2.2\xi^{2/3} + 0.2 \tag{4.5-2}$$

式中，ε_{u}以百分比计。文献[28]的研究认为，在约束效应系数相同的情况下，当$\xi > 0.9$时，高强钢管混凝土的极限压应变与普通钢管混凝土相差不大。在试验数据的回归基础上，

得到如下计算式:

$$\varepsilon_{\mathrm{u}} = \begin{cases} 2.3432\xi^{2/3} - 0.3005 & \xi > 0.114 \\ 0.25 & \xi \leqslant 0.114 \end{cases} \tag{4.5-3}$$

式(4.5-3)存在明显的不足,当 $\xi \leqslant 0.114$ 时,极限压应变为恒定值 0.0025,比普通混凝土的极限压应变还偏小,说明该式仅在一定范围内适用。Shams[29]在其博士论文中提出如下混凝土极限压应变计算式:

$$\varepsilon_{\mathrm{u}} = 3.0\varepsilon_0 \left[1 + \frac{3.51}{\left(\dfrac{D/t}{60}\right)^4} \right] (方形钢箱混凝土) \tag{4.5-4}$$

$$\varepsilon_{\mathrm{u}} = 3.0\varepsilon_0 \left[1 + \frac{4.40}{\left(\dfrac{D/t}{100}\right)} \right] (圆形钢管混凝土) \tag{4.5-5}$$

式中,D 为方形钢箱或圆形钢管截面的边长或半径;ε_0 为普通混凝土的峰值应变。

关于核心混凝土应力-应变关系,张正国[30]和 Tommi[31]均认为在极限应变为 0.015 时混凝土强度降到最低。而且当约束系数和径厚比适中时,上述经验计算式得到的极限应变也在 0.015 左右,所以本书认为取 $\varepsilon_{\mathrm{u}} = 0.015$ 不失一般性。

1. 弹塑性分析

借鉴日本规范(AIJ)的简化模式,弹塑性分析时的极限弯矩计算图式如图 4.5-6 所示,将受压区混凝土的应力简化为矩形分布;钢箱受拉翼缘达到抗拉屈服强度 f_{y},钢箱应力呈三角形分布;预应力钢筋应力达到极限强度 f_{p}。

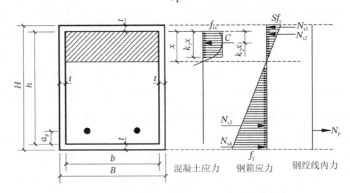

图 4.5-6 极限弯矩计算图式(弹塑性分析)

由图 4.5-6 可得

$$C = k_1 x f_{\mathrm{cc}} b \tag{4.5-6}$$
$$N_{\mathrm{s1}} = S f_{\mathrm{y}} bt \tag{4.5-7}$$
$$N_{\mathrm{s2}} = S f_{\mathrm{y}}(x + t)t \tag{4.5-8}$$
$$N_{\mathrm{s3}} = f_{\mathrm{y}}(h - x + t)t \tag{4.5-9}$$
$$N_{\mathrm{s4}} = f_{\mathrm{y}} bt \tag{4.5-10}$$
$$N_{\mathrm{p}} = A_{\mathrm{p}} f_{\mathrm{p}} \tag{4.5-11}$$

对截面中性轴取矩,有

$$M_{\mathrm{c}} = C(x - k_2 x) = C(1 - k_2)x = k_1 x f_{\mathrm{cc}} b(1 - k_2)x = k_1(1 - k_2)f_{\mathrm{cc}} bx^2 \tag{4.5-12}$$

$$M_{s1} = N_{s1}\left(x + \frac{t}{2}\right) = Sf_y bt\left(x + \frac{t}{2}\right) \tag{4.5-13}$$

$$M_{s2} = N_{s2} \times \frac{2}{3}(x + t) = Sf_y(x + t)t \times \frac{2}{3}(x + t) = \frac{2}{3}(x + t)^2 Sf_y t \tag{4.5-14}$$

$$M_{s3} = N_{s3} \times \frac{2}{3}(h - x + t) = f_y(h - x + t)t \times \frac{2}{3}(h - x + t) = \frac{2}{3}f_y t(h - x + t)^2 \tag{4.5-15}$$

$$M_{s4} = N_{s4} \times \left(h - x + \frac{t}{2}\right) = f_y bt\left(h - x + \frac{t}{2}\right) \tag{4.5-16}$$

$$M_p = N_p(h - x - t - a_p) = A_p f_p(h - x - t - a_p) \tag{4.5-17}$$

由力的平衡条件有

$$C + N_{s1} + N_{s2} = N_{s3} + N_{s4} + N_p \tag{4.5-18}$$

由弯矩平衡有

$$M_u = M_c + M_{s1} + M_{s2} + M_{s3} + M_{s4} + M_p \tag{4.5-19}$$

由力的平衡条件可以解得中性轴高度x为

$$x = \frac{tf_y[h + (1 - S)(b + t)] + A_p f_p}{k_1 bf_{cc} + (1 + S)f_y t} = \frac{t[h + (1 - S)(b + t)] + A_p \eta_p}{k_1 b\eta_c + (1 + S)t} \tag{4.5-20}$$

式中，$\eta_p = f_p/f_y$；$\eta_c = f_{cc}/f_y$；f_p、f_{cc}、f_y 分别为预应力钢筋的极限抗拉强度、混凝土的极限抗压强度和钢板的抗拉屈服强度。

又因 S 与 x 相关联，有

$$\frac{Sf_y}{f_y} = \frac{x + t}{h - x + t} \tag{4.5-21}$$

即

$$S = \frac{x + t}{h - x + t} \tag{4.5-22}$$

将式(4.5-22)代入式(4.5-20)，得到一元二次方程，有

$$Ax^2 + Bx + C = 0 \tag{4.5-23}$$

其中

$$A = k_1 b\eta_c \tag{4.5-24}$$

$$B = -(h + t)k_1 b\eta_c - 2t(h + 2t + b) - A_p \eta_p \tag{4.5-25}$$

$$C = ht(h + 2t + b) + (h + t)A_p \eta_p \tag{4.5-26}$$

考虑到梁的弹塑性破坏，借助钢筋混凝土梁的延性破坏准则，要求x的解的范围为

$$0 \leqslant x \leqslant 0.4h \tag{4.5-27}$$

由弯矩平衡可得$M_u = M_c + M_{s1} + M_{s2} + M_{s3} + M_{s4} + M_p$，即

$$\begin{aligned}
M_u = {} & k_1(1 - k_2)f_{cc}bx^2 + Sf_y bt\left(x + \frac{t}{2}\right) + \frac{2}{3}(x + t)^2 Sf_y t + \\
& \frac{2}{3}f_y t(h - x + t)^2 + f_y bt\left(h - x + \frac{t}{2}\right) + A_\mu f_\mu(h - x - t - a_\mu)
\end{aligned} \tag{4.5-28}$$

2. 塑性分析

塑性分析采用图 4.5-7 所示的计算图式来分析预应力矩形钢箱混凝土梁的极限弯矩。塑性分析是在弹塑性分析的基础上，考虑钢板材料的塑性发展，假定受拉钢材全部达到抗

拉屈服应力f_y；受压区钢材应力全部达到Sf_y，且应力发展系数S值与弹塑性分析时不相等。

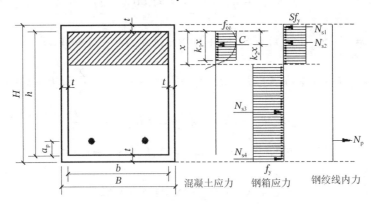

图 4.5-7　极限弯矩计算图式（塑性）

通过比较弹塑性分析和塑性分析模式，可以发现，二者不同之处在于钢箱应力对截面的"贡献"，其他项与弹塑性分析完全相同，有

$$N_{s1} = Sf_y bt \tag{4.5-29}$$

$$N_{s2} = 2Sf_y(x+t)t \tag{4.5-30}$$

$$N_{s3} = 2f_y(h-x+t)t \tag{4.5-31}$$

$$N_{s4} = f_y bt \tag{4.5-32}$$

$$M_{s1} = N_{s1}\left(x+\frac{t}{2}\right) = Sf_y bt\left(x+\frac{t}{2}\right) \tag{4.5-33}$$

$$M_{s2} = N_{s2}(x+t)/2 = Sf_y t(x+t)^2 \tag{4.5-34}$$

$$M_{s3} = N_{s3}(h-x+t)/2 = Sf_y t(h-x+t)^2 \tag{4.5-35}$$

$$M_{s4} = N_{s4}\left(h-x+\frac{t}{2}\right) = f_y bt\left(h-x+\frac{t}{2}\right) \tag{4.5-36}$$

其他项计算式完全同弹塑性分析，不再列举。由力的平衡条件解得中性轴高度x为

$$x = \frac{tf_y[2h+(1-S)(2t+b)]+A_p f_p}{k_1 f_{cc}b + 2tf_y(1+S)} = \frac{t[2h+(1-S)(2t+b)]+A_p \eta_p}{k_1 \eta_c b + 2t(1+S)} \tag{4.5-37}$$

极限弯矩值为

$$\begin{aligned}
M_u &= M_c + M_{s1} + M_{s2} + M_{s3} + M_{s4} + M_p \\
&= k_1(1-k_2)f_{cc}bx^2 + Sf_y bt\left(x+\frac{t}{2}\right) + Sf_y t(x+t)^2 + \\
&\quad Sf_y t(h-x+t)^2 + f_y bt\left(h-x+\frac{t}{2}+A_p f_p(h-x-t-a_p)\right)
\end{aligned} \tag{4.5-38}$$

有关f_{cc}、S、k_1、k_2取值的讨论如下。

1）f_{cc}的取值。在弹塑性分析中，假定钢箱刚刚达到屈服应力结构就达到其承载能力极限状态。从钢箱对核心混凝土的约束机理可知，钢箱对核心混凝土的约束发生在钢材进入屈服状态后并进一步承载的情况下，这种应力状态下，钢箱对混凝土的约束几乎为零。因此，在弹塑分析中混凝土强度f_{cc}取为普通混凝土的强度，美国 AISC 规范和文献[23]在计算极限强度时，混凝土强度考虑了 0.85 的折减系数，即$f_c = 0.85f_c'$（f_c'为混凝土的圆柱体抗压强度）。当假定截面的钢材弯曲塑性发展时，钢材和预应力钢筋对受压区核心混凝土的约束作用不断增强，处于约束状态的混凝土强度得到提高，提高后的混凝土强度可以表示为 $f_c = \alpha_c f_c'$（α_c 为约束混凝土强度提高系数）。Furlong[32]在研究钢箱混凝土结构时发现，采用 0.85 的折减系数计算的强度较试验值偏小许多，并建议采用 1.0 代替 0.85 计算其极限强度。Lu 和 Kennedy[33]的研究也表明，钢箱混凝土的强度随着钢材和混凝土材料的不同比例有相应提高。韩林海[23]在混凝土本构关系中，核心混凝土峰值采用了约束系数的函数来体现这种提高作用。本书将采用系数 $\alpha_c = 1.0$ 和韩林海的应力提高公式分别计算塑性状态时的截面强度 f_c。由于核心混凝土的有效面积小于或等于受压区全截面面积，参考日本规范 AIJ 的计算模式，引入系数 γ_u，得到 $f_{cc} = \gamma_u f_c$。

2）S、k_1、k_2 的取值。在弹塑性分析中，钢箱应力沿截面呈线性分布，所以其塑性发展系数 S 与中性轴高度有关，按照式(4.5-20)计算。在塑性分析中，由于假定受压区钢箱应力全部达到 $S f_y$，对 S 的计算显得尤为重要；k_1、k_2 是混凝土应力简化计算的系数。参考日本规范 AIJ 建议采用如下计算式：

$$k_1 = 0.831 - 0.076(\gamma_u f_{cc}/41.2) \geqslant 0.65 \tag{4.5-39}$$

$$k_2 = 0.429 - 0.010(\gamma_u f_{cc}/41.2) \tag{4.5-40}$$

$$\frac{1}{S} = 0.698 + 0.073\left(\frac{b}{t}\right)^2 \times \frac{f_y}{E_s} \geqslant 1.00 \tag{4.5-41}$$

弹塑性分析和塑性分析结果与试验结果对比分别见表 4.5-3 和表 4.5-4 所示。

弹塑性分析结果与试验结果对比　　　　　　　表 4.5-3

编号	f_{cc}/MPa	x/mm	M_{u_ep}/（kN·m）	M_u/（kN·m）	M_{max}/（kN·m）	M_{u_ep}/M_u	M_{u_ep}/M_{max}
s-1	45.28	124.48	517.06	604.68	645.00	0.86	0.80
s-2	45.28	142.52	652.05	855.36	924.13	0.76	0.71
s-3	45.28	156.15	656.60	759.48	801.30	0.86	0.82
s-4	45.28	168.31	788.59	1010.68	1095.13	0.78	0.72
s-5	48.64	119.32	520.84	696.80	758.00	0.75	0.69
s-6	48.64	137.70	656.18	867.04	940.88	0.76	0.70
s-7	48.64	150.14	661.60	772.45	820.50	0.86	0.81
s-8	48.64	163.08	793.33	1020.65	1118.38	0.78	0.71
均值	—	—	—	—	—	0.80	0.74

注：M_{u_ep} 为按弹塑性方法计算的极限弯矩；M_u 为试验的极限弯矩；M_{max} 为试验过程中的峰值弯矩。

塑性分析结果与试验结果对比　　　　　　　表 4.5-4

编号	f_{cc}/MPa	x/mm	M_{u_p}/（kN·m）	M_u/（kN·m）	M_{max}/（kN·m）	M_{u_p}/M_u	M_{u_p}/M_{max}
s-1	53.26	108.44	638.95	604.68	645.00	1.06	0.99
s-2	53.26	124.38	821.85	855.36	924.13	0.96	0.89
s-3	53.26	136.27	776.64	759.48	801.30	1.02	0.97
s-4	53.26	148.38	950.12	1010.68	1095.13	0.94	0.87

编号	f_{cc}/MPa	x/mm	$M_{u\_p}/$ (kN·m)	$M_u/$ (kN·m)	$M_{max}/$ (kN·m)	M_{u_p}/M_u	M_{u_p}/M_{max}
s-5	57.22	104.16	643.07	696.80	758.00	0.92	0.85
s-6	57.22	120.18	827.40	867.04	940.88	0.95	0.88
s-7	57.22	130.89	783.14	772.45	820.50	1.01	0.95
s-8	57.22	143.37	958.02	1020.65	1118.38	0.94	0.86
均值	—	—	—	—	—	0.98	0.91

注：M_{u_p}为按塑性方法计算的极限弯矩；其他符号含义同表 4.5-4。

从表 4.5-3 和表 4.5-4 可以看出，弹塑性分析时，计算得到的极限弯矩与试验极限弯矩的比值约为 0.80，与峰值弯矩的比值约为 0.74；塑性分析时，计算得到的极限弯矩与试验极限弯矩的比值约为 0.98，与峰值弯矩的比值约为 0.91。说明塑性分析较弹塑性分析更接近试验值，但是弹塑性分析对设计中扩大安全储备是有利的。所以，建议设计时采用弹塑性分析结果，而科研时可采用塑性分析结果。

参考文献

[1] 赵领志. 钢板型钢-混凝土组合板试验研究及有限元分析[D]. 天津：天津大学，2004.

[2] 占玉林，赵人达，毛学明，等. 钢-混凝土组合桥面板试验研究与理论分析[J]. 西南交通大学学报，2006, 41(3): 360-365.

[3] 杨勇，祝刚，周丕健，等. 钢板-混凝土组合桥面板受力性能与设计方法研究[J]. 土木工程学报，2009, 42(12): 135-141.

[4] KIM H Y, JEONG Y J. Ultimate strength of a steel–concrete composite bridge deck slab with profiled sheeting[J]. Engineering structures, 2010, 32(2): 534-546.

[5] 徐宙元. 带开孔钢板剪力连接件的钢-混凝土组合桥面板试验研究与理论分析[D]. 成都：西南交通大学，2013.

[6] 杨义东，李涛译. 钢-混凝土组合结构桥在日本的发展趋势[J]. 国外桥梁. 1998(4): 39-42.

[7] 住房和城乡建设部. 混凝土结构设计规范：GB 50010—2010[S]. 北京：中国建筑工业出版社，2010.

[8] 住房和城乡建设部. 组合结构通用规范：GB 55004—2021[S]. 北京：中国建筑工业出版社，2021.

[9] 交通运输部. 公路钢混组合桥梁设计与施工规范：JTG/T D64-01—2015[S]. 北京：人民交通出版社，2015.

[10] European Committee for Standardization. Eurocode 2: Design of concrete structures[S]. European Commission, 1994.

[11] 宋爱明. 钢-混凝土组合梁负弯矩区静力与疲劳性能研究[D]. 南京：东南大学，

[12] 樊健生, 聂建国, 张彦玲. 钢-混凝土组合梁抗裂性能的试验研究[J]. 土木工程学报, 2011, 44(2):1-7.

[13] 张彦玲, 樊健生, 李运生. 连续组合梁桥裂缝发展规律分析及裂缝宽度计算[J]. 工程力学, 2011, 28(7): 84-90.

[14] 聂建国, 张眉河. 钢-混凝土组合梁负弯矩区板裂缝的研究[J]. 清华大学学报 (自然科学版), 1997, 37(6): 95-99.

[15] 余志武, 郭风琪. 部分预应力钢-混凝土连续组合梁负弯矩区裂缝宽度试验研究 [J]. 建筑结构学报, 2004, 25(4): 55-59.

[16] ZHAO G, LI A. Numerical study of a bonded steel and concrete composite beam[J]. Computers & structures, 2008, 86(19-20): 1830-1838.

[17] CHIANG M Y M, HERZL C. Plastic deformation analysis of cracked adhesive bonds loaded in shear[J]. International journal of solids & structures, 1994, 31(18): 2477-2490.

[18] LUO Y, LI A, KANG Z. Parametric study of bonded steel–concrete composite beams by using finite element analysis[J]. Engineering structures, 2012, 34(Jan.): 40-51.

[19] 宗周红. 预应力钢-混凝土组合梁静动载行为研究[D]. 成都：西南交通大学, 1997.

[20] NAKAMURA S I, HOSAKA T, NISHIUMI K. Bending behavior of steel pipe girders filled with ultralight mortar[J]. Journal of bridge engineering, 2004, 9(3): 297-303.

[21] NAKAMURA S, MOMIYAMA Y, HOSAKA THOMMA T. New technologies of steel-concrete composite bridges [J]. Journal of constructional steel research, 2002, 58(1): 99-130.

[22] MOSSAHEBI N, YAKEL A, AZIZINAMINI A. Experimental investigation of a bridge girder made of steel tube filled with concrete[J]. Journal of constructional steel research, 2005, 61(3): 371-386.

[23] 韩林海. 钢管混凝土结构[M]. 北京：科学出版社, 1999.

[24] 周文峰. 结构地震动力反应分析中的混凝土恢复力模型的适用性研究[D]. 重庆：重庆大学, 2003.

[25] SCOTT B D, PARK R, PRIESTLEY M J N. Stress-strain behavior of concrete confined by overlapping hoops at low and high strain rates[J]. ACI journal, 1982, 79(1): 13-27.

[26] Mattock A H. Discussion of "Rotational Capacity of Reinforced Concrete Beams"[J]. Journal of the structural division, 1967, 93(2): 519-522.

[27] LUKSHA L K. Strength analysis of compressed steel tubes with solid and circular concrete [C]//Proceedings of the international. speciality conference. of concrete filled steel tubular columns (including composite beams) . Harbin, China, Aug., 1988: 19-23.

[28] 顾维平, 蔡绍怀. 钢管高强混凝土的性能与极限强度[J]. 建筑科学, 1991(1): 5.

[29] SHAMS M H. Non-linear evaluation of concrete-filled steel tubular columns[D]. Newark: New Jersey Institute of Technology. 1997.

[30] 张正国, 左明生. 方钢管混凝土轴压短柱在短期一次静载下的基本性能研究[J]. 郑州大学

学报 (工学版) , 1985(2): 22-35.

[31] TOMII M, SAKINO K. Experimental studies on the ultimate moment of concrete filled square steel tubular beam-columns[J]. Transactions of the architectural institute of Japan, 1979, 275: 55-65.

[32] FURLONG R W. Strength of steel-encased concrete beam columns[J]. Journal of the structural division, 1967, 93(1): 113.

[33] LU Y Q , KENNEDY D J L. The flexural behaviour of concrete-filled hollow structural sections[J]. Canadian journal of civil engineering, 1992, 21(1): 111-130.

第 5 章

钢-混凝土组合梁时变特性

5.1 概述

收缩与徐变是混凝土固有的一种时变物理和力学行为，这一特性会导致混凝土结构变形不断增大并产生内力重分布。对于钢-混凝土组合梁而言，由于混凝土板的收缩与徐变受到钢梁的约束，且二者之间还存在相对滑移，导致收缩与徐变问题显得尤为复杂。本章针对实际工程中所关心的技术难点，重点介绍如下内容。

1）通过试验和数值分析手段，研究了栓钉对混凝土板的约束收缩机理，重点探讨了栓钉直径、栓钉间距、栓钉高度和混凝土类型等参数对约束收缩的影响。

2）针对实际工程中混凝土板通常由预制板和湿接缝共同组成这一构造特点，重点研究了湿接缝参数，如混凝土板高度、湿接缝长度、玄武岩纤维掺量和钢筋布置等对约束收缩的影响机理与规律。

3）对于不同龄期的湿接缝混凝土，开展了钢-混凝土组合梁负弯矩区力学性能的研究，给出了不同龄期下钢-混凝土组合梁负弯矩区混凝土开裂荷载和裂缝宽度等的修正计算式。

4）介绍了复杂应力时程下利用退化梁单元进行徐变效应分析的理论，验证了退化梁单元在处理结构材料、几何与时间非线性耦合作用下的高效性和有效性，并将这种分析方法成功应用于钢-混凝土组合梁的时变效应分析。

5.2 钢-混凝土组合梁约束收缩机理

5.2.1 栓钉参数对钢-混凝土组合梁约束收缩影响的试验研究

1. 试验方案设计

本试验主要探究栓钉对于混凝土收缩的约束作用及对混凝土开裂的影响，为了实现这一试验目的，设计了如图 5.2-1 所示的试件，试件由栓钉、钢板及混凝土组成，在浇筑试件时，需在钢板上刷油以避免钢板对于约束收缩试验的影响。

在试验中，主要考虑的变量因素包括栓钉直径、栓钉间距、栓钉高度和混凝土类型等，试验参数与因素水平表见表 5.2-1。

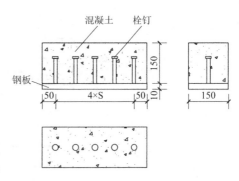

图 5.2-1 试件设计（单位：mm）

试验参数与因素水平 表 5.2-1

因素水平	栓钉间距/mm	栓钉直径/mm	栓钉高度/mm	混凝土类型
1	75	13	80	普通 C60 混凝土
2	100	16	100	早强、低收缩混凝土
3	150	22	120	—

通过正交试验设计，确定的试验方案如表 5.2-2 所示；同时浇筑一个普通混凝土试件，测量混凝土的自由收缩应变，该试件编号为 S-0。

试验方案 表 5.2-2

试件编号	栓钉间距/mm	栓钉直径/mm	栓钉高度/mm	混凝土类型
S-75-13-80-Z	75	13	80	早强、低收缩混凝土
S-75-16-120-Z	75	16	120	早强、低收缩混凝土
S-75-22-100-Z	75	22	100	早强、低收缩混凝土
S-100-13-100-Z	100	13	100	早强、低收缩混凝土
S-100-16-80-Z	100	16	80	早强、低收缩混凝土
S-100-22-120-Z	100	22	120	早强、低收缩混凝土
S-150-13-120-Z	150	13	120	早强、低收缩混凝土
S-150-16-100-Z	150	16	100	早强、低收缩混凝土
S-150-22-80-Z	150	22	80	早强、低收缩混凝土
S-75-16-120-P	75	16	120	普通 C60 混凝土

为了采集试件的收缩率，在试件两个端部布置位移观测点，并使用数显千分表对混凝土的约束收缩变形量进行测量。位移观测点位置均取为混凝土横截面的中心处，通过测量该点的位移计算整个试件的平均收缩。同时，为了进一步分析试件在纵向以及高度方向的收缩应变分布，在每个试件的顶面和侧面均布置应变片，采集试件表面的应变数据，并对各应变测点进行编号，顶面应变片为 n-1 和 n-2，侧面应变片为 n-3、n-4 和 n-5，其中 n 代表试件编号。测点布置如图 5.2-2 所示。

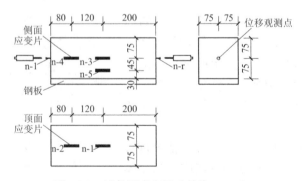

图 5.2-2 试件测点布置（单位：mm）

约束收缩试验均在温湿度控制实验室中进行，其中，温度控制在 20℃ ± 2℃，相对湿度控制在 60% ± 5%。

试件制作完毕后，统一将试件放入温湿度控制实验室进行同条件养护，24h 后拆模，同时安装位移传感器和粘贴应变片。每半小时采集一次试验数据，采集至 28d 龄期。在试验过程中，对试件表面裂缝进行观测，每12h 用裂缝观测仪对试件表面裂缝进行扫描，记录试件的微观裂缝发展情况与时间。如图 5.2-3 所示。

图 5.2-3　浇筑及养护测试过程

2. 试验结果分析

1）试验结果整体分析

本次试验中，实验室温湿度变化曲线如图 5.2-4 所示。由图可知，在整个测量过程中，环境温度的变化很小，因此可以不考虑温度对于自由收缩的影响。

自由收缩试件 S-0 的试验结果如图 5.2-5 所示，可以发现，其收缩基本趋势为前期发展较快，中期速度放缓，随着混凝土水化反应逐渐减弱，收缩的发展也趋于平稳。

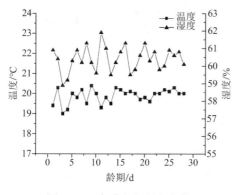

图 5.2-4　实验室温湿度变化

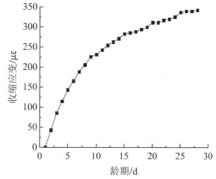

图 5.2-5　自由收缩试验结果

图 5.2-6 所示为各试件随龄期变化的收缩应变曲线。分析各组试件的整体趋势可知，栓钉的内约束不会改变混凝土收缩变形的整体趋势；与自由收缩的趋势一致，栓钉内约束下的收缩表现为早期发展较快，中期速度放缓，随着混凝土水化反应趋于成熟，收缩的发展也趋于平稳。

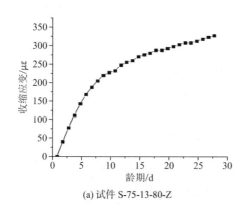

(a) 试件 S-75-13-80-Z

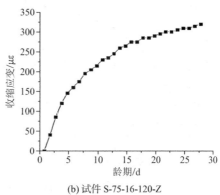

(b) 试件 S-75-16-120-Z

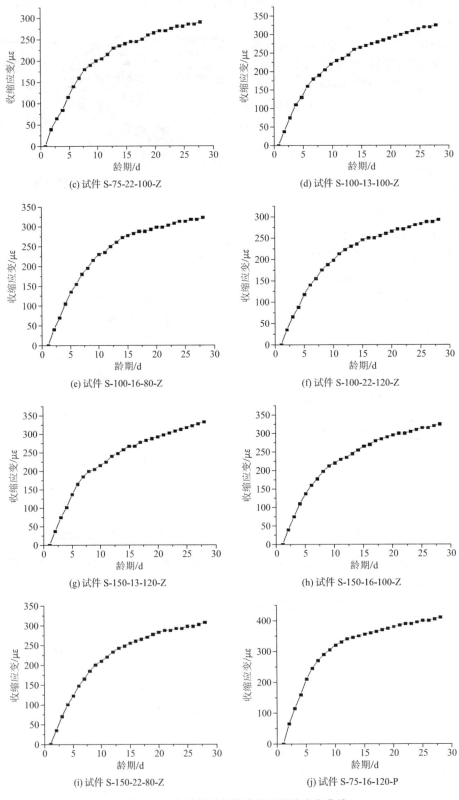

图 5.2-6　各试件随龄期变化的收缩应变曲线

由图 5.2-6 可知，在 28d 龄期内，内置栓钉的试件收缩应变基本上都比无约束下的自由收缩应变小，且随着不同栓钉因素组合所得到的收缩应变各不相同。结果表明，栓钉对混凝土收缩产生明显的抑制作用。

2）栓钉对混凝土空间约束应力分布规律的影响分析

本小节将根据试验数据对各约束情况下的应力空间分布规律进行分析和讨论。试验中，测试了在栓钉约束作用下各试件顶面和侧面的约束收缩应变 ε_r，考虑混凝土自由收缩应变为 ε_{sh}，二者的差值为混凝土受到限制而无法自由变形的应变 ε_t，此时混凝土所受到的约束应力可由下式得到：

$$\sigma_t(t) = \varepsilon_t(t)E_c(t) = [\varepsilon_{sh}(t) - \varepsilon_r(t)]E_c(t) \tag{5.2-1}$$

式中，$E_c(t)$ 为 t 时刻的弹性模量。

图 5.2-7 给出了试件各测点混凝土在栓钉作用下的约束收缩应力随龄期发展曲线，其中拉应力为正，压应力为负。分析图 5.2-7 可以发现：

（1）在高度方向上，各测点的收缩应力表现为高度越低，混凝土拉应力越大，即栓钉对混凝土的约束效应表现为至试件底部的距离越小，约束程度越大。

（2）在纵向上，3 号、4 号测点的高度为 75cm，3 号测点位于试件中部，4 号测点位于试件端部。通过比较两个测点可知，中部测点的约束拉应力均大于端部测点，表明试件中部受到的约束大于端部。

（3）顶部混凝土最终收缩应力均在零附近波动，表明顶部混凝土几乎不受约束影响，接近于自由收缩。

（4）各试件表面应力均小于混凝土的抗拉强度；根据裂缝观测仪观测结果，试件表面在整个监测过程中均未开裂。

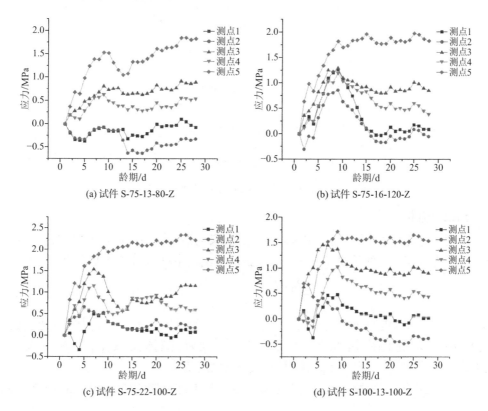

(a) 试件 S-75-13-80-Z　　　　(b) 试件 S-75-16-120-Z

(c) 试件 S-75-22-100-Z　　　　(d) 试件 S-100-13-100-Z

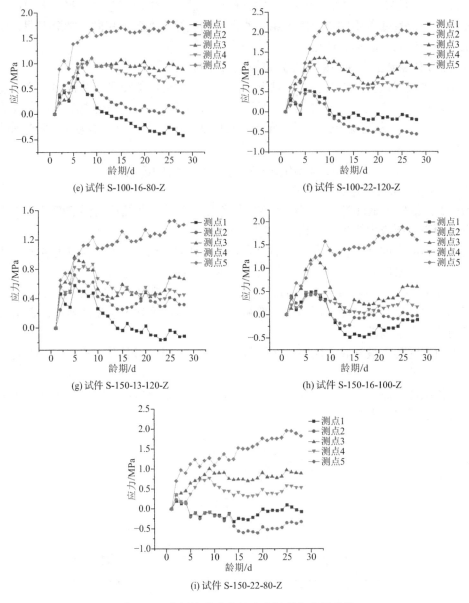

(e) 试件 S-100-16-80-Z

(f) 试件 S-100-22-120-Z

(g) 试件 S-150-13-120-Z

(h) 试件 S-150-16-100-Z

(i) 试件 S-150-22-80-Z

图 5.2-7 各测点约束收缩应力随龄期发展曲线

3. 约束度分析

约束度也称为约束率[1]，通常用 R 表示，其含义为混凝土在变形过程中被约束的程度，是研究混凝土收缩开裂的重要参数之一。本试验中的约束度可以通过下式计算：

$$R = \frac{(\Delta L_{sh} - \Delta L_r)/L}{\Delta L_{sh}/L} = \frac{\Delta L_{sh-r}/L}{\Delta L_{sh}/L} = \frac{\varepsilon_{sh-r}}{\varepsilon_{sh}} \times 100\% \tag{5.2-2}$$

式中，ΔL_{sh-r} 为混凝土受到约束作用下未自由收缩的变形值；ΔL_{sh} 为混凝土自由收缩变形值；ΔL_r 为混凝土在约束状态下的实测变形值；L 为试件原长；ε_{sh-r} 为混凝土受到约束作用下未自由收缩的应变值；ε_{sh} 为混凝土自由收缩应变值。

由式(5.2-2)得到不同栓钉因素组合下随混凝土约束度龄期的变化曲线如图 5.2-8 所示。

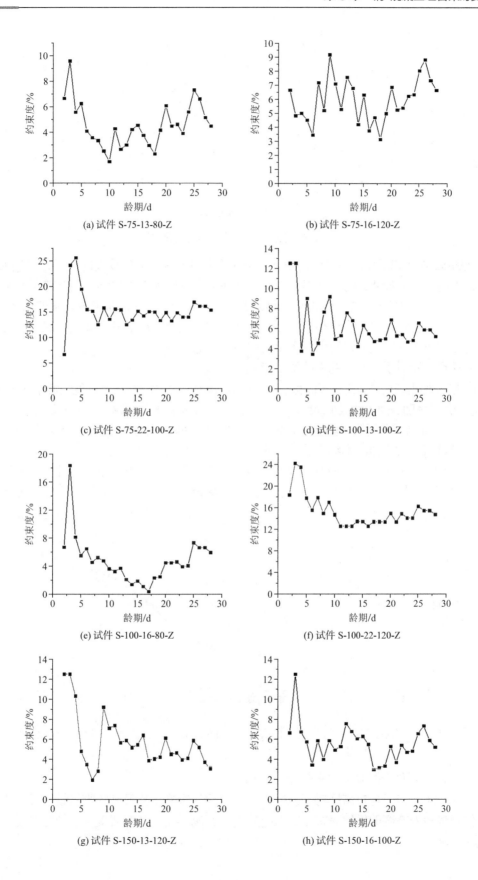

(a) 试件 S-75-13-80-Z

(b) 试件 S-75-16-120-Z

(c) 试件 S-75-22-100-Z

(d) 试件 S-100-13-100-Z

(e) 试件 S-100-16-80-Z

(f) 试件 S-100-22-120-Z

(g) 试件 S-150-13-120-Z

(h) 试件 S-150-16-100-Z

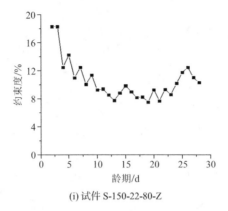

(i) 试件 S-150-22-80-Z

图 5.2-8　混凝土约束度随龄期变化曲线

从图 5.2-8 可以看出，栓钉的约束作用通常在早期较大，呈现较大的波动，且下降速度较快；当达到一定龄期，约束度不再减小，并在某个范围内上下波动，最终趋于某个稳定值。出现这种现象的原因是，试件浇筑早期，混凝土与栓钉之间还未形成较强的粘结作用，约束体对混凝土收缩的影响较小，而随着龄期增加，混凝土逐渐发展成熟，混凝土与栓钉之间的粘结作用发展完成，约束作用逐渐增强直至稳定。

4. 栓钉间距对于混凝土约束收缩的影响

图 5.2-9 给出了栓钉间距对于混凝土约束收缩的影响。可以看出，当其他因素保持不变时，收缩应变值总体随着间距的减小而减小。从理论上分析，栓钉的间距越小，单位长度内的栓钉个数越多，约束的连续性越大，就越趋于钢筋约束或钢板约束，配筋率就越大，约束作用就越强。

5. 栓钉直径对于混凝土约束收缩的影响

图 5.2-10 给出了栓钉直径对于混凝土约束收缩的影响。可以看出，当其他因素保持不变时，收缩应变值总体随着直径的增加而减小。从理论上分析，当栓钉的直径增大后，其对混凝土的约束范围增大，同时，整体配筋率增加，因此对收缩的约束作用也越大。

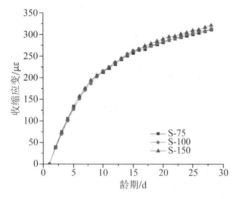

图 5.2-9　不同栓钉间距收缩应变随龄期
变化曲线

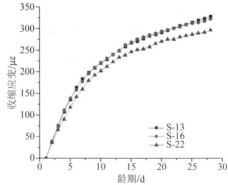

图 5.2-10　不同栓钉直径收缩应变随龄期
变化曲线

6. 栓钉高度对于混凝土约束收缩的影响

图 5.2-11 给出了栓钉高度对于混凝土约束收缩的影响。从最终的收缩量来看，收缩应变总体趋势随着高度的增加而减小，但差异不大，说明栓钉高度因素对于栓钉混凝土的约束效应贡献不大。

7. 混凝土类型对于约束收缩的影响

为探究混凝土类型对于混凝土约束收缩的影响，本试验设置了一组普通 C60 混凝土的对照组 S-75-16-120-P，其栓钉配置形式与 S-75-16-120-Z 一致，两者 28d 整体收缩的测试结果如图 5.2-12 所示。可以看出，普通 C60 混凝土的约束收缩应变在相同龄期下均高于早强低收缩混凝土，后者优秀的早期收缩性能可有效降低混凝土结构早期收缩开裂的风险。

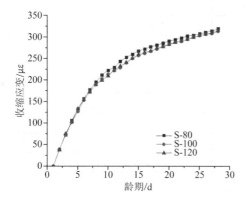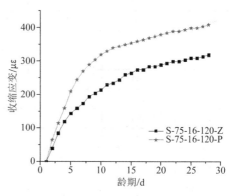

图 5.2-11　不同栓钉高度收缩应变随龄期变化曲线　　图 5.2-12　28d 整体收缩的测试结果

5.2.2　栓钉设计参数对约束收缩的有限元分析

1. 有限元模型

本节利用 ABAQUS 软件建立内置栓钉的混凝土收缩有限元模型（图 5.2-13），包括混凝土板、栓钉和钢板三部分，模型中的单元均采用三维八节点线性减缩积分六面体单元（C3D8R）；混凝土收缩通过向混凝土施加温度荷载进行模拟。本节共计算了 22 组模型，参数如表 5.2-3 所示。

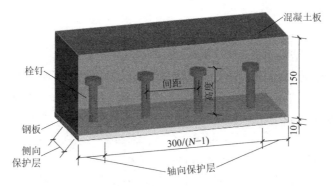

图 5.2-13　混凝土收缩有限元模型（单位：mm）

模型参数（单位：mm）　　　　　　　　　　　　　　　表 5.2-3

编号	栓钉高度	栓钉直径	栓钉间距	混凝土轴向保护层厚度	混凝土侧向保护层厚度
S-0	—	—	—	—	—
S-1	40	16	100	50	75
S-2	60	16	100	50	75
S-3	80	16	100	50	75
S-4	100	16	100	50	75

编号	栓钉高度	栓钉直径	栓钉间距	混凝土轴向保护层厚度	混凝土侧向保护层厚度
S-5	120	16	100	50	75
S-6	100	10	100	50	75
S-7	100	13	100	50	75
S-8	100	19	100	50	75
S-9	100	22	100	50	75
S-10	100	16	150	50	75
S-11	100	16	75	50	75
S-12	100	16	60	50	75
S-13	100	16	50	50	75
S-14	100	16	100	25	75
S-15	100	16	100	75	75
S-16	100	16	100	100	75
S-17	100	16	100	125	75
S-18	100	16	100	50	25
S-19	100	16	100	50	50
S-20	100	16	100	50	100
S-21	100	16	100	50	125

2. 有限元结果与试验结果对比

以文献[2]中的受栓钉约束混凝土收缩试验结果为对比，利用 ABAQUS 软件建立了编号为 S-3 的混凝土收缩模型。计算模拟收缩应变结果与试验实测收缩应变结果对比如图 5.2-14 所示。可以看出，模拟结果与实测结果的一致性良好，能够充分反映在栓钉约束下的混凝土收缩情况。

3. 收缩应变结果分析

1）收缩应变计算结果

通过 ABAQUS 计算得到不同栓钉参数和不同保护层厚度影响下高强混凝土的收缩变形，同样提取混凝土两端截面中心的位移差除以混凝土板原长作为混凝土的全局收缩应变值，得到收缩应变曲线如图 5.2-15 所示。

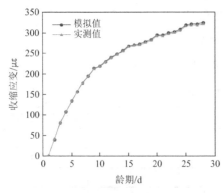

图 5.2-14　计算模拟收缩应变与
试验实测收缩应变对比

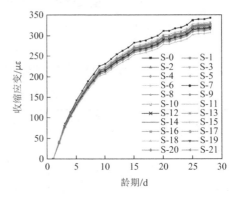

图 5.2-15　全局收缩应变曲线

2）不同因素对收缩应变的影响

本节研究了栓钉高度、栓钉直径、栓钉间距以及混凝土轴向和侧向保护层厚度这五项因素对内置栓钉高强混凝土收缩应变的影响，如图 5.2-16 所示。图中编号 S 表示收缩，h 表示栓钉高度，d 表示栓钉直径，s 表示栓钉间距，ap 表示混凝土轴向保护层厚度，lp 表示混凝土侧向保护层厚度。

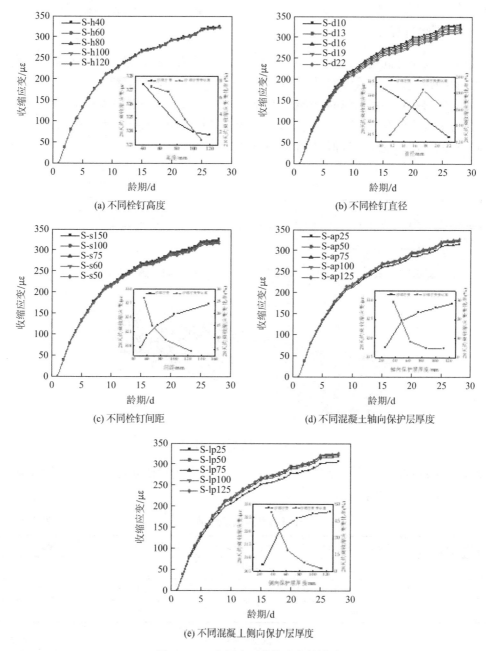

图 5.2-16　各因素对收缩应变的影响

由图 5.2-16（a）可知，栓钉高度变化对混凝土的约束收缩应变影响较小，这与试验结果保持一致。由图 5.2-16（b）可知，混凝土约束收缩应变随着栓钉直径的增加接近线性变化。由图 5.2-16（c）可知，随着栓钉间距的增加，混凝土的约束收缩应变也逐渐增大。由图 5.2-16（d）可知，轴向保护层厚度的增加使得混凝土约束收缩应变也增加。由图 5.2-16（e）可知，混凝土约束收缩应变随着侧向保护层厚度的增加而增大。

5.3 湿接缝参数对钢-混凝土组合梁约束收缩的影响

5.3.1 试验方案设计

本试验主要研究混凝土板高度、湿接缝长度、玄武岩纤维掺量、钢筋布置等参数对于预制段以及湿接缝处约束收缩的影响。试验中采用的混凝土强度等级为 C60。

为研究各参数对约束裂缝的影响机理，试验设计了图 5.3-1～图 5.3-3 所示的模型试件。其中，L_s 为湿接缝长度，栓钉直径均设为 16mm，栓钉纵向布置间距为 100mm，栓钉高度随混凝土板高等比例变化，近似取混凝土板高的 0.75 倍。

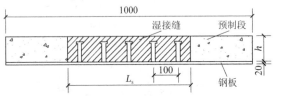
图 5.3-1　试件立面（单位：mm）

图 5.3-2　试件横截面（单位：mm）

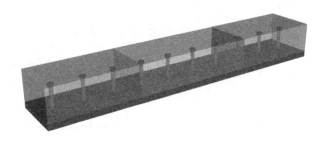
图 5.3-3　试件示意图

试验选取的参数与因素水平见表 5.3-1，最终试验方案设计见表 5.3-2，其中 SC-8 为设置了 16mm 纵筋的对照组。

试验参数及因素水平　　　　　　　　　　　　　　　表 5.3-1

因素水平	湿接缝长度 L_s/mm	混凝土板高 h/mm	纤维掺量/%	配筋率/%
1	300	100	0	0
2	400	120	0.3	1.1
3	500	150	0.6	—

试验方案　　　　　　　　　　　　　　　　　表 5.3-2

试件编号	湿接缝长度 L_s/mm	混凝土板高 h/mm	栓钉高度/mm	纤维掺量/%	配筋率/%
SC-1	300	120	90	0.3	—
SC-2	400	120	90	0.3	—

试件编号	湿接缝长度L_s/mm	混凝土板高h/mm	栓钉高度/mm	纤维掺量/%	配筋率/%
SC-3	500	120	90	0.3	—
SC-4	400	100	75	0.3	—
SC-5	400	150	115	0.3	—
SC-6	400	120	90	0	—
SC-7	400	120	90	0.15	—
SC-8	400	120	90	0.3	1.1

对于本试验中的各试件，湿接缝处的混凝土为收缩主体，由于栓钉、钢板以及两端预制段对其有一定的约束作用，使其无法自由收缩，增加了混凝土开裂风险，因此需要在约束作用较为突出处设置测点，测量其收缩应变。根据理论分析，在跨中截面以及新旧界面交界处布置应变片来测量混凝土的收缩变形，如图 5.3-4 和图 5.3-5 所示，其中 n 代表试件编号，a为预制段长度，L_s为湿接缝长度。

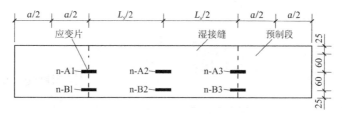

图 5.3-4　试件顶面应变片布置图

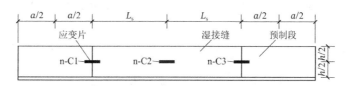

图 5.3-5　试件侧面应变片布置图

早强低收缩混凝土约束收缩试验均在温湿度控制实验室中进行，其中，温度控制在20℃ ± 2℃，相对湿度控制在 60% ± 5%。

试件先进行预制段的浇筑，浇筑振捣后，统一将试件放入温湿度控制实验室进行同条件养护，24h 后进行新旧混凝土交界处挡板的拆除，为后续浇筑中间段湿接缝做准备；预制段养护 28d 后进行湿接缝处的浇筑，振捣完成后放入温湿度控制实验室进行同条件养护，24h 后进行木模的拆除，随后粘贴应变片。布置完测点后，开始采集收缩应变数据，将采集频率设置为每半小时一次，采集至 28d 龄期。

在试验过程中，对试件表面裂缝进行观测，每 12h 用裂缝观测仪对试件表面裂缝进行扫描，拍照并记录试件的微观裂缝发展情况与时间。

5.3.2　收缩试验结果

1.试验结果整体分析

各组试件的主要试验结果如图 5.3-6 所示。其中，A 为试件顶部中轴线上的应变测点，B 为试件顶部边上的应变测点，C 为侧面的应变测点；数字 2 号表示跨中测点，数字 1、3

表示为交界面测点。

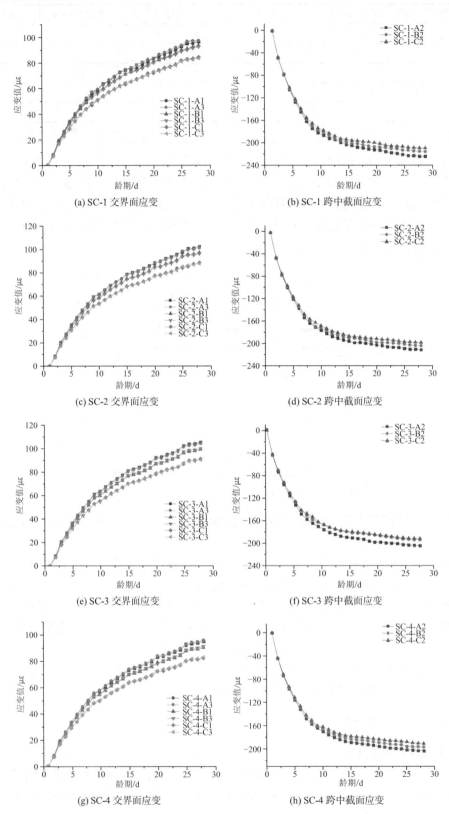

(a) SC-1 交界面应变

(b) SC-1 跨中截面应变

(c) SC-2 交界面应变

(d) SC-2 跨中截面应变

(e) SC-3 交界面应变

(f) SC-3 跨中截面应变

(g) SC-4 交界面应变

(h) SC-4 跨中截面应变

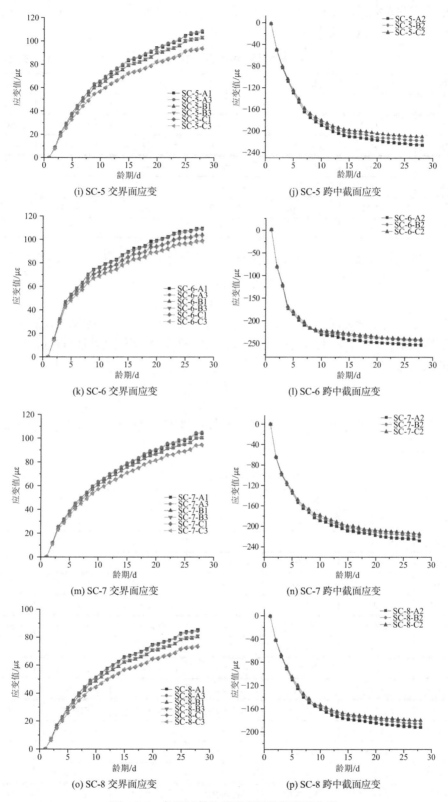

图 5.3-6　各组试件收缩应变随龄期发展曲线

根据计算约束应力的公式，可以得到跨中位置的约束应力。28d 龄期下，各试件跨中截面测点的约束应力值如表 5.3-3 所示。

28d 各试件跨中截面测点约束应力　　　　　　　　　　　表 5.3-3

测点位置	SC-1-A2	SC-1-B2	SC-1-C2	SC-2-A2	SC-2-B2	SC-2-C2
拉应力/MPa	2.11	2.26	2.37	2.32	2.45	2.56
测点位置	SC-3-A2	SC-3-B2	SC-3-C2	SC-4-A2	SC-4-B2	SC-4-C2
拉应力/MPa	2.45	2.63	2.67	2.48	2.60	2.71
测点位置	SC-5-A2	SC-5-B2	SC-5-C2	SC-6-A2	SC-6-B2	SC-6-C2
拉应力/MPa	2.08	2.22	2.35	2.54	2.70	2.76
测点位置	SC-7-A2	SC-7-B2	SC-7-C2	SC-8-A2	SC-8-B2	SC-8-C2
拉应力/MPa	2.43	2.57	2.66	2.68	2.78	2.88

对于交界处的约束应力，根据交界面两侧新旧混凝土受力平衡，可以得到以下计算式：

$$\varepsilon_n E_n = \varepsilon_o E_o = \sigma_c \qquad (5.3\text{-}1)$$

$$\varepsilon_n + \varepsilon_o = \varepsilon \qquad (5.3\text{-}2)$$

式中，ε_n、E_n 分别为湿接缝处的受拉应变与弹性模量；ε_o、E_o 分别为预制段处的受拉应变与弹性模量；σ_c 为混凝土所受拉应力；ε 为实测总应变。联立后可以得到拉应力与实测总应变的关系为：

$$\sigma_c = \frac{E_n E_o}{E_n + E_o}\varepsilon \qquad (5.3\text{-}3)$$

由此可以计算得到交界面的约束应力。28d 龄期下，各试件交界面测点的约束应力值如表 5.3-4 所示。

28d 各试件交界面测点约束应力　　　　　　　　　　　表 5.3-4

测点位置	SC-1-A1	SC-1-A3	SC-1-B1	SC-1-B3	SC-1-C1	SC-1-C3
拉应力/MPa	1.22	1.24	1.19	1.17	1.07	1.06
测点位置	SC-2-A1	SC-2-A3	SC-2-B1	SC-2-B3	SC-2-C1	SC-2-C3
拉应力/MPa	1.30	1.29	1.23	1.22	1.12	1.11
测点位置	SC-3-A1	SC-3-A3	SC-3-B1	SC-3-B3	SC-3-C1	SC-3-C3
拉应力/MPa	1.34	1.32	1.26	1.27	1.16	1.15
测点位置	SC-4-A1	SC-4-A3	SC-4-B1	SC-4-B3	SC-4-C1	SC-4-C3
拉应力/MPa	1.20	1.21	1.14	1.15	1.04	1.05
测点位置	SC-5-A1	SC-5-A3	SC-5-B1	SC-5-B3	SC-5-C1	SC-5-C3
拉应力/MPa	1.36	1.38	1.29	1.31	1.18	1.19
测点位置	SC-6-A1	SC-6-A3	SC-6-B1	SC-6-B3	SC-6-C1	SC-6-C3
拉应力/MPa	1.39	1.37	1.32	1.31	1.25	1.24
测点位置	SC-7-A1	SC-7-A3	SC-7-B1	SC-7-B3	SC-7-C1	SC-7-C3
拉应力/MPa	1.32	1.33	1.27	1.28	1.20	1.19
测点位置	SC-8-A1	SC-8-A3	SC-8-B1	SC-8-B3	SC-8-C1	SC-8-C3
拉应力/MPa	1.08	1.07	1.02	1.03	0.93	0.94

从图 5.3-6 可以看出，混凝土约束收缩反映出早期发展较快、中期速度放缓、后期趋于稳定的特点，与自由收缩发展特性一致。

对于试件同一轴线方向上的三个测点的应变值，其中新旧混凝土两端交界面上的应变值均为正值，表明交界处受拉，这是由于在新旧界面处，现浇混凝土由于收缩作用会向跨中位移变形，但旧混凝土会限制其变形，从而在交界处出现约束拉应力；处于现浇混凝土跨中位置的测点应变值为负值，但小于自由收缩应变，这是由于两端预制段以及内部栓钉、钢板的约束，使其收缩被限制。

在两端交界处，对比同一横截面上不同位置的测点应变值可知，同一高度情况下，靠近中轴线的拉伸应变值均小于靠近边缘处，表明中轴线处产生的约束应力要小于边缘处；不同高度情况下，侧面的应变明显小于顶面应变，表明侧面产生的约束应力小于顶面。产生上述情况的原因为，湿接缝处的混凝土由于栓钉与钢板的约束作用，在竖向上呈现出距离底板越远，约束作用越弱的规律，侧面两端的收缩位移量会明显小于顶板处，因此产生的约束应变也明显小于顶板处。

在跨中处，对比同一横截面上不同位置的测点应变值可知，同一高度情况下，靠近中轴线的收缩应变值均小于靠近边缘处，表明中轴线处产生的约束应力要大于边缘处；不同高度情况下，侧面的应变明显小于顶面应变，表明侧面产生的约束应力大于顶面，原因与交界面相似，距离底部钢板越近，约束作用越强，收缩应变越小，约束应力越大。

2. 湿接缝长度对混凝土约束收缩的影响

不同湿接缝长度的三个试件同一测点在 28d 龄期下的应力对比如图 5.3-7 和图 5.3-8 所示。可以看出，对于交界面测点，同龄期下，随着湿接缝的长度增加，应力值呈现增长的趋势。这表明，当湿接缝的长度增加，新混凝土早期收缩时，其端部的变形累加值会增加，对旧混凝土的拉伸作用就越大，因此产生更大的拉伸应力。对于跨中截面测点，同龄期下，随着湿接缝的长度增加，应力值也呈现增大的趋势，这是由于随着湿接缝长度增加，两端预制段、栓钉以及钢板产生的约束效应越大，跨中截面测点处的应变越小，与自由收缩的差值越大，即产生的约束应力越大，越容易开裂。

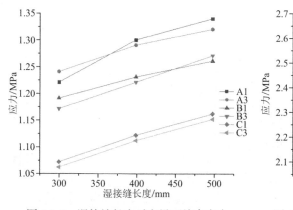

图 5.3-7　湿接缝长度对交界面约束应力
影响对比

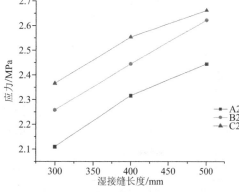

图 5.3-8　湿接缝长度对跨中截面约束应力
影响对比

3. 混凝土板高度对混凝土约束收缩的影响

不同混凝土板高度的三个试件同一测点的应力对比如图 5.3-9 和图 5.3-10 所示。可以看出，对于交界面测点，同龄期下，随着混凝土板高度的增加，应力值呈现增加的趋势。这表明，当混凝土板高度增加，交界处测得的约束应变增大，约束应力也增大。这是由于当新混凝土早期收缩时，随着混凝土板高度的增加，测点处的混凝土到底板的实际距离增加，受到的约束减少，会产生更大的收缩位移，对旧混凝土的拉伸作用增大，因此产生更大的拉伸应变。对于跨中截面测点，同龄期下，随着混凝土板高度的增加，应力值呈现减小的趋势。当混凝土板高度增加时，混凝土顶部到底部约束的距离增大，约束效应减小，跨中截面测点处的应变值增大，表明与自由收缩的差值越小，即产生的约束应力越小，越不易开裂。

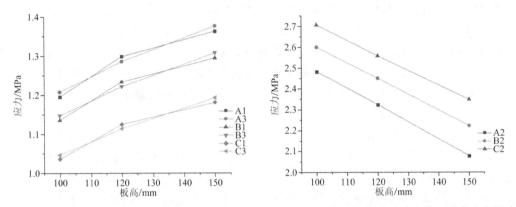

图 5.3-9　混凝土板高度对交界面约束应力影响　图 5.3-10　混凝土板高度对跨中截面约束应力影响

4. 混凝土中添加纤维对混凝土约束收缩的影响

不同纤维掺量的三个试件同一测点的应力对比如图 5.3-11 和图 5.3-12 所示。可以看出，对于交界面测点，同龄期下，随着玄武岩纤维掺量的增加，应力值呈现减小的趋势。这表明，当玄武岩纤维掺量增加，交界处的约束应变减小，约束应力也减小。对于湿接缝两端交界处的混凝土，能够使其产生相对较小的收缩位移，减小对旧混凝土的拉伸作用，因此有效地降低了测点处的拉伸应变。对于跨中截面测点，同龄期下，随着玄武岩纤维掺量的增加，应力值也呈现减小的趋势，表明纤维能够有效降低混凝土早期收缩，使得产生的约束应力减小，不易开裂。

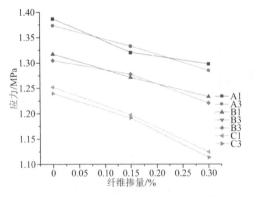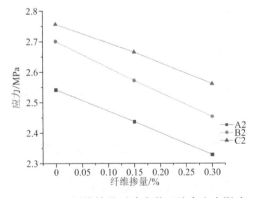

图 5.3-11　纤维掺量对交界面约束应力影响　图 5.3-12　纤维掺量对跨中截面约束应力影响

5. 配筋率对混凝土约束收缩的影响

不同配筋的两个试件同一测点的应力对比如图 5.3-13 所示。可以看出，对于交界面测点，同龄期下，由于纵筋的设置，应力值呈现减小的趋势。这表明，纵筋在纵向上产生了较为均匀的约束作用，使得湿接缝混凝土整体收缩变形减小，对旧混凝土的拉伸作用减小，因此能够有效地降低交界处的拉伸应变。对于跨中截面测点，同龄期下，由于纵筋的设置，应力值呈现减小的趋势。表明纵筋的设置能够有效地约束现浇混凝土早龄期的收缩，使得现浇段收缩变形减小，进而导致约束应力增大，在一定程度上使得湿接缝开裂风险增大。

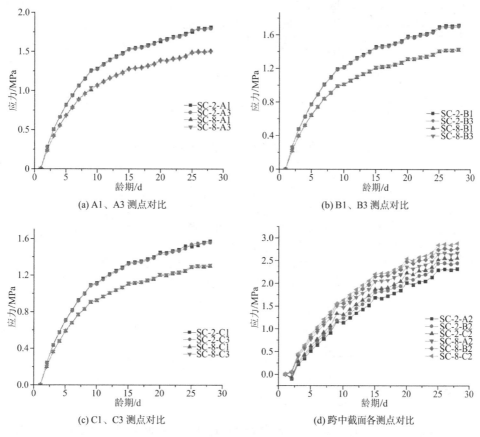

(a) A1、A3 测点对比　　　　　　　　　　(b) B1、B3 测点对比

(c) C1、C3 测点对比　　　　　　　　　　(d) 跨中截面各测点对比

图 5.3-13　配筋率对湿接缝约束应力影响

5.4　钢-混凝土组合梁现浇湿接缝性能

5.4.1　试验设计

1. 试验梁设计

本试验目的是研究负弯矩现浇湿接缝混凝土的龄期对钢-玄武岩纤维混凝土（BFRC）组合梁性能的影响，其中钢-混凝土组合梁试件总长 2.1m，计算跨径 2m，梁高 320mm，由预制混凝土、湿接缝混凝土、纵向钢筋、横向钢筋、栓钉、加劲肋板和钢梁组成，如图 5.4-1 所示。组合梁两个典型截面 A-A 和 B-B 如图 5.4-2 所示。钢梁为 20b 号标准工字钢，材质为 Q235，工字钢高 200mm；上下翼缘宽 102mm，厚 11.4mm；腹板高 177.2mm，厚 9mm。混凝土桥面板厚 120mm，宽 300mm。钢梁与混凝土之间通过栓钉连接，栓钉型号为 ML15AL，直径 16mm，长 75mm，单排均匀布置，纵向间距为 125mm。混凝土桥面板内共

设置 6 根纵向钢筋，其中上层 4 根纵筋直径 12mm，横向间距 80mm；下层 2 根钢筋直径 6mm，横向间距 190mm；横向钢筋直径为 6mm，钢筋保护层厚度为 30mm，钢筋型号均为 HRB400。此外，为增加钢梁的稳定性和抗扭刚度，在工字钢 1/3 截面、2/3 截面和两端支座附近共设置 8 道加劲肋。

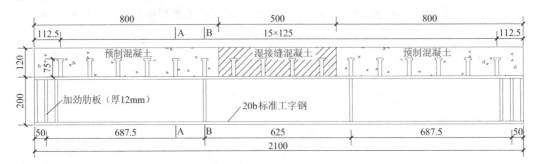

图 5.4-1　组合梁试件纵向布置图（单位：mm）

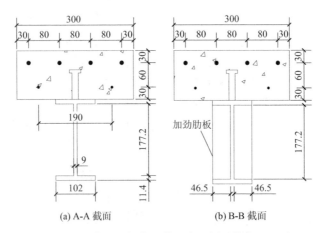

(a) A-A 截面　　　　　　(b) B-B 截面

图 5.4-2　组合梁试件典型截面布置图（单位：mm）

试验共设计了 7 组试件，分别研究了湿接缝混凝土中玄武岩纤维体积掺量、混凝土龄期和混凝土类型这三个因素对组合梁性能的影响。试验方案见表 5.4-1。

试验方案　　　　　　　　　　　　　　　　　　表 5.4-1

试件编号	纤维掺量/%	混凝土龄期/d	混凝土类型
B-ES-00-28	0	28	早强、低收缩 BFRC
B-ES-03-28	0.3	28	早强、低收缩 BFRC
B-ES-06-28	0.6	28	早强、低收缩 BFRC
B-NC-00-28	0	28	普通混凝土
B-ES-03-14	0.3	14	早强、低收缩 BFRC
B-ES-03-7	0.3	7	早强、低收缩 BFRC
B-ES-03-3	0.3	3	早强、低收缩 BFRC

2. 加载方案

钢-混凝土组合梁负弯矩区四点弯曲试验加载如图 5.4-3 所示，加载系统自上而下依次为压力机、压力传感器、分载梁、加载点垫块、试验梁、滚轴支座、承载梁以及底部千斤顶。加载点位于钢梁三等分点处。

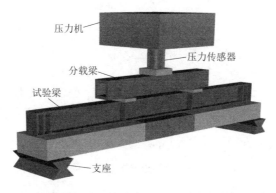

图 5.4-3　组合梁负弯矩区四点弯曲试验加载示意图

在试验加载前首先预加载至 12kN，持荷 3min，然后卸载至零，重复 2～3 次。正式加载采用分级加载，开始加载时每级增加 3kN，加载后持荷约 1min，仔细观察湿接缝混凝土的裂缝开展情况，采用裂缝观测仪测量裂缝宽度，并用记号笔描出裂缝的位置和走向，同时记录各应变片和位移计的数据；当湿接缝混凝土段两侧接缝均开裂后以每级 5kN 进行加载；荷载达到 200kN 后以每级 10kN 进行加载；当荷载增幅不大时转为位移加载，观察跨中位移计示数，每增加 1mm 便记录各应变片和位移计的数据，直至荷载不再增加。卸载时采用分级卸载，跨中挠度每恢复 1mm 时记录数据，直至挠度不再变化。

3. 测点布置

在钢-混凝土组合梁负弯矩区四点弯曲试验的过程中，需重点关注试件湿接缝的开裂荷载、极限荷载、跨中挠度、混凝土应变片和钢应变片的大小及变化趋势，以及中性轴位置的变化，此外，还需详细记录试件加载过程中混凝土的裂缝发展情况。测点布置如图 5.4-4 所示，具体布置原则如下。

1）应变测点布置：在组合梁跨中截面钢梁底板布置 1 个应变片，腹板高度方向等间距布置 3 个应变片，间距约为 45mm；在跨中截面和两接缝界面的混凝土侧面等间距布置 2 个应变片，间距为 40mm；在跨中截面和两接缝界面的混凝土顶面等间距布置 3 个应变片，间距为 100mm；在跨中截面和两接缝界面的上层纵向钢筋上各布置 2 个应变片。

2）挠度测点布置：在组合梁左支点截面、左加载点截面、跨中截面、右加载点截面和右支点截面布置 LVDT 位移传感器，位移传感器通过磁力表座吸附在组合梁下部的承载梁上，在测点截面粘贴角钢作为位移传感器测头的测量面。

3）裂缝宽度观测：在加载过程中，采用裂缝观测仪对混凝土裂缝宽度进行观测。

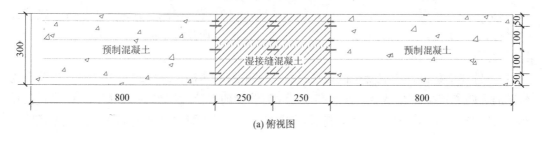

(a) 俯视图

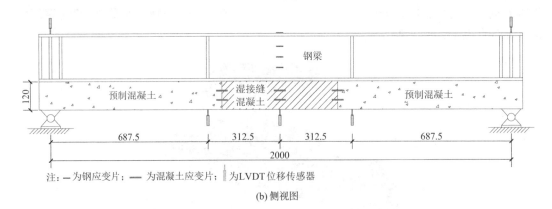

(b) 侧视图

图 5.4-4　组合梁试件测点布置图（单位：mm）

5.4.2　钢-混凝土组合梁负弯矩区湿接缝试验结果分析

1. 试验过程及破坏形态

为便于观察裂缝并确定裂缝出现的位置，在试验加载前将混凝土板表面刷白并画出 50mm × 50mm 的网格线。7 根钢-混凝土组合梁试件在负弯矩作用下的破坏形态基本相同，均为典型的弯曲破坏，如图 5.4-5 所示。

(a) 整体弯曲破坏

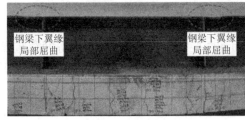

(b) 钢梁下翼缘屈曲

(c) 接缝界面开裂

图 5.4-5　组合梁试件主要破坏形态

由图 5.4-5 可知，湿接缝混凝土与预制混凝土的交界面由于受拉开裂并贯穿整个混凝土桥面板，裂缝呈现"上窄下宽"的特征，同时可以发现，相比于其余部位裂缝，接缝界面裂缝的宽度更大，为混凝土桥面板的主裂缝；试件达到极限承载力时，加载点附近的钢梁下翼缘发生明显屈曲。

各试件在加载过程中混凝土的破坏过程大致相同，以 B-ES-00-28 试件为例，当荷载为 34kN 时，两侧接缝界面混凝土顶部产生竖向裂缝；随着荷载增加到 80kN，跨中附近出现裂缝；荷载持续增加，加载点截面附近预制混凝土及湿接缝混凝土内部陆续出现多条竖向弯曲裂缝，与此同时，接缝界面处裂缝宽度不断增大并逐渐贯穿至混凝土底部；荷载进一步增加，剪弯段预制混凝土内不断有新裂缝产生，同时还伴随着多条从混凝土底板发展至顶面的裂缝，这是由栓钉附近混凝土应力集中而产生的裂缝；加载后期，加载点与支点连线上开始出现弯剪斜裂缝，且支座附近混凝土有局部压溃的现象；当荷载超过 400kN 后，荷载增长较缓慢，而组合梁跨中挠度显著增大，试件可观察到明显的弯曲变形；当荷载达到 479kN 时，钢梁下翼缘受压发生局部屈服，钢梁上翼缘受拉屈服，标志着组合梁破坏，试件达到受弯极限承载力。

2. 混凝土裂缝分布规律

不同玄武岩纤维体积掺量及混凝土类型下组合梁混凝土桥面板侧面的裂缝分布如图 5.4-6 所示，由于本试验重点关注各试件的混凝土裂缝分布规律，故图中仅展示了组合梁的混凝土桥面板部分。

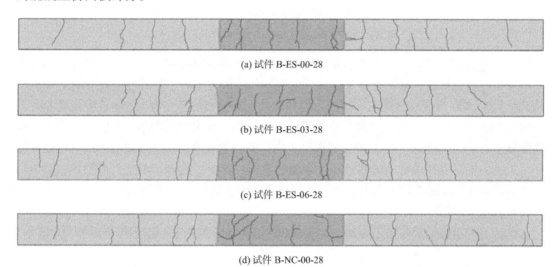

(a) 试件 B-ES-00-28

(b) 试件 B-ES-03-28

(c) 试件 B-ES-06-28

(d) 试件 B-NC-00-28

图 5.4-6　不同纤维掺量及混凝土类型下组合梁裂缝分布

注：图中混凝土桥面板为倒扣放置，从上往下分别为混凝土底部和混凝土顶部，
粗线表示湿接缝混凝土与预制混凝土的交界面裂缝。

对比图 5.4-6 中试件 B-ES-00-28、B-ES-03-28 和 B-ES-06-28 的混凝土裂缝分布可知，当湿接缝混凝土龄期一定时，随着玄武岩纤维体积掺量从 0 增加到 0.3%，湿接缝混凝土内部的裂缝数量明显增多，裂缝间距减小，且裂缝分布更加均匀。同时发现，试件 B-ES-03-28 湿接缝混凝土内部的多条裂缝均未彻底贯穿整个混凝土板，大约发展至 4/5 混凝土桥面板的高度；随着玄武岩纤维体积掺量继续增加至 0.6%，裂缝数量并没有继续增加，而是表现出与试件 B-ES-00-28 相似的裂缝分布情况，有所不同的是，试件 B-ES-06-28 湿接缝混凝土内部的竖向裂缝之间更易形成纵向贯通裂缝。可以看出，这两组试件的预制混凝土段内的裂缝分布基本一致，而湿接缝混凝土段内的裂缝形态表现出较大的差异。相比试件 B-ES-00-28，采用普通混凝土的试件 B-NC-00-28 湿接缝混凝土内部的裂缝易产生分支裂缝，且各竖向裂缝之间生成多条纵向贯通裂缝，使得最终破坏时湿接缝混凝土内部形成明显的"裂缝群"。

不同湿接缝混凝土龄期下组合梁混凝土桥面板侧面的裂缝分布如图 5.4-7 所示。

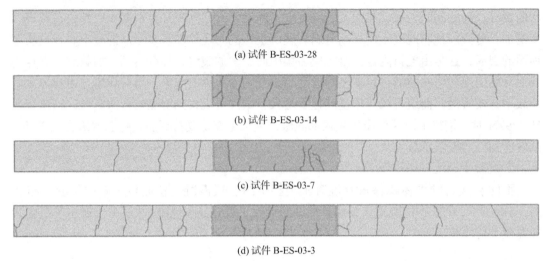

(a) 试件 B-ES-03-28

(b) 试件 B-ES-03-14

(c) 试件 B-ES-03-7

(d) 试件 B-ES-03-3

图 5.4-7　不同混凝土龄期下组合梁裂缝分布

对比图 5.4-7 中试件 B-ES-03-28、B-ES-03-14、B-ES-03-7 和 B-ES-03-3 的混凝土裂缝分布可知，当湿接缝混凝土类型及玄武岩纤维体积掺量一定时，随着湿接缝混凝土龄期从 28d 减小到 14d，湿接缝混凝土内部的裂缝数量及裂缝分布均基本相同；随着湿接缝混凝土龄期由 14d 减小至 7d，湿接缝混凝土内部的裂缝大多呈现出"短而细"的特征；随着湿接缝混凝土龄期继续缩短至 3d，湿接缝混凝土内部的裂缝表现出与试件 B-ES-03-7 相似的特征，裂缝均难以贯穿混凝土桥面板，且裂缝数量相对较少，然而，相比于试件 B-ES-03-7，试件 B-ES-03-3 预制混凝土段内的裂缝数量显著增多，裂缝发展更加充分。

3. 荷载-裂缝宽度关系

试验测得组合梁负弯矩区混凝土主裂缝的宽度 w 随荷载 P 的变化规律，如图 5.4-8 所示。

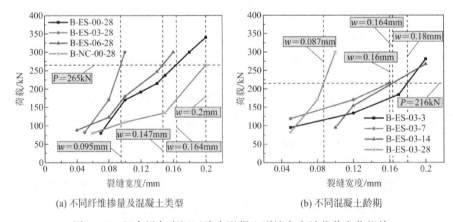

(a) 不同纤维掺量及混凝土类型

(b) 不同混凝土龄期

图 5.4-8　组合梁负弯矩区跨中混凝土裂缝宽度随荷载变化规律

对比分析试件 B-ES-00-28、B-ES-03-28 和 B-ES-06-28 的试验结果可知，当湿接缝混凝土龄期一定时，负弯矩区跨中混凝土裂缝宽度随着湿接缝中玄武岩纤维体积掺量的增加呈现先减小后增大的趋势。当荷载为 265kN 时，随着纤维体积掺量从 0 增加至 0.3%，裂缝宽度由 0.164mm 减小至 0.095mm，减小幅度为 42.1%；随着纤维体积掺量从 0.3%增加至 0.6%，裂缝宽度由 0.095mm 增加至 0.147mm，增加幅度为 54.7%；而对于纤维体积掺量从 0 增加至

0.6%，裂缝宽度减小幅度仅为 10.4%。上述分析表明，湿接缝混凝土中加入玄武岩纤维有助于延缓裂缝宽度发展，并且玄武岩纤维的体积掺量存在一个最优值。根据本试验结果可知，当湿接缝混凝土中玄武岩纤维体积掺量为 0.3% 时，组合梁负弯矩区混凝土的抗裂性能最优。

对比试件 B-ES-00-28 和 B-NC-00-28 的试验结果可知，当湿接缝采用普通混凝土时，随着荷载增加，其裂缝宽度基本上都大于采用早强低收缩 BFRC 的试件。当荷载为 265kN 时，试件 B-ES-00-28 和 B-NC-00-28 负弯矩区跨中混凝土的裂缝宽度分别为 0.164mm 和 0.2mm，前者相比后者减小幅度为 18%。由此说明，相比于普通混凝土，早强低收缩 BFRC 对组合梁负弯矩区混凝土裂缝宽度的开展起到了较好的延缓作用。

对比试件 B-ES-03-3、B-ES-03-7、B-ES-03-14 和 B-ES-03-28 试验结果可知，当荷载为 216kN 时，随着湿接缝混凝土龄期从 28d 减小至 14d，裂缝宽度由 0.087mm 增加至 0.164mm，增加幅度为 83.9%；当龄期由 14d 缩短至 7d 时，裂缝宽度从 0.164mm 减小至 0.16mm，减小约 2.4%；龄期由 7d 继续减小至 3d，裂缝宽度从 0.16mm 增加至 0.18mm，增加幅度为 12.5%。由上述分析可以看出，湿接缝混凝土龄期为 3d 时，同级荷载下裂缝宽度最大，混凝土抗裂性能较弱；湿接缝混凝土龄期为 7d 时已经达到与 14d 龄期时相当的抗裂效果，可满足实际工程中早龄期湿接缝混凝土对控制裂缝的要求。

4. 跨中截面应变分布

试验测得钢-混凝土组合梁在负弯矩作用下跨中截面应变沿梁高方向的分布情况，如图 5.4-9 所示，图中梁高原点定为钢梁底面，混凝土应变和钢筋应变为同一高度处多个应变片的平均值。

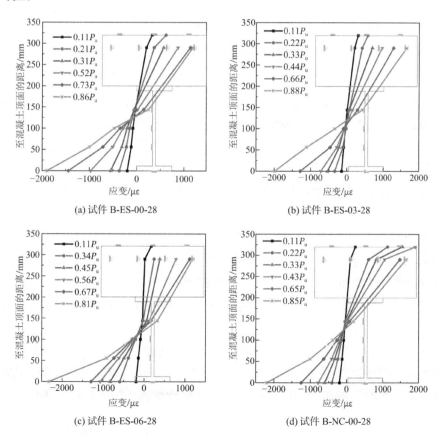

(a) 试件 B-ES-00-28

(b) 试件 B-ES-03-28

(c) 试件 B-ES-06-28

(d) 试件 B-NC-00-28

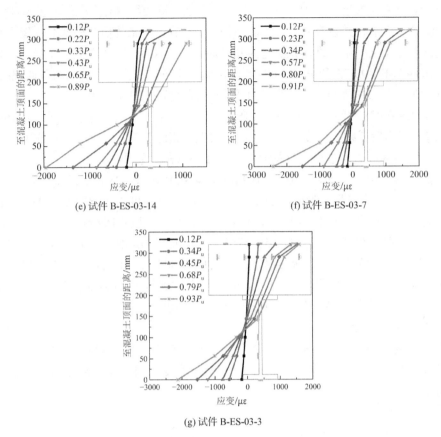

(e) 试件 B-ES-03-14　　　　　　　(f) 试件 B-ES-03-7

(g) 试件 B-ES-03-3

图 5.4-9　组合梁跨中截面应变分布

由图 5.4-9 可知，组合梁在负弯矩作用下，混凝土顶面受拉并很快达到极限拉应变；当荷载小于 $0.85P_u$ 时，随着荷载增加，跨中截面塑性中性轴逐渐下移（钢梁下翼缘方向）；当荷载超过 $0.85P_u$ 后，由于钢梁下翼缘受压屈服，荷载继续增加时，截面塑性中性轴开始上移。由于跨中截面混凝土内钢筋的配筋率为湿接缝截面配筋率的 2 倍，因此，达到极限状态时跨中截面钢筋应变并未达到屈服应变。在试件整个加载过程中，组合梁跨中截面的应变沿梁高方向近似呈线性分布，基本符合平截面假定。

5. 荷载-挠度关系

钢-混凝土组合梁各试件在负弯矩作用下的荷载-跨中挠度曲线如图 5.4-10 所示。

由图 5.4-10（a）可知，在使用阶段，即荷载水平达到 $0.5P_u$ 时，随着湿接缝混凝土中玄武岩纤维体积掺量的增加，试验梁的割线刚度逐渐降低。这表明，混凝土中掺入玄武岩纤维会在一定程度上削弱组合梁负弯矩区的抗弯刚度，且抗弯刚度的减小幅值随纤维掺量的增加而增大。

由图 5.4-10（b）可知，在荷载达到 $0.5P_u$ 时，湿接缝混凝土龄期从 28d 缩短至 7d，试验梁的割线刚度依次降低。湿接缝龄期为 3d 时试件的割线刚度不减反增，但其延性却大大降低。综合来看，湿接缝混凝土龄期减小对组合梁负弯矩区的抗弯刚度产生一定的削减。

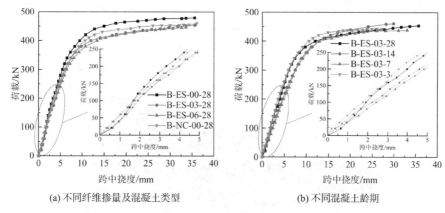

(a) 不同纤维掺量及混凝土类型　　　　　　(b) 不同混凝土龄期

图 5.4-10　组合梁荷载-跨中挠度曲线

结构延性反映的是结构进入塑性阶段直至达到极限承载力前的承载储备能力，可以用挠度进行定量评价，即延性系数μ，定义延性系数μ为极限荷载对应的跨中挠度Δ_u与钢梁首次屈服时对应的跨中挠度Δ_y的比值[3]，$\mu = \Delta_u/\Delta_y$，各试件的主要试验结果见表 5.4-2，其中，P_{cr}为开裂荷载；P_y为屈服荷载；P_u为极限荷载；δ_{cr}为开裂时的挠度；δ_y为屈服挠度；δ_u为极限挠度；k_{cr}为开裂时的刚度；k_y为屈服时的刚度。屈服点按照能量法进行选取。

主要试验结果汇总　　　　　　　　　　表 5.4-2

试件编号	P_{cr}/kN	δ_{cr}/mm	k_{cr}/（kN/mm）	P_y/kN	δ_y/mm	k_y/（kN/mm）	P_u/kN	δ_u/mm	δ_u/δ_y
B-ES-00-28	80	0.85	39.91	421.5	11.16	37.77	479	35.55	3.19
B-ES-03-28	82	1.35	44.61	411.1	12.48	32.94	454	35.6	2.85
B-ES-06-28	88	0.42	52.38	394	12.2	32.30	446	33.54	2.75
B-NC-00-28	80	0.52	61.64	416.1	11.73	35.47	460	36	3.07
B-ES-03-14	95	0.84	52.25	406.94	13.56	30.01	461	29.82	2.2
B-ES-03-7	119	1.46	39.04	400.5	12.63	31.71	438	33.01	2.61
B-ES-03-3	134	1.09	57.56	396.4	9.94	39.88	442	27.1	2.73

由表 5.4-2 可知，在 7 组合梁试件中，试件 B-ES-00-28 的延性最好，其次为 B-NC-00-28，而其余 5 组试件的延性均不大。随着玄武岩纤维体积掺量的增加，试件 B-ES-03-28 和 B-ES-06-28 的延性系数相比 B-ES-00-28 分别降低 10.7%和 13.8%；湿接缝中采用普通混凝土的试件 B-NC-00-28 的延性系数相比 B-ES-00-28 减小 3.8%；随着湿接缝混凝土龄期从 28d 依次减小至 3d，试验梁的延性系数分别降低 22.8%、8.4%、4.2%，这是由于早龄期试件的刚度较小，达到峰值荷载后组合梁的持荷能力较弱，表现为结构延性的降低。

5.4.3　钢-混凝土组合梁负弯矩区湿接缝数值模拟

1. 有限元模型建立

研究中采用 ABAQUS 软件对试验结构进行有限元分析（FEA）。混凝土板、工字钢和栓钉均采用八节点六面体减缩积分单元 C3D8R 模拟。混凝土桥面板内的钢筋采用 T3D2 线性三维桁架单元模拟。钢梁与混凝土之间采用 contact 接触模拟，法向行为采用"硬接触"，切向行为采用"罚"的摩擦公式，摩擦系数取 0.3；栓钉与钢梁顶板之间使用绑定约束。在预制混凝土与湿接缝混凝土之间插入 1 层零厚度的内聚力单元来模拟两者之间的界面。根据钢-混凝土组合梁四点弯曲试件的对称性，建立 1/2 组合梁模型，钢筋、钢梁和混凝土网格尺寸为 20mm，栓钉的网格尺寸为 6mm，共计 14965 个节点，10238 个单元，有限元模型网格划分情况如图 5.4-11 所示。

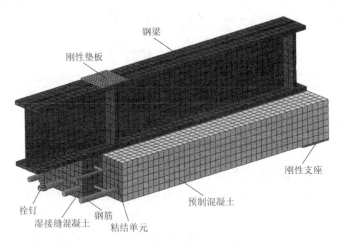

图 5.4-11　组合梁四点弯曲试件有限元模型网格划分

2. 有限元分析结果与试验结果对比

1）荷载-挠度曲线

钢-BFRC 组合梁典型试件的荷载-挠度曲线有限元分析结果与试验结果对比如图 5.4-12 所示。由图可知，在加载初期，组合梁各部分协同工作，抗弯性能良好，荷载-挠度曲线呈线性关系，结构处于弹性阶段；当荷载达到 70kN 左右时，有限元计算得到的荷载-挠度曲线的斜率开始降低，这是由于此时跨中截面附近混凝土出现较大损伤，引起组合梁刚度下降，但由于钢筋和钢梁仍能保持正常工作，故荷载随挠度依然呈线性增长；当荷载超过 330kN 后，纵向钢筋受拉屈服，荷载与跨中挠度开始呈现明显的非线性关系；此后随着荷载增加，钢梁的屈服面积逐渐增大，组合梁的截面中性轴不断上移，导致截面刚度不断降低，钢材进入塑性流动状态，组合梁跨中挠度显著增加，荷载-挠度曲线的斜率逐渐减小至零，曲线呈水平状。

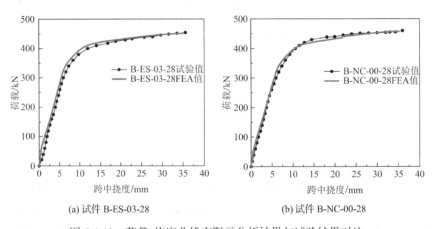

(a) 试件 B-ES-03-28　　　　　　　　(b) 试件 B-NC-00-28

图 5.4-12　荷载-挠度曲线有限元分析结果与试验结果对比

与荷载-挠度曲线的试验结果相比，有限元分析得到的荷载-挠度曲线初始刚度较大，这是由于有限元计算模型中的钢材与混凝土是理想材料，而试验梁可能存在初始材料缺陷，由此导致试验梁的刚度偏低；但当跨中混凝土损伤开裂后，有限元模型与试验的抗弯刚度趋于一致，且两者的荷载-挠度曲线也逐渐吻合。

7 根组合梁试件有限元分析得到的极限受弯承载力与试验值对比见表 5.4-3。

极限受弯承载力有限元计算值与试验值对比　　　　　　　　　表 5.4-3

试件编号	试验值F_{ut}/kN	有限元计算值F_{uFEA}/kN	误差/%
B-ES-00-28	479	461	−3.8
B-ES-03-28	454	451	−0.7
B-ES-06-28	446	444	−0.4
B-NC-00-28	460	457	−0.7
B-ES-03-14	461	447	3.0
B-ES-03-7	438	445	1.6
B-ES-03-3	442	448	1.4

由表 5.4-3 可以看出，各试件有限元分析得到的极限受弯承载力相比试验值的误差均在 3.8%以内，最小为 0.4%，说明有限元计算结果与试验结果吻合度较高，计算结果比较可靠。

2）荷载-应变关系

提取钢-BFRC 组合梁有限元模型跨中钢梁底板单元应变和纵向受拉钢筋单元应变，典型试件的有限元分析结果与试验结果对比如图 5.4-13 所示。

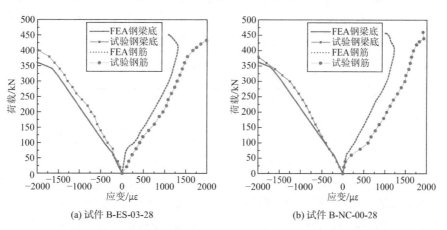

(a) 试件 B-ES-03-28　　　　　　　　　(b) 试件 B-NC-00-28

图 5.4-13　荷载-应变曲线有限元分析结果与试验结果对比

注：图中应变以受拉为正，受压为负。

由图 5.4-13 可以看出：

（1）在荷载小于 70kN 时，有限元分析得到的跨中钢筋及钢梁下翼缘的荷载-应变曲线与试验结果近乎重合；当荷载超过 70kN 后，由于各试件跨中混凝土损伤程度不同，导致两者应变值开始出现差异。但总体而言，有限元分析结果与试验结果的应变随荷载的变化规律基本一致。

（2）当荷载超过 300kN 后，组合梁跨中钢梁下翼缘逐渐受压屈服，有限元分析得到的屈服荷载相比试验结果较小，但两者钢梁压应力的变化规律较为相似；当荷载为 300kN 时，各组试件有限元分析结果与试验结果吻合程度较高。

5.4.4　考虑混凝土龄期的钢-混凝土组合梁负弯矩区裂缝分析理论

1. 组合梁负弯矩区开裂荷载研究

组合梁负弯矩区的开裂荷载同样采用弹性理论进行计算，将混凝土换算成钢材，其截面换算如图 5.4-14 所示。

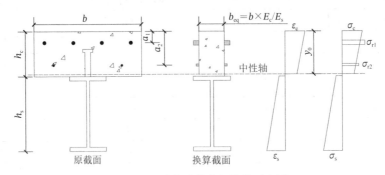

图 5.4-14　受弯试件截面换算示意图

钢-混凝土组合梁受弯试件开裂弯矩的计算式为

$$M_{cr} = \frac{f_t \alpha_E I}{y_0} \tag{5.4-1}$$

式中，f_t 为混凝土的抗拉强度；α_E 为钢材与混凝土的弹性模量之比，$\alpha_E = E_s/E_c$；I 为混凝土换算成钢材后组合截面的换算截面惯性矩；y_0 为混凝土受拉边缘到截面中性轴的距离；h_c 为混凝土桥面板高度，y_0 和 I 分别按照式(5.4-2)和式(5.4-3)计算。

$$y_0 = \frac{A_s\left(h_c + \dfrac{h_s}{2}\right) + b_{eq}h_c\dfrac{h_c}{2} + A_{r1}a_1 + A_{r2}a_2}{A_s + b_{eq}h_c + A_{r1} + A_{r2}} \tag{5.4-2}$$

$$I = I_s + A_s\left(\frac{h_s}{2} + h_c - y_0\right)^2 + \frac{1}{12}b_{eq}h_c^3 + b_{eq}h_c\left(y_0 - \frac{h_c}{2}\right)^2 + \\ A_{r1}(y_0 - a_1)^2 + A_{r2}(y_0 - a_2)^2 \tag{5.4-3}$$

式中，A_s 为工字钢梁的截面积；h_s 为工字钢梁的截面高度；b_{eq} 为混凝土的等效换算宽度，$b_{eq} = b \times E_c/E_s$，$b$ 为混凝土桥面板的宽度，E_c 为混凝土的弹性模量，E_s 为工字钢梁的弹性模量；A_{r1} 为上层受拉钢筋的截面积；A_{r2} 为下层受拉钢筋的截面积；a_1 为上层受拉钢筋形心至混凝土受拉边缘的距离；a_2 为下层受拉钢筋形心至混凝土受拉边缘的距离；I_s 为工字钢梁对自身形心轴的惯性矩，可按式(5.4-4)计算。

$$I_s = 2\left[\frac{1}{12}b_0 t^3 + b_0 t\left(\frac{h_s}{2} - \frac{t}{2}\right)^2\right] + \frac{1}{12}t_w(h_s - 2t)^3 + A_s\left(\frac{h_s}{2} + h_c - y_0\right)^2 \tag{5.4-4}$$

式中，b_0 为工字钢的翼缘宽度；t 为工字钢的翼缘高度；t_w 为工字钢的腹板厚度。

根据结构力学中四点弯曲简支梁弯矩与荷载的关系，可以得到开裂荷载 P_{cr} 为

$$P_{cr} = \frac{2M_{cr}}{L_1} = \frac{2f_t \alpha_E I}{y_0 L_1} \tag{5.4-5}$$

式中，L_1 为加载点至支座的距离。

由于湿接缝混凝土与预制混凝土交界面处的裂缝出现较早，且裂缝位置是固定的，并不满足上述计算式中对随机裂缝开裂荷载计算的要求，故对组合梁负弯矩区非接缝界面主裂缝进行开裂荷载的计算，其理论值与试验值对比见表 5.4-4。

受弯试件开裂荷载理论值与试验值对比　　　　　　　　　　表 5.4-4

试件编号	接缝界面			非接缝界面		
	理论值P_{crth}/kN	试验值P_{crt}/kN	P_{crth}/P_{crt}	理论值P_{crth}/kN	试验值P_{crt}/kN	P_{crth}/P_{crt}
B-ES-00-28	43.3	34	1.27	46.1	80	0.58
B-ES-03-28	44.6	60（0.10mm）	0.74	47.4	82	0.58
B-ES-06-28	38.9	44	0.88	41.5	88	0.47
B-NC-00-28	40.4	32.3	1.25	43.2	80	0.54
B-ES-03-14	44.8	53（0.10mm）	0.85	47.7	95（0.10mm）	0.50
B-ES-03-7	40.7	47	0.87	43.4	119	0.36
B-ES-03-3	38.2	43.7	0.87	40.8	95	0.43

注：括号内数值表示试验中初次观测到裂缝时的裂缝宽度。

由表 5.4-4 可知，根据式(5.4-5)计算的开裂荷载与试验值吻合效果较差。因此，采用接缝影响系数 η_1 和玄武岩纤维影响系数 β_f 对式(5.4-5)进行修正，此外，考虑到湿接缝混凝土龄期的影响，引入混凝土龄期影响系数 η_2，根据混凝土材料试验结果，当混凝土龄期为 14d、7d 和 3d 时，混凝土龄期影响系数 η_2 分别取为 0.98、0.88 和 0.80，修正计算式为

$$P_{cr} = \eta_1 \eta_2 (1 + \beta_f \lambda_f) \frac{2f_t \alpha_E I}{y_0 L_1} \tag{5.4-6}$$

试件接缝界面开裂荷载修正值与试验值的对比如图 5.4-15 所示，修正值与试验值的比值介于 0.81～1.02，平均值为 0.92，变异系数为 0.084，非早龄期试件的修正效果均较好。

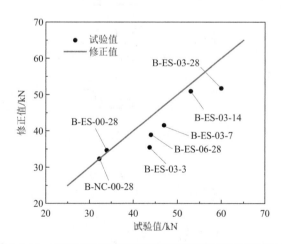

图 5.4-15　受弯试件接缝界面开裂荷载修正值与试验值对比

由表 5.4-4 中可以看出，非接缝界面主裂缝的开裂荷载理论值均远远小于试验值，表明采用式(5.4-5)计算偏于保守。

因此，对于组合梁负弯矩区非接缝界面的开裂荷载，按照式(5.4-6)进行计算。值得注意的是，根据有限元分析结果可知，湿接缝的存在延缓了组合梁负弯矩区非接缝界面的开裂，故接缝影响系数η_1的值应大于 1，依据有限元计算结果取为 1.17；对于非接缝界面，当玄武岩纤维体积掺量为 0.3%和 0.6%时，β_f分别取为 0.1 和 0.042。

按照式(5.4-6)对组合梁负弯矩区非接缝界面的开裂荷载进行修正后，修正值与试验值比值的平均值为 0.71，变异系数为 0.19，既能相对准确地对开裂荷载进行计算，又能保留一定安全度。

2. 组合梁负弯矩区裂缝宽度研究

目前，关于组合梁负弯矩区裂缝宽度的计算均基于《混凝土结构设计规范》GB 50010—2010[4]建立，区别在于通过试验研究考虑了不同因素对裂缝宽度的影响，其基本形式为

$$\omega_{\max} = \alpha_{\mathrm{cr}}\varphi\frac{\sigma_{\mathrm{rk}}}{E_{\mathrm{r}}}l_{\mathrm{cr}} \tag{5.4-7}$$

$$\varphi = 1.1 - 0.65\frac{f_{\mathrm{tk}}}{\rho_{\mathrm{te}}\sigma_{\mathrm{rk}}} \tag{5.4-8}$$

$$l_{\mathrm{cr}} = 1.9c + 0.08\frac{d_{\mathrm{eq}}}{\rho_{\mathrm{te}}} \tag{5.4-9}$$

式中，α_{cr}为构件的受力特征系数；φ为钢筋拉应力不均匀系数，当$\varphi < 0.2$时，取$\varphi = 0.2$；当$\varphi > 1.0$时，取$\varphi = 1.0$；σ_{rk}为纵向钢筋等效应力；l_{cr}为裂缝间距；E_{r}为钢筋弹性模量；ρ_{te}为纵向受拉钢筋配筋率；d_{eq}为受拉钢筋有效直径；c为最外层钢筋保护层厚度。

文献[5]中的修正计算式：

$$\varphi = 1.1 - 0.65\frac{(1 - 0.12r^2)f_{\mathrm{tk}}}{\rho_{\mathrm{te}}\sigma_{\mathrm{rk}}} \tag{5.4-10}$$

$$l_{\mathrm{cr}} = 1.9c + \frac{0.08}{(\rho_{\mathrm{te}}/d_{\mathrm{eq}}) + 0.04(R_{\mathrm{p}}^2/p)} \tag{5.4-11}$$

文献[6]中的修正计算式：

$$\varphi = 1.1 - \frac{1.5R_{\mathrm{p}}f_{\mathrm{tk}}}{\rho_{\mathrm{te}}\sigma_{\mathrm{rk}}} \tag{5.4-12}$$

$$l_{\mathrm{cr}} = 1.1\left(2.7c + \frac{0.11}{(\rho_{\mathrm{te}}/d_{\mathrm{eq}}) + 0.25(R_{\mathrm{p}}^2/p)}\right)\nu \tag{5.4-13}$$

文献[7]中的修正计算式：

$$\varphi = 1.1 - 0.65\frac{f_{\mathrm{tk}}\sqrt{R_{\mathrm{p}}}}{\rho_{\mathrm{te}}\sigma_{\mathrm{rk}}} \tag{5.4-14}$$

$$l_{\mathrm{cr}} = l_{\mathrm{a}}(1 - R_{\mathrm{p}}^3) \tag{5.4-15}$$

文献[8]中的修正计算式：

$$\varphi = 1.1 - 0.65\frac{f_{\mathrm{tk}}\sqrt{R_{\mathrm{p}}}}{\rho_{\mathrm{te}}\sigma_{\mathrm{rk}}p^{1/3}} \tag{5.4-16}$$

$$l_{\mathrm{cr}} = \left(1.9c + 0.08\frac{d_{\mathrm{eq}}}{\rho_{\mathrm{te}}}\right)\sqrt[3]{\beta} \tag{5.4-17}$$

式中，r为钢梁与混凝土板的高度比，$r = h_{\mathrm{s}}/h_{\mathrm{c}}$；$l_{\mathrm{a}}$为横向钢筋间距；$\nu$为钢筋的相对粘结特征系数，带肋钢筋为 0.7，光圆钢筋为 1.0；$\beta = L/p$，L为组合梁负弯矩区长度，p为栓钉间距；R_{p}为截面综合力比，根据文献[9]，组合梁的力比$R_{\mathrm{p}} = A_{\mathrm{r}}f_{\mathrm{ry}}/A_{\mathrm{s}}f_{\mathrm{y}}$，其中$A_{\mathrm{r}}$为纵向

钢筋总面积；f_{ry} 为钢筋屈服强度；A_s 为钢梁截面面积，f_y 为钢梁屈服强度。

1）裂缝间距计算结果对比

本书中 r 取为 1.67，p 取为 125mm，R_p 取为 0.13，ρ_{te} 取为 1.4%，d_{eq} 取为 10.8mm，c 取为 30mm，l_a 取为 200mm。根据上述计算式得到平均裂缝间距见表 5.4-5。

由于本试件的截面综合力比较小，导致修正计算式中修正项 R_p^2/p 可以忽略不计，按照文献[5]与规范[4]的计算结果几乎一致，比试验所测裂缝间距小得多；文献[6]尽管将组合梁负弯矩区按照轴心受拉构件处理，但其计算结果依然偏小；文献[7]中的裂缝宽度修正公式计算结果与本试验实测值较为接近，但该计算式未考虑不同混凝土材料特性的影响，本文中的试件不可笼统地按照该计算式计算；文献[8]中的裂缝宽度修正计算式主要针对集簇式栓钉连接的组合梁，对本文并不适用。

平均裂缝间距（单位：mm） 表 5.4-5

试件编号	计算值					试验值
	GB 50010—2010	文献[5]	文献[6]	文献[7]	文献[8]	
B-ES-00-28						237.6
B-ES-03-28						196.8
B-ES-06-28						219.3
B-NC-00-28	118.7	118.5	126.0	199.6	299.1	225.5
B-ES-03-14						203.8
B-ES-03-7						214.5
B-ES-03-3						232.9

由表 5.4-5 可知，各试件的平均裂缝间距实测值范围为 196.8～237.6mm，与横向钢筋平均间距 200mm 较为接近；试件 B-ES-00-28、B-ES-03-28 和 B-ES-06-28 的平均裂缝间距呈现先减小后增加的趋势，表明湿接缝中掺入一定的玄武岩纤维可减小裂缝间距；由试件 B-ES-03-28、B-ES-03-14、B-ES-03-7 和 B-ES-03-3 的对比可知，随着湿接缝龄期增加，组合梁的平均裂缝间距有逐渐减小的趋势。

钢-混凝土组合梁负弯矩区混凝土受拉开裂后，裂缝截面混凝土退出工作，钢筋承担的拉应力迅速增加，但各裂缝之间的截面混凝土仍然发挥一定的抗拉作用，钢筋应力沿纵向发生变化，其表面存在一定粘结应力，从而使混凝土内钢筋的平均应变小于钢筋单独受力时的相应应变，有利于减小裂缝宽度[10]；当混凝土强度提高时，它与钢筋的化学粘结力和机械咬合力随之增加，提高了钢筋的极限粘结强度和粘结刚度。为此，需考虑湿接缝龄期和玄武岩纤维的影响对裂缝间距计算式进行修正。

2）裂缝间距计算式修正

本书的试验结果和文献[11]、[7]均表明横向钢筋间距对裂缝间距起控制作用，因此，将横向钢筋作为主要研究因素，并考虑混凝土龄期和玄武岩纤维体积掺量的影响，对裂缝间距计算式作出如下修正：

$$l_{cr} = 1.245(1.79 \times 10^4 \rho_b^2 - 123\rho_b + 1.207)l_a(1 - R_p^3)t^{-0.073} \tag{5.4-18}$$

式中，ρ_b 为玄武岩纤维体积掺量；l_a 为横向钢筋间距；R_p 为截面综合力比；t 为混凝土龄期。

采用式(5.4-18)计算本试验的混凝土裂缝间距与试验值对比如图 5.4-16 所示。由图可知，式(5.4-18)的计算结果与试验值吻合良好，误差均在 3%以内。

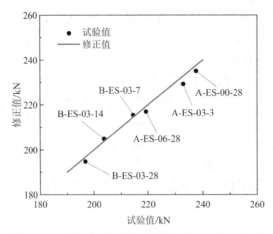

图 5.4-16　受弯试件裂缝间距修正值与试验值对比

3）裂缝宽度计算结果对比

裂缝宽度计算式(5.4-7)中，钢筋应力σ_{rk}的计算式为

$$\sigma_{rk} = \frac{M_{cr}y_r}{I_0} \tag{5.4-19}$$

式中，M_{cr}为开裂截面处的弯矩；y_r为纵向受拉钢筋受拉合力作用点到换算截面中和轴的距离；I_0为忽略混凝土截面的换算截面惯性矩。

根据组合梁的受弯特性，受力特征系数α_{cr}取为 1.9；裂缝间纵向受拉钢筋应变不均匀系数φ按式(5.4-12)计算；裂缝间距l_{cr}按式(5.4-18)计算。

因此，非接缝界面的最大裂缝宽度修正计算式为

$$\omega_{fmax} = \eta_1(1 - \beta_f\lambda_f)\alpha_{cr}\varphi\frac{\sigma_{rk}}{E_r}l_{cr} \tag{5.4-20}$$

式中，接缝影响系数η_1在混凝土龄期为 28d 时取为 0.5，在早龄期的情况下，湿接缝对非接缝界面裂缝宽度的减小作用与早龄期混凝土对裂缝宽度的扩大作用在一定程度上有所抵消，根据试验结果取为 0.8；玄武岩纤维影响系数β_f根据本书第 5.3 节非接缝区域开裂荷载的计算结果取值，当玄武岩纤维体积掺量为 0.3%和 0.6%时，β_f分别取为 0.1 和 0.042。

湿接缝混凝土中考虑玄武岩纤维体积掺量试件的裂缝宽度计算结果对比如图 5.4-17所示。

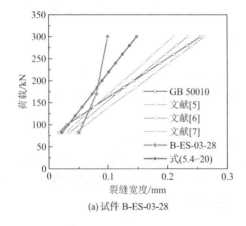

(a) 试件 B-ES-03-28

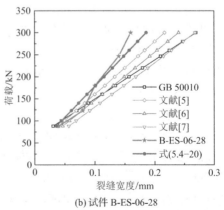

(b) 试件 B-ES-06-28

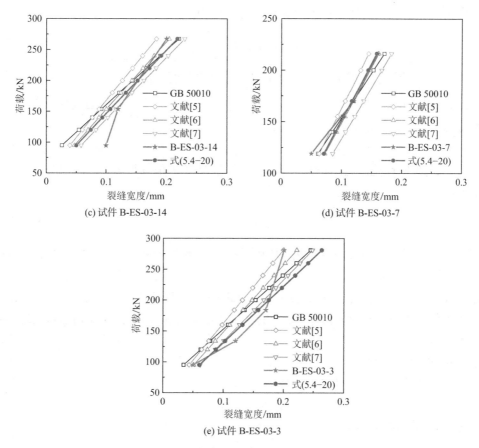

图 5.4-17　组合梁试件裂缝宽度计算结果对比

由图 5.4-17 可知，对于试件 B-ES-03-28 和 B-ES-06-28，采用规范及文献[5]、[6]和[7]的裂缝宽度计算值相比试验值明显偏大，而采用修正计算式(5.4-20)得到的裂缝宽度与试验值吻合较好。因此表明式(5.4-20)对于不考虑混凝土龄期的组合梁负弯矩区非接缝界面裂缝宽度的计算具有较大的优越性。值得注意的是，由于裂缝宽度的变异性很大，难以在理论上准确计算，仍需通过大量的试验研究才能得出更为合理的影响规律。

5.5　钢-混凝土组合梁徐变效应

5.5.1　混凝土收缩徐变模型

目前，被工程界和学术界普遍接受的混凝土收缩徐变模型主要包括：欧洲混凝土协会（CEB）建议的 CEB78 模型和 CEB90 模型，美国混凝土协会（ACI）建议的 ACI209 模型，美国西北大学 Bazant 教授提出并被国际材料与结构研究实验室联合会（RILEM）采用的 B3 模型以及 Garder 与 Lockman 提出的 GL2000 模型等。

1. CEB78 模型

CEB78 模型将徐变分为可恢复徐变和不可恢复徐变，其表达式为

$$\phi(t,\tau) = \beta_a(\tau) + 0.40\beta_d(t-\tau) + \phi_f[\beta_f(t) - \beta_f(\tau)] \tag{5.5-1}$$

式中第一项为加载初期不可恢复徐变，可表示为

$$\beta_a(\tau) = 0.8\left[1 - \frac{R(\tau)}{R(\infty)}\right] \tag{5.5-2}$$

式中，$\frac{R(\tau)}{R(\infty)}$为混凝土龄期为$\tau$时混凝土强度和最终强度之比。

式(5.5-1)中，第二项$\beta_d(t-\tau)$为随时间增长的滞后弹性应变，一般通过查表求得；第三项中ϕ_f为流塑系数，其定义为

$$\phi_f = \phi_{f1} \cdot \phi_{f2} \tag{5.5-3}$$

式中，ϕ_{f1}为依环境而定的系数；ϕ_{f2}为依理论厚度h（单位为 mm）而定的系数。理论厚度h定义为

$$h = \lambda \frac{2A_h}{u} \tag{5.5-4}$$

式中，λ为依环境而定的参数；A_h为构件混凝土横截面面积；u为构件与大气接触周长。

式(5.5-1)第三项中$\beta_f(t)$为随混凝土龄期而增长的滞后塑性应变，与理论厚度h有关。

CEB78 模型中徐变系数计算的各个系数是以曲线或者表格方式给出的，对于有限元分析非常不方便。为便于有限元计算分析，肖汝城[12]、童育强[13]分别给出了$\beta_a(\tau)$、$\beta_d(t-\tau)$、ϕ_{f2}和$\beta_f(t)$的拟合计算式。

2. CEB90 模型

该模型定义由应力引起的长期应变为

$$\varepsilon(t,\tau) = \sigma \cdot J(t,\tau) \tag{5.5-5}$$

式中，τ和t分别为加载龄期和计算龄期；$J(t,\tau)$为徐变度，定义为

$$J(t,\tau) = \frac{1}{E_c(\tau)} + \frac{1}{E_c}\phi(t,\tau) \tag{5.5-6}$$

式中，$E_c(\tau)$为加载龄期时混凝土的弹性模量；E_c为 28d 龄期时混凝土的弹性模量；$\phi(t,\tau)$为工程中常说的徐变系数。

对于式(5.5-6)涉及的不同龄期下混凝土弹性模量发展方程，定义为

$$E_c(\tau) = E_c\sqrt{\exp\left\{s\left(1 - \sqrt{\frac{28}{\tau}}\right)\right\}} \tag{5.5-7}$$

$$E_c = 2.15 \times 10^4 \left[\frac{f_{ck}+8}{10}\right]^{\frac{1}{3}} \tag{5.5-8}$$

式中，f_{ck}为混凝土抗压强度标准值；s为与水泥品种相关的常数，对于快干高强水泥、快干普通水泥和慢干水泥，s分别取为 0.20、0.25 和 0.30。

徐变系数$\phi(t,\tau)$的计算表达式为

$$\phi(t,\tau) = \phi_0 \cdot \beta_c(t-\tau) \tag{5.5-9}$$

式中，ϕ_0为名义徐变系数；$\beta_c(t-\tau)$为徐变发展方程。

名义徐变系数ϕ_0计算式为

$$\phi_0 = \varphi_{RH}\beta(f_{cm})\beta(\tau) \tag{5.5-10}$$

其中

$$\varphi_{\mathrm{RH}} = 1 + \frac{1 - H}{0.46\left(\dfrac{h}{100}\right)^{\frac{1}{3}}} \tag{5.5-11}$$

$$\beta(f_{\mathrm{cm}}) = \frac{5.3}{\sqrt{0.1 f_{\mathrm{cm}}}} \tag{5.5-12}$$

$$\beta(\tau) = \frac{1}{0.1 + \tau^{0.2}} \tag{5.5-13}$$

式中，H 为环境湿度（用小数表示）；h 为截面等效高度（单位为 mm），定义为

$$h = 2\frac{A_{\mathrm{c}}}{u} \tag{5.5-14}$$

式中，A_{c} 为构件混凝土横截面面积；u 为构件与大气接触周长。式(5.5-10)中，f_{cm} 为混凝土 28d 抗压强度平均值（单位为 MPa），定义为

$$f_{\mathrm{cm}} = f_{\mathrm{ck}} + 8 \tag{5.5-15}$$

徐变发展方程 $\beta_{\mathrm{c}}(t - \tau)$ 定义为

$$\beta_{\mathrm{c}}(t - \tau) = \left[\frac{t - \tau}{\beta_{\mathrm{H}} + (t - \tau)}\right]^{0.3} \tag{5.5-16}$$

其中

$$\beta_{\mathrm{H}} = 150\left[1 + (1.2H)^{18}\right]\frac{h}{100} + 250 \leqslant 1500 \tag{5.5-17}$$

CEB90 模型收缩应变发展方程定义为

$$\varepsilon_{\mathrm{cs}}(t, t_{\mathrm{s}}) = \varepsilon_{\mathrm{cs0}}\beta_{\mathrm{s}}(t - t_{\mathrm{s}}) \tag{5.5-18}$$

式中，$\beta_{\mathrm{s}}(t - t_{\mathrm{s}})$ 为收缩发展方程；$\varepsilon_{\mathrm{cs0}}$ 为收缩终极值，定义为

$$\varepsilon_{\mathrm{cs0}} = \varepsilon_{\mathrm{s}}(f_{\mathrm{cm}})\beta_{\mathrm{RH}} \tag{5.5-19}$$

其中

$$\varepsilon_{\mathrm{s}}(f_{\mathrm{cm}}) = \left[160 + 10\beta_{\mathrm{sc}}\left(9 - \frac{f_{\mathrm{cm}}}{10}\right)\right] \times 10^{-6} \tag{5.5-20}$$

$$\beta_{\mathrm{RH}} = \begin{cases} -1.55(1 - H^3) & 0.4 \leqslant H \leqslant 0.99 \\ 0.25 & H > 0.99 \end{cases} \tag{5.5-21}$$

式中，β_{sc} 为与水泥品种相关的参数，对于快干高强水泥、快干普通水泥和慢干水泥，β_{sc} 分别取为 8、5 和 4。

收缩发展方程 $\beta_{\mathrm{s}}(t - t_{\mathrm{s}})$ 定义为

$$\beta_{\mathrm{s}}(t - t_{\mathrm{s}}) = \left[\frac{t - t_{\mathrm{s}}}{350\left(\dfrac{h}{100}\right)^2 + t - t_{\mathrm{s}}}\right]^{0.5} \tag{5.5-22}$$

式中，t_{s} 为收缩开始时间，也即潮湿养护结束时间。

3. ACI209 模型

ACI209 模型中关于徐变度的定义与式(5.5-6)略有不同，具体表达式为

$$J(t, \tau) = \frac{1}{E_{\mathrm{c}}(\tau)} + \frac{1}{E_{\mathrm{c}}(\tau)}\phi(t, \tau) \tag{5.5-23}$$

可以发现，ACI209 模型在计算瞬时弹性变形和徐变变形时均采用了 τ 时刻的弹性模量，计算式为

$$E_c(\tau) = 0.04326\sqrt{\rho^3 f_{cm}\left(\frac{\tau}{a + b\tau}\right)} \tag{5.5-24}$$

式中，ρ 为混凝土密度（单位为 kg/m^3）；f_{cm} 为混凝土 28d 抗压强度平均值（单位为 MPa）；常数 a 和 b 的取值与水泥种类和养护条件有关。

徐变系数 $\phi(t, \tau)$ 定义为

$$\phi(t, \tau) = \frac{(t - \tau)^{0.6}}{10 + (t - \tau)^{0.6}}\varphi_\infty(\tau) \tag{5.5-25}$$

式中，$\varphi_\infty(\tau)$ 为徐变系数终极值。

ACI209 模型收缩应变发展方程定义为

$$\varepsilon_{cs}(t, t_s) = \begin{cases} \dfrac{(t - t_s)}{35 + (t - t_s)}\varepsilon_{sh\infty} & \text{潮湿养护} \\[3mm] \dfrac{(t - t_s)}{55 + (t - t_s)}\varepsilon_{sh\infty} & \text{蒸汽养护} \end{cases} \tag{5.5-26}$$

式中，t_s 为收缩开始时间；$\varepsilon_{sh\infty}$ 为收缩终极值。

5.5.2 复杂应力历程下的徐变效应分析理论

混凝土收缩是一个与应力历程无关的物理现象，分析过程相对简单，可以归结为类似于降温过程的初应变问题进行解决。混凝土徐变效应与结构的应力历程密切相关，分析计算比收缩效应要困难、复杂得多。

1. 按照龄期调整的有效模量法

当叠加原理成立时，对于变应力作用下混凝土的徐变应变可以写为

$$\varepsilon(t, \tau) = \int_\tau^t J(t, t')\,d\sigma(t') \tag{5.5-27}$$

可见，求解变应力作用下的徐变问题需要求解一个积分方程，这在实际工程分析中是非常不方便的，因此需要寻求便于应用的近似算法，按照龄期调整的有效模量法就是其中最高效和常用的一种。Bazant 等[14]将结构根据复杂程度由低到高分为 5 级，对于第 4 级结构，即大跨度桥梁和大型建筑等结构，建议采用按照龄期调整的有效模量法计算徐变效应。

对于任意 t 时刻，连续变化的应变与应力的关系可以表示为

$$\varepsilon(t) = \sigma(\tau) \cdot \frac{[1 + \phi(t, \tau)]}{E(\tau)} + \int_\tau^t \frac{\partial\sigma(t')}{\partial t'} \cdot \frac{[1 + \phi(t, t')]}{E(t')}\,dt' \tag{5.5-28}$$

式中，τ 为加载时混凝土龄期；t 为计算应变时的混凝土龄期。

定义徐变应力和徐变应变为

$$\sigma_s(t) = \sigma(t) - \sigma(\tau) \tag{5.5-29}$$

$$\varepsilon_s(t) = \varepsilon(t) - \varepsilon(\tau) \tag{5.5-30}$$

若假定混凝土弹性模量为常数，式(5.5-28)可以写为

$$\varepsilon_s(t) = \sigma(\tau) \cdot \frac{\phi(t, \tau)}{E} + \frac{\sigma_s(t) - \sigma_s(\tau)}{E} + \int_\tau^t \frac{\partial\sigma_s(t')}{\partial t'} \cdot \frac{\phi(t, t')}{E}\,dt' \tag{5.5-31}$$

利用积分中值定理，同时注意到 $\sigma_s(\tau) = 0$，则上式成为

$$\varepsilon_{\mathrm{s}}(t) = \sigma(\tau) \cdot \frac{\phi(t,\tau)}{E} + \frac{\sigma_{\mathrm{s}}(t)}{E}\big[1 + \phi(t,\tau_{\xi})\big] \tag{5.5-32}$$

其中

$$\phi(t,\tau_{\xi}) = \frac{\displaystyle\int_{\tau}^{t} \frac{\partial \sigma_{\mathrm{s}}(t')}{\partial t'} \cdot \phi(t,t')\,\mathrm{d}t'}{\sigma_{\mathrm{s}}(t)} \tag{5.5-33}$$

其中，参数 τ_{ξ} 满足 $\tau \leqslant \tau_{\xi} \leqslant t$，即 $0 \leqslant \phi(t,\tau_{\xi}) \leqslant \phi(t,\tau_0)$。

令 $\phi(t,\tau_{\xi}) = \rho \cdot \phi(t,\tau_0)$，其中 ρ 被称为时效函数（老化系数、松弛系数），是与时间 t 相关的函数，反映混凝土的老化性质。则式 (5.5-32) 可以重新写为

$$\varepsilon_{\mathrm{s}}(t) = \sigma(\tau) \cdot \frac{\phi(t,\tau)}{E} + \frac{\sigma_{\mathrm{s}}(t)}{E_{\phi}} \tag{5.5-34}$$

式中，E_{ϕ} 为按龄期调整的有效弹性模量或徐变等效弹性模量，即

$$E_{\phi} = \frac{E}{1 + \rho \cdot \phi(t,\tau_0)} \tag{5.5-35}$$

在实际计算中，不必过分追求老化系数的精确程度，因为徐变计算误差影响最大的方面还在于徐变系数的选择。老化系数一般在 0.5～1 之间，可取为 0.8。

式 (5-59) 可以重新写为

$$\sigma_{\mathrm{s}}(\tau) = E_{\phi}\left[\varepsilon_{\mathrm{s}}(t) - \sigma(\tau) \cdot \frac{\phi(t,\tau)}{E}\right] \tag{5.5-36}$$

记

$$\varepsilon_{\mathrm{e}} = \frac{\sigma(\tau)}{E} \tag{5.5-37}$$

则，式 (5.5-36) 可以写为

$$\sigma_{\mathrm{s}}(\tau) = E_{\phi}[\varepsilon_{\mathrm{s}}(t) - \varepsilon_{\mathrm{e}} \cdot \phi(t,\tau)] \tag{5.5-38}$$

从上式可以看出，求解混凝土徐变问题实际上可以等效为求解初应变为 $\varepsilon_{\mathrm{e}} \cdot \phi(t,\tau)$ 的初应变问题。

在钢筋混凝土结构中，即便在正常使用状态下，混凝土的压应力低于 $0.5f_{\mathrm{c}}$ 时，也有可能出现混凝土开裂等非线性行为。因而，如果同时考虑开裂非线性与徐变的耦合效应，需要采取迭代算法求解。

2. 基于退化梁单元的考虑施工阶段徐变效应有限元分析原理

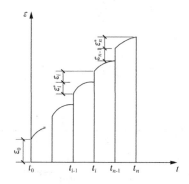

图 5.5-1　徐变应变与时间的关系

在退化梁单元的有限元分析中，是以应变作为基本变量的，因而，下文讨论均以应变为基本变量展开。

如图 5.5-1 所示，ε_i 表示 t_i 时刻的瞬时弹性应变增量，ε_i^* 表示 $t_{i-1} \to t_i$ 阶段由应力重分配产生的弹性应变增量，则 t_n 和 t_{n-1} 时刻的徐变应变为

$$\varepsilon_n^s = \sum_{i=0}^{n-1} \varepsilon_i \cdot \phi(t_n, t_i) + \sum_{i=1}^{n} \int_{t_{i-1}}^{t_i} \frac{\partial \varepsilon^*(t')}{\partial t'} \cdot [1 + \phi(t_n, t')] \, \mathrm{d}t' \tag{5.5-39}$$

$$\varepsilon_{n-1}^s = \sum_{i=0}^{n-1} \varepsilon_i \cdot \phi(t_{n-1}, t_i) + \sum_{i=1}^{n-1} \int_{t_{i-1}}^{t_i} \frac{\partial \varepsilon^*(t')}{\partial t'} \cdot [1 + \phi(t_{n-1}, t')] \, \mathrm{d}t' \tag{5.5-40}$$

定义 $t_{n-1} \to t_n$ 阶段的徐变应变增量为

$$\varepsilon_n = \varepsilon_n^s - \varepsilon_{n-1}^s \tag{5.5-41}$$

将式(5.5-39)和式(5.5-40)代入式(5.5-41)得

$$\varepsilon_n = \sum_{i=0}^{n-1} \varepsilon_i \cdot [\phi(t_n, t_i) - \phi(t_{n-1}, t_i)] + \sum_{i=1}^{n-1} \int_{t_{i-1}}^{t_i} \frac{\partial \varepsilon^*(t')}{\partial t'} \cdot [\phi(t_n, t') - \phi(t_{n-1}, t')] \, \mathrm{d}t' + $$
$$\int_{t_{n-1}}^{t_n} \frac{\partial \varepsilon^*(t')}{\partial t'} \cdot [1 + \phi(t_n, t')] \, \mathrm{d}t' \tag{5.5-42}$$

根据按龄期调整有效模量法原理，上式可以写为

$$\varepsilon_n = \sum_{i=0}^{n-1} \varepsilon_i \cdot [\phi(t_n, t_i) - \phi(t_{n-1}, t_i)] + \sum_{i=1}^{n-1} \varepsilon_i^* \cdot [\phi(t_n, t_\zeta) - \phi(t_{n-1}, t_\zeta)] + $$
$$\varepsilon_n^* \cdot [1 + \rho(t_n, t_{n-1}) \cdot \phi(t_n, t_{n-1})] \tag{5.5-43}$$

引入系数

$$\phi_{ni} = \phi(t_n, t_i) - \phi(t_{n-1}, t_i) \tag{5.5-44}$$

$$\overline{\phi}_{ni} = \phi(t_n, t_\zeta) - \phi(t_{n-1}, t_\zeta) \tag{5.5-45}$$

对于一般工程计算，$\overline{\phi}_{ni}$ 可以近似取为

$$\overline{\phi}_{ni} \approx \phi(t_n, t_{i-1/2}) - \phi(t_{n-1}, t_{i-1/2}) \tag{5.5-46}$$

其中

$$t_{i-1/2} = \frac{1}{2}(t_i + t_{i-1}) \tag{5.5-47}$$

则，式(5.5-43)可以重新写为

$$\varepsilon_n = \sum_{i=0}^{n-1} \varepsilon_i \cdot \phi_{ni} + \sum_{i=0}^{n-1} \varepsilon_i^* \cdot \overline{\phi}_{ni} + \varepsilon_n^* \cdot \frac{1}{\gamma(t_n, t_{n-1})} \tag{5.5-48}$$

其中

$$\gamma(t_n, t_{n-1}) = \frac{1}{[1 + \rho(t_n, t_{n-1}) \cdot \phi(t_n, t_{n-1})]} \tag{5.5-49}$$

记

$$\varepsilon_n' = \sum_{i=0}^{n-1} \varepsilon_i \cdot \phi_{ni} + \sum_{i=0}^{n-1} \varepsilon_i^* \cdot \overline{\phi}_{ni} \tag{5.5-50}$$

则，式(5.5-48)可以写为

$$\varepsilon_n^* = \gamma(t_n, t_{n-1}) \cdot [\varepsilon_n - \varepsilon_n'] \tag{5.5-51}$$

与之对应的$t_{n-1} \to t_n$阶段的弹性应力增量写为

$$\sigma_n^* = \gamma(t_n, t_{n-1}) \cdot E \cdot [\varepsilon_n - \varepsilon_n'] \tag{5.5-52}$$

于是，$t_{n-1} \to t_n$阶段由于徐变引起的弹性应变和应力增量的求解可归结为式(5.5-52)所表述的初应变问题。

5.5.3　物理、几何与时间非线性耦合分析

实际工程中，混凝土在使用过程往往会出现开裂，即物理非线性和收缩徐变等时变效应存在耦合情况。同时，对于一些大跨度和高耸结构，又有一定的几何非线性行为。因而，实际工程中往往会出现物理、几何和时间非线性相互耦合的情况。若采用传统的经典梁单元，处理这一问题存在很大的困难。本书第 3 章介绍的退化梁单元可以方便地处理这一问题。

国际材料与结构研究实验室联合会（RILEM）的 TC114/3 委员会于 1993 年给出了 8 个混凝土结构和材料的徐变行为的验证算例（Benchmark Example）[6]。其中，验证算例 1 是关于钢筋混凝土梁的徐变问题，重点考察混凝土开裂非线性与徐变效应的耦合作用；验证算例 2 是关于钢筋混凝土细长柱的徐变失稳问题，重点考察几何非线性行为与徐变效应耦合问题。本节将结合试验介绍退化梁单元在考虑材料、几何和时变非线性耦合分析中的应用。

1. 钢筋混凝土简支梁（RILEM 验证算例 1）

共进行了 5 根钢筋混凝土简支梁的收缩徐变试验，如图 5.5-2 所示。构件制作完成后外包帆布养护 7d，拆除外包帆布后在 60% 的恒定湿度和 20℃ 的恒定温度下开展长期收缩徐变试验。

除承受 24.53kN/m³ 的自重荷载外，5 根试验梁承受的外加持续荷载 P 分别为：5.77kN、12.19kN、18.61kN、25.04kN 和 31.45kN。P 的施加龄期为 28d。其中，$P = 5.77$kN 的梁处于未开裂状态，$P = 12.19$kN 的梁处于裂缝刚好形成的状态，其余 3 根梁均处于开裂状态。

按照荷载 P 由小到大的顺序，5 根梁实测的混凝土同期试块的抗压强度分别为：28.8MPa、29.4（32.9）MPa、30.9MPa、29.4（32.0）MPa 和 29.3MPa。其中，带括号的数据代表该荷载水平下共进行了 2 根梁的试验。

本算例中，采用 CEB90 模型进行计算分析。图 5.5-3～图 5.5-5 给出了 $P = 5.77$kN、18.61kN、31.45kN 时梁的跨中长期变形计算结果。为了对比分析，同时给出了不考虑混凝土开裂的线性分析结果，以及文献[15]中采用 DIANA 程序的计算结果。

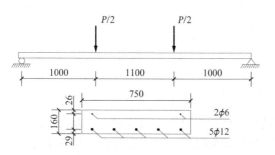

图 5.5-2　钢筋混凝土简支梁尺寸和配筋（单位：mm）

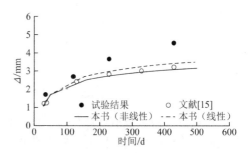

图 5.5-3　跨中长期变形（$P = 5.77$kN）

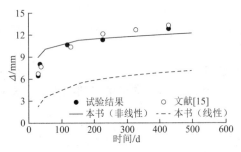

图 5.5-4　跨中长期变形（$P = 18.61$kN）

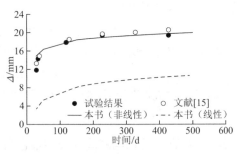

图 5.5-5　跨中长期变形（$P = 31.45$kN）

从图 5.5-3～图 5.5-5 可以看出，除荷载较小的梁（$P = 5.77$kN）外，有限元分析均较好地反映了试验结果。同时发现，对于开裂的钢筋混凝土简支梁，如果在长期变形分析时不考虑混凝土开裂引起结构刚度降低的影响，将明显低估结构的长期变形量。

2. 钢筋混凝土细长柱（RILEM 验证算例 2）

共进行了 3 根钢筋混凝土细长柱试验，如图 5.5-6 所示，构件为矩形截面，截面尺寸为 $b \times h = 200$mm $\times 150$mm，柱长 2250mm，约束形式为一端固结一端自由。在四个角点位置各布置 1 根钢筋，钢筋直径 12mm，保护层厚 14mm。

构件制作完成，水平放置，外包帆布养护 7d 后，拆除外包帆布在 55% 的恒定湿度和 21℃ 的恒定温度下开展试验。

试验荷载为偏心压力，偏心方向为短边方向，偏心距 $e = 0.1h = 15$mm。3 个构件的加载工况如下。

构件一：混凝土龄期为 28d 时，一直加载直至结构破坏（本构件钢筋屈服强度为 465MPa）。

构件二：混凝土龄期为 28d 时，加载至 280kN，保持荷载不变，直至构件发生失稳破坏（本构件钢筋屈服强度为 468MPa）。

构件三：混凝土龄期为 28d 时，加载至 250kN，持荷 206d 后，继续加载直至构件破坏（本构件钢筋屈服强度为 487MPa）。

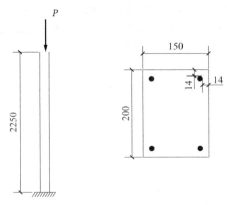

图 5.5-6　钢筋混凝土柱几何尺寸及配筋（单位：mm）

对该试验进行数值计算分析。由于试验的重点考察对象为细长柱，因而计算时必须考虑几何非线性的影响。同时，3 个构件最后都加载至破坏，材料非线性在计算中也需要考虑。因而，本算例集中考察了在材料非线性、几何非线性和收缩徐变时变效应耦合作用下的结构行为。图 5.5-7 与图 5.5-8 分别给出了构件一与构件三的荷载-柱顶横向位移曲线，图 5.5-9 给出了构件二的柱顶横向位移随时间变化曲线。

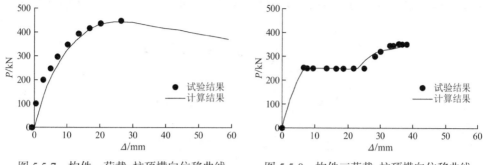

图 5.5-7　构件一荷载-柱顶横向位移曲线　　图 5.5-8　构件三荷载-柱顶横向位移曲线

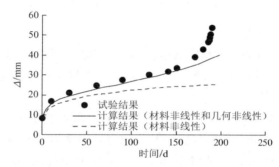

图 5.5-9　构件二柱顶横向位移随时间变化曲线

综上可以看出，有限元分析均较好地反映了试验结果。构件二在试验后期，混凝土柱进入徐变失稳状态，计算结果与试验结果有一定差异，但此时，由图 5.5-9 可以看出，计算结果也趋于发散，进入失稳状态；图中同时给出了不考虑几何非线性效应的对比分析结果，可以看出，若不考虑几何非线性效应，柱位移远小于试验结果，柱的最后破坏是由于材料压溃引起。因此，在混凝土长柱及细长柱的收缩徐变效应分析中，几何非线性是不可以忽略的。

5.5.4　钢-混凝土组合梁收缩徐变效应分析

1. 钢-混凝土组合简支梁

Gilbert 和 Bradford 在 1991 年完成了一根钢-混凝土组合简支梁的收缩徐变长期变形试验[16]，试验梁的基本情况如图 5.5-10 所示。每排设置两个剪力连接件，单个剪力连接件刚度为 84kN/mm，沿梁纵向间距 200mm。计算参数取值为：混凝土平均抗压强度 $f_{cm} = 20.5$MPa，弹性模量 $E_c = 27.3$GPa；钢梁弹性模量 $E_s = 200$GPa，混凝土和钢梁材料均按理想线弹性考虑。

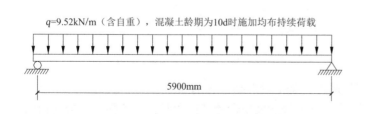

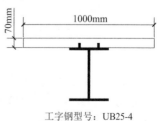

工字钢型号：UB25-4

图 5.5-10　钢-混凝土组合简支梁

收缩徐变模型采用 CEB90 模型,模型参数选择为:环境湿度 $H = 0.55$;$h = 69.75\text{mm}$,$\beta_{sc} = 5$;收缩开始时间 $t_s = 4\text{d}$,加载龄期 $t_0 = 10\text{d}$。钢-混凝土组合简支梁跨中截面长期变形曲线如图 5.5-11 所示。可以发现,退化梁单元模型能够有效地模拟钢-混凝土组合简支梁的长期变形。

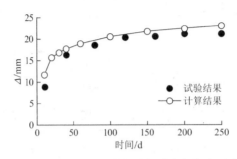

图 5.5-11　钢-混凝土组合简支梁跨中长期变形曲线

2. 钢-混凝土组合连续梁

Gilbert 和 Bradford 通过理论研究和试验验证对两跨钢-混凝土组合连续梁在长期荷载作用下的收缩徐变效应进行了研究[16]。本书在综合考虑界面滑移和混凝土开裂的作用下,对该试验进行了分析研究。

试验组合连续梁 B1 和 B2 的几何尺寸如图 5.5-12 所示,其中距离混凝土板顶 15mm 位置处布置了截面积为 1130mm² 的普通钢筋。钢材采用理想弹塑性模型,弹性模量 $E_s = 200\text{GPa}$,屈服强度为 280MPa;混凝土受压采用 Hongnestad 建议的应力-应变曲线,平均抗压强度取为 28MPa,$\varepsilon_0 = 0.002$,$\varepsilon_{cu} = 0.0038$;混凝土受拉处理为弹脆性材料,抗拉强度取为 3.0MPa。收缩徐变采用 CEB90 模型,其中,环境湿度 $H = 0.5$,$\beta_{sc} = 5$,加载龄期为 10d,收缩开始时间为 5d,收缩徐变计算时间为 340d;剪力连接件每排布置一个,抗剪刚度为 24kN/mm,间距 200mm;组合梁 B1 只考虑自重作用,取值 1.92kN/m;组合梁 B2 除自重外还承受竖直向下大小为 4.75kN/m 的均布荷载作用。

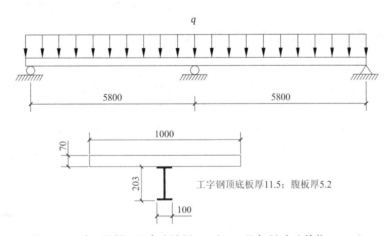

图 5.5-12　钢-混凝土组合连续梁 B1 和 B2 几何尺寸(单位:mm)

梁 B1 和梁 B2 在长期荷载作用下的跨中变形结果分别如图 5.5-13 和图 5.5-14 所示,可以看出,退化梁单元程序计算结果与试验结果吻合良好;同时,收缩徐变效应对组合连续梁的变形会产生很大影响,随着时间的推移,组合梁的变形有增大的趋势。

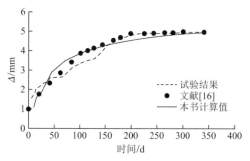

图 5.5-13　梁 B1 跨中长期变形结果　　　　图 5.5-14　梁 B2 跨中长期变形结果

3. 三跨钢-混凝土组合连续梁

本算例分析三跨（28m + 40m + 28m）钢-混凝土组合连续梁的结构长期行为。组合梁截面尺寸及剪力连接件布置如图 5.5-15 所示。钢材弹性模量取 2.1×10^5MPa，屈服强度为 210MPa；混凝土采用 C40 混凝土，弹性模量为 3.25×10^4MPa，混凝土抗压强度平均值取 40MPa，抗拉强度取 1.65MPa；混凝土板中配置普通钢筋，钢筋弹性模量为 2.1×10^5MPa，屈服强度为 200MPa；纵向配筋率为 3%，分为上下两层，其中上层布置钢筋总量的 2/3，下层布置钢筋总量的 1/3。收缩徐变模型采用 MC90 模型，环境湿度取 70%，加载龄期为 28d，混凝土收缩开始时间为 3d，收缩徐变计算到 1500d。剪力连接件刚度为 1.875×10^6kN/m。结构承受竖直向下大小为 180kN/m 的均布荷载作用。

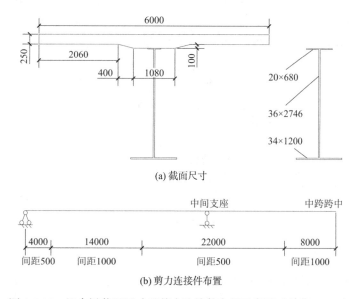

(a) 截面尺寸

(b) 剪力连接件布置

图 5.5-15　组合梁截面尺寸及剪力连接件布置示意图（单位：mm）

图 5.5-16 给出了结构挠度的计算结果，可以看出，混凝土收缩徐变明显增大了结构的挠度。图 5.5-17 和图 5.5-18 分别给出了混凝土板顶面应力和钢梁底面应力的分析结果，可以发现，由于混凝土收缩徐变，导致钢梁与混凝土板之间产生应力重分配，钢梁的应力增加而混凝土的应力降低。图 5.5-19 给出了中跨跨中截面混凝土板顶面应力随时间变化曲线，可以看出，在收缩徐变早期，徐变是混凝土板应力发生变化的主要因素，超过 500d 后，由徐变引起的应力变化基本保持恒定，此时，引起应力变化的主要因素是混凝土的收缩。

图 5.5-20 给出了边支点处混凝土板与钢梁界面滑移随时间变化曲线，可以看出，由于混凝土的收缩徐变，界面滑移也表现出明显的时变性，并表现为先减小后增大的趋势，同时，混凝土收缩是引起界面滑移时变性的主要原因。

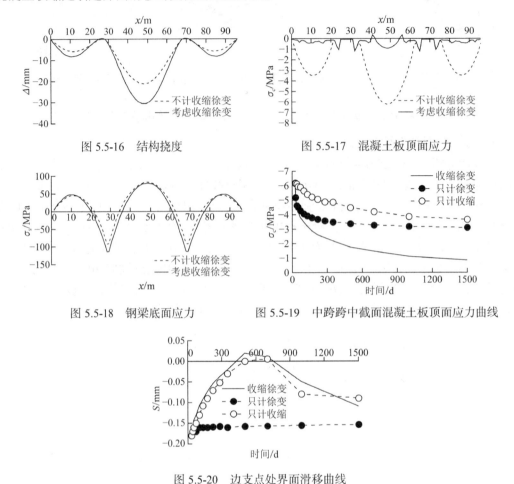

图 5.5-16　结构挠度　　　　　　　图 5.5-17　混凝土板顶面应力

图 5.5-18　钢梁底面应力　　　　图 5.5-19　中跨跨中截面混凝土板顶面应力曲线

图 5.5-20　边支点处界面滑移曲线

参考文献

[1]　康明. 施工期钢筋混凝土构件约束收缩变形性能研究[D]. 重庆：重庆大学, 2010.

[2]　占玉林, 王吉坤, 邵俊虎, 等. 组合梁栓钉对高性能混凝土约束收缩效应研究[J/OL]. 建筑科学与工程学报, 2022.

[3]　PARK R. Evaluation of ductility of structures and structural assemblages from laboratory testing[J]. Bulletin of the New Zealand national society for earthquake engineering, 1989, 22(3): 155-166.

[4]　住房和城乡建设部. 混凝土结构设计规范：GB 50010—2010[S]. 北京：中国建筑工业出版社, 2015.

[5]　余志武, 郭风琪. 部分预应力钢–混凝土连续组合梁负弯矩区裂缝宽度试验研究[J]. 建筑结构学报, 2004, 25(4): 55-59.

[6]　聂建国, 张眉河. 钢–混凝土组合梁负弯矩区板裂缝的研究[J]. 清华大学学报 (自然科学版) , 1997, 37(6): 97-101.

[7]　张彦玲. 钢–混凝土组合梁负弯矩区受力性能及开裂控制的试验及理论研究[D]. 北京: 北京交通大学, 2009.

[8]　田飞. 钢–预制混凝土板组合连续梁桥的结构性能与试验研究[D]. 南京: 东南大学, 2016.

[9]　刘洋, 童乐为, 孙波, 等. 负弯矩作用下钢–混凝土组合梁转动能力计算[J]. 同济大学学报 (自然科学版) , 2015, 43(4): 521-528.

[10]　过镇海. 钢筋混凝土原理[M]. 北京: 清华大学出版社. 2013.

[11]　RYU H K, CHANG S P, KIM Y J, et al. Crack control of a steel and concrete composite plate girder with prefabricated slabs under hogging moments[J]. Engineering structures, 2005, 27(11): 1613-1624.

[12]　肖汝诚. 桥梁结构分析及程序系统[M]. 北京: 人民交通出版社, 2002.

[13]　童育强. 混凝土结构非线性有限元分析及软件设计[D]. 成都: 西南交通大学, 2004.

[14]　BAZANT Z P, BAWEJA S. Justification and refinements of model B3 for concrete creep and shrinkage 1. Statistics and sensitivity[J]. Materials and structureS, 1995, 28(7): 415-430.

[15]　VONK R A, ROTS J G. Simulation of time-dependent behaviors of concrete beam with DIANA[C]//Proceeding of the fifth international RILEM symposium. 1993.

[16]　GILBERT R I, BRADFORD M A. Time-dependent behavior of continuous composite beams at service loads[J]. Journal of structural engineering, 1995, 121(2): 319-327.

盐雾环境下组合梁耐久性

6.1 概述

  钢-混凝土组合梁由于栓钉锈蚀带来的安全隐患严重影响了结构的使用年限,无论是对性能退化的结构进行加固维修还是拆除重建,都是国民经济发展的一大负担,为此从根源上研究栓钉锈蚀对钢-混凝土组合梁力学性能的影响对于经济和社会的发展有着重要的意义。目前,国内外研究中主要集中在正常服役情况下钢-混凝土组合梁的力学性能研究,对于盐雾环境下栓钉的抗拔、抗剪及钢-混凝土组合梁抗弯性能的研究较少,且缺乏理论层面的分析。因此,本章针对盐雾环境下钢-混凝土组合结构栓钉连接件抗拔、抗剪性能以及栓钉锈蚀后对组合梁力学性能的影响进行了研究,旨在得出可应用于工程实践的结论,为提升钢-混凝土组合梁的耐久性提供理论支撑。

6.2 盐雾环境下剪力连接件抗拔性能

  钢-混凝土组合结构长期暴露在自然环境中,其钢材部分包括栓钉连接件容易发生化学腐蚀或电化学腐蚀。化学腐蚀是指钢材直接与环境接触发生化学反应形成破坏;电化学腐蚀是指钢材与周围环境形成的电解质组成两个电极,形成腐蚀原电池从而导致破坏。海洋环境下易形成盐雾环境,是自然界腐蚀性很强的天然电解质,故钢-混凝土组合结构钢材部分在海洋环境下的腐蚀大多数为电化学腐蚀。为探究盐雾环境下栓钉锈蚀对于栓钉连接件抗拔性能的影响,根据玄武岩纤维混凝土以及栓钉连接件的相关研究,本节以纤维掺量为0.3%的玄武岩纤维混凝土为基材,选取栓钉颈缩破坏以及混凝土锥体破坏两种典型破坏模式的试件制作栓钉拉拔试件,采用通电加速锈蚀方式模拟盐雾环境对栓钉的电化学锈蚀;研究了不同栓钉锈蚀率下,玄武岩早强低收缩混凝土栓钉连接件抗拔性能的变化规律。

6.2.1 试验方案设计

  为探究不同锈蚀率下栓钉连接件拉拔力学行为影响,对D13H80及D19H40两种典型破坏模式的栓钉连接件分别设置了0.5%、1.5%、2.5%、3.5%、4.5%五种锈蚀率,对应不同锈蚀率各浇筑2个试件,共需制作20个栓钉拉拔试件。本试验中,混凝土强度等级为C60,但混凝土抗压强度标准值均超过80MPa;混凝土中外掺剂主要有早强减水剂及粉煤灰等。栓钉直径为13mm和19mm。锈蚀后栓钉拉拔试件极限抗拔承载力降低,且锈蚀后栓钉连接件力学性能离散型较大,无法预估栓钉连接件锈蚀后的极限承载力,故锈蚀状态下玄武岩纤维混凝土栓钉拉拔试件的拉拔试验不进行预加载,直接正式加载。

本试验利用恒定电流加速腐蚀法，牺牲电源阳极形成离子形态的产物以达到锈蚀栓钉的效果，相关参数见表 6.2-1。

						表 6.2-1
组别	锈蚀率/%	包裹面积/mm²	栓钉质量/g	锈蚀质量/g	电流强度/A	锈蚀时间/d
D13XP-1	0.5	4120	88	0.44	0.012	1.424
D13XP-2	1.5	4120	88	1.32	0.012	4.272
D13XP-3	2.5	4120	88	2.2	0.012	7.119
D13XP-4	3.5	4120	88	3.08	0.012	9.967
D13XP-5	4.5	4120	88	3.96	0.012	12.815
D19XP-1	0.5	4120	95	0.475	0.012	1.570
D19XP-2	1.5	4120	95	1.425	0.012	4.611
D19XP-3	2.5	4120	95	2.375	0.012	7.686
D19XP-4	3.5	4120	95	3.325	0.012	10.760
D19XP-5	4.5	4120	95	4.275	0.012	13.834

栓钉连接件锈蚀参数

实际工程中栓钉整体均埋在混凝土内部，但试验中所设计连接件部分栓钉裸露在混凝土外部，故在通电锈蚀过程中需保证仅埋置在混凝土内部的栓钉发生锈蚀。故栓钉连接件养护 28d 后，在栓钉与混凝土底面交界处涂上一层环氧树脂，目的是防止电解质及外界空气与栓钉根部接触导致锈蚀从而影响拉拔力学性能。随后将栓钉连接件放入大型塑料槽，注入 5%NaCl 溶液，保证液面刚刚不没过混凝土表面。将连接件在溶液中浸泡 10d，其间不断向塑料槽内加入 5%NaCl 溶液，保证液面刚刚不没过混凝土表面而连接件充分浸泡，使氯离子渗至栓钉表面，为通电腐蚀提供充足的电解质。待混凝土表面全部湿润后，利用绝缘胶带和导线将恒定直流电源、栓钉以及铜棒连接起来，其中，栓钉作为阳极，铜棒作为阴极。最后，将铜棒放入凹槽内 NaCl 溶液当中，利用万用表测量电流通路，正常后开始通电锈蚀。具体试验装置如图 6.2-1 所示。

图 6.2-1　恒定电流加速腐蚀装置

6.2.2　栓钉拉拔试件锈蚀试验现象分析

1. 栓钉连接件锈蚀现象

在直流电源的作用下铜棒表面不断有气泡冒出，这是由于在外部电源的作用下，NaCl 溶液在阴极发生析氢反应。随着通电时间的增加，在栓钉与混凝土交接的根部出现褐色及黑绿色锈蚀产物。这是由于在直流电源作用下，栓钉锈蚀速率较快，锈蚀产物未得到充分氧化，故混凝土表面出现黑绿色的锈蚀产物氢氧化亚铁，褐色锈蚀产物为完全氧化的氢氧化铁[1]。

各组栓钉连接件达到预定锈蚀时间后，将试件从塑料凹槽中取出进行处理。根据相关文献[2]可知，铁经锈蚀后腐蚀产物为原来体积的 3~5 倍，发生膨胀现象。随着栓钉的不断锈蚀，锈蚀产物在混凝土内扩散，使混凝土内部产生拉应力。当由锈蚀产物膨胀产生的混凝土内部拉应变大于混凝土自身极限抗拉应变时，混凝土发生开裂现象。如图 6.2-2（a）所示，当栓钉锈蚀率较小时，混凝土表面未出现裂缝；当栓钉锈蚀率变大时，栓钉连接件出现两种不同的裂缝发展形态，一种为两条裂缝 180° 对向发展［图 6.2-2（b）］，另一种为三条裂缝 120° 三向发展［图 6.2-2（c）］，该现象同孙杨[3]的研究一致。在靠近栓钉与混凝土界面区端部的锈蚀产物由于应力集中，会率先使该区域混凝土开裂[4]，因此两种裂缝均以栓钉为中心呈射线状向混凝土四周发展，在连接件侧面可以观察到，连接件混凝土表面的裂缝一直延伸到连接件侧面底端。此外，可以看到在连接件表面以及侧面裂缝开展处均有不同程度的锈蚀产物渗出，进一步印证了栓钉锈蚀产物侵入混凝土内部导致连接件混凝土开裂。

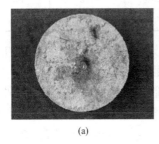  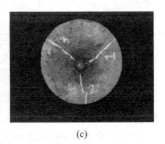

(a)　　　　　　　　　　(b)　　　　　　　　　　(c)

图 6.2-2　栓钉连接件锈蚀现象

2. 栓钉锈蚀率

因栓钉连接件锈蚀试验结果及拉拔试验结果离散性较大，故后面各组栓钉连接件的试验数据均取两个试件的平均值。栓钉连接件实际锈蚀率如表 6.2-2 所示，可见各组栓钉的实际锈蚀率均低于目标锈蚀率。根据法拉第定律，需要时刻保持所施加的电流恒定才能达到目标锈蚀率。在实际锈蚀过程中，栓钉表面不断有锈蚀物产生，导电性较差的锈蚀产物增大了整个电路的电阻，导致电流降低，未能达到目标锈蚀率。

栓钉连接件实际锈蚀率　　　　　　　　　　　　　　　　表 6.2-2

试件组别	目标锈蚀率/%	实际锈蚀率/%	试件组别	目标锈蚀率/%	实际锈蚀率/%
D19XP-1	0.5	0.13	D13XP-1	0.5	0.43
D19XP-2	1.5	1.2	D13XP-2	1.5	0.99
D19XP-3	2.5	1.8	D13XP-3	2.5	1.69
D19XP-4	3.5	3.07	D13XP-4	3.5	2.68
D19XP-5	4.5	3.55	D13XP-5	4.5	4.04

3. 混凝土裂缝宽度

使用裂缝宽度测量仪沿着各组连接件混凝土裂缝移动，测得各组连接件最大裂缝宽度如表 6.2-3 所示。在无外部荷载作用下，混凝土最大裂缝宽度是对栓钉锈蚀率的一个真实反应，裂缝宽度越大代表栓钉锈蚀率越大[5]。图 6.2-3 所示为不同锈蚀率与最大裂缝宽度的对应关系。在锈蚀率达到 1%前，连接件均未开裂，由栓钉锈蚀产物产生的膨胀力未超过混凝土自身极限抗拉强度；当锈蚀率超过 1%后，两组连接件均出现裂缝，即栓钉锈蚀率 1%为连接件混凝土开裂临界锈蚀率。由图 6.2-3 可知，连接件最大裂缝宽度与栓钉锈蚀率呈线性增长趋势，随着锈蚀率提高，栓钉锈蚀产物逐渐扩散至混凝土内部，使混凝土裂缝进一步发展与贯通。其中，D13H80 组栓钉锈蚀率从 1.69%增长到 4.04%时，混凝土最大裂缝宽度从 0.25mm 增长到 0.68mm，即栓钉锈蚀率每增长 1%，混凝土最大裂缝宽度增长 0.183mm；D19-XP 组栓钉锈蚀率从 1.2%增长到 3.55%，混凝土最大裂缝宽度从 0.19mm 增长至0.61mm，即栓钉锈蚀率每增长 1%，混凝土最大裂缝宽度增长 0.179mm。两组连接件最大裂缝宽度随锈蚀率增长速率大致相同，取均值为 0.181mm/%。

<table>
<tr><td colspan="2" align="center">栓钉连接件最大裂缝宽度</td><td colspan="2" align="right">表 6.2-3</td></tr>
<tr><td align="center">试件组别</td><td align="center">最大裂缝宽度/mm</td><td align="center">试件组别</td><td align="center">最大裂缝宽度/mm</td></tr>
<tr><td align="center">D19-XP-1</td><td align="center">—</td><td align="center">D13-XP-1</td><td align="center">—</td></tr>
<tr><td align="center">D19-XP-2</td><td align="center">0.19</td><td align="center">D13-XP-2</td><td align="center">—</td></tr>
<tr><td align="center">D19-XP-3</td><td align="center">0.35</td><td align="center">D13-XP-3</td><td align="center">0.25</td></tr>
<tr><td align="center">D19-XP-4</td><td align="center">0.48</td><td align="center">D13-XP-4</td><td align="center">0.53</td></tr>
<tr><td align="center">D19-XP-5</td><td align="center">0.61</td><td align="center">D13-XP-5</td><td align="center">0.68</td></tr>
</table>

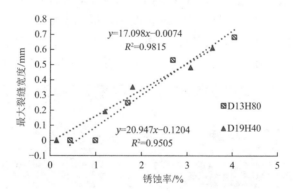

图 6.2-3　不同锈蚀率对应最大裂缝宽度

6.2.3　栓钉连接件拉拔试验结果及破坏模式

1. 试验结果

本次试验过程中，D13H80 及 D19H40 两组试件出现了两类破坏模式：混凝土锥体破坏（C）及混凝土劈裂破坏（P）。栓钉连接件拉拔试验结果包括初始刚度（$K_{0.3}$）、极限受拉承载力（N_u）及延性系数（η），如表 6.2-4 所示。

<table>
<tr><td colspan="5" align="center">不同锈蚀率栓钉连接件拉拔试验结果</td><td align="right">表 6.2-4</td></tr>
<tr><td align="center">组别</td><td align="center">破坏模式</td><td align="center">初始刚度$K_{0.3}$/（kN/mm）</td><td align="center">极限受拉承载力N_u/kN</td><td align="center">延性系数η</td></tr>
<tr><td align="center">D13H80（AVG）</td><td align="center">S</td><td align="center">36.67</td><td align="center">66.52</td><td align="center">—</td></tr>
<tr><td align="center">D13XP-1</td><td align="center">C</td><td align="center">43.98</td><td align="center">53.08</td><td align="center">1.06</td></tr>
</table>

组别	破坏模式	初始刚度$K_{0.3}$/（kN/mm）	极限受拉承载力N_u/kN	延性系数η
D13XP-2	C	35.48	45.00	1.02
D13XP-3	P	29.83	35.02	1.11
D13XP-4	P	23.51	28.00	1.47
D13XP-5	P	18.15	4.22	1.45
D19H40（AVG）	C	43.69	27.44	—
D19XP-1	C	46.12	35.55	1.11
D19XP-2	P	33.82	22.30	1.21
D19XP-3	P	21.51	17.76	1.50
D19XP-4	P	12.85	12.17	1.42
D19XP-5	P	8.92	6.03	1.87

注：D13H80（AVG）及 D19H40（AVG）根据本书第 2.2 节研究成果统计。

2. 栓钉连接件拉拔破坏模式

D13XP 栓钉连接件在未锈蚀状态下，栓钉自身极限抗拉强度弱于混凝土锥体破坏强度，发生栓钉颈缩破坏。当栓钉锈蚀后，锈蚀产物的膨胀作用使混凝土承载能力下降，低于栓钉自身极限抗拉强度，此时栓钉连接件由栓钉颈缩破坏模式转为混凝土破坏模式。锈蚀率较低时，栓钉产生的锈蚀产物较少，对混凝土造成的损伤较小，此时栓钉连接件在拉拔荷载下为混凝土锥体破坏。当栓钉锈蚀率进一步增大，栓钉锈胀使混凝土形成多条以栓钉为中心的贯穿性裂缝，在拉拔荷载下发生劈裂破坏。如图 6.2-4 所示。

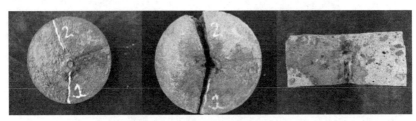

(a) 混凝土劈裂破坏

(b) 混凝土锥体破坏

图 6.2-4　栓钉连接件拉拔破坏模式

D19XP 组栓钉连接件在未锈蚀状态下，栓钉自身极限抗拉强度高于混凝土锥体破坏强度，发生混凝土锥体破坏。D19XP 组栓钉锈蚀率最低为 0.13%，此时栓钉锈胀产物仅仅侵入混凝土内部孔隙，并未对混凝土造成损伤，反而提高了混凝土内部密实性，同时增大了栓钉与混凝土之间的机械咬合力[6]，提升了混凝土锥体破坏强度，此时连接件在拉拔荷载作用下仍然为混凝土锥体破坏形式。当栓钉锈蚀率增大后，栓钉锈胀产物使混凝土形成贯穿性裂缝，在拉拔荷载作用下，栓钉连接件沿着贯穿性裂缝发生劈裂破坏。

混凝土劈裂破坏试验现象：加载初期，锈胀裂缝不断发展延伸至混凝土另一面，裂缝宽度逐渐变大。随着荷载增大，栓钉连接件根部形成新的裂缝，开展趋势与锈胀裂缝一致，以栓钉为中心向混凝土边缘不断延伸，但其发展速度显著低于锈胀裂缝。当达到极限荷载后，栓钉与混凝土产生明显滑移，同时锈胀裂缝宽度迅速变大，随后栓钉连接件在锈胀裂缝处劈裂破坏，栓钉与混凝土完全分离。如图 6.2-4（a）所示，混凝土劈裂面附着大量锈蚀产物，进一步验证混凝土表面裂缝是由于栓钉锈胀导致混凝土内部产生膨胀力开裂。此外，不同于混凝土锥体破坏，连接件混凝土劈裂破坏时未发出"嘭"的一声。

混凝土锥体破坏试验现象：在整个拉拔过程中锈胀裂缝不断开展，但未达到混凝土劈裂破坏强度，最后形成混凝土锥体破坏。

6.2.4　锈蚀率对栓钉连接件抗拔性能的影响

1. 荷载-位移曲线

不同锈蚀率栓钉连接件荷载-位移曲线如图 6.2-5 所示。当锈蚀率较低时，栓钉连接件发生混凝土锥体破坏，其荷载-位移曲线发展规律与未锈蚀栓钉连接件基本一致。当锈蚀率较高时，栓钉连接件发生混凝土劈裂破坏，在达到峰值荷载前其荷载-位移曲线发展规律同混凝土锥体破坏；当达到峰值荷载后，荷载-位移曲线下降缓慢，连接件未迅速发生脆性破坏，而是在栓钉与混凝土之间形成一段滑移后才发生劈裂破坏。观察图 6.2-5，值得注意的一点是，无论是混凝土锥体破坏还是混凝土劈裂破坏，在栓钉连接件进入塑性阶段前，荷载-位移曲线均以相同斜率保持线性发展，未出现试验加载初期连接件抗拔刚度较大的情况。这是由于栓钉锈蚀所产生的锈蚀物破坏了与混凝土之间的粘结界面，降低了栓钉与混凝土之间的粘结力，在试验加载初期荷载几乎全由栓钉与混凝土之间的机械咬合力承担，因此栓钉连接件的抗拔刚度并未发生明显变化。

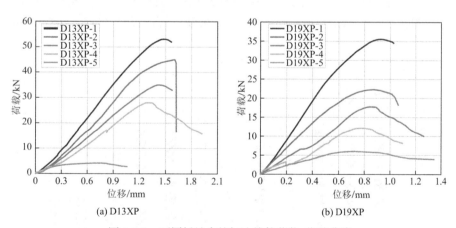

(a) D13XP

(b) D19XP

图 6.2-5　不同锈蚀率栓钉连接件荷载-位移曲线

2. 极限受拉承载力

不同锈蚀率栓钉连接件极限受拉承载力如图 6.2-6 所示，图中虚线代表 D13H80 及 D19H40 未锈蚀极限受拉承载力均值。由图可知，D13XP 组栓钉连接件锈蚀率从 0.43%增

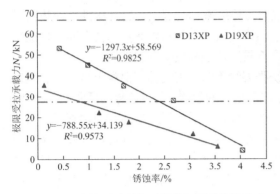

图 6.2-6　不同锈蚀率栓钉连接件极限受拉承载力

长至 4.04%时，极限受拉承载力降低了 48.86kN，即栓钉锈蚀率每增长 1%，连接件极限受拉承载力降低 13.53kN；D19XP 组栓钉连接件锈蚀率从 0.13%增长至 3.55%时，极限受拉承载力降低了 29.52kN，即栓钉锈蚀率每增长 1%，连接件极限受拉承载力降低 8.63kN。两组栓钉连接件极限受拉承载力 N_u 均随着锈蚀率的增长呈线性降低趋势，两组连接件降低速率不同主要是由于栓钉直径及埋深的影响。

D13XP 及 D19XP 两组试件均为混凝土破坏模式，此时连接件的极限受拉承载力取决于混凝土自身抗拉性能。由于栓钉锈蚀率增长导致混凝土锈胀裂缝不断发展，使连接件混凝土抗拉性能下降，因此连接件极限受拉承载力随之降低。当锈蚀率增长至 4%左右时，D13XP 及 D19XP 两组试件极限受拉承载力降低了 80%～90%，几乎丧失了承载能力，可见栓钉锈胀给连接件抗拉拔性能带了巨大的危害。

3. 初始刚度

图 6.2-7 所示为不同锈蚀率栓钉连接件的初始刚度。由图可知，D13XP 及 D19XP 两组连接件初始刚度均随锈蚀率的增长呈现出先增长后下降的趋势。栓钉锈蚀率较低时，D13H80 及 D19H40 两组栓钉连接件初始刚度均出现小幅度上升趋势，这是由于栓钉产生的锈蚀产物填充了混凝土内部孔隙[6]，对连接件混凝土性能起正向作用，使栓钉连接件抗拉拔刚度有所提升。D13XP 组栓钉连接件锈蚀率为 4.04%时，初始刚度下降了 50.5%；D19XP 组栓钉连接件锈蚀率为 3.55%时，初始刚度下降了 80%。与受拉极限承载力一致，大锈蚀率对连接件刚度的影响较大。栓钉锈蚀率较大时产生锈胀，使混凝土开裂，混凝土有效受力面积降低，相当于混凝土有效承载尺寸变小。而刚度是一个与尺寸相关的指标，小尺寸往往给试件刚度带来负面影响。同时栓钉锈蚀使自身截面积减小、力学性能劣化[7]，进一步导致连接件刚度降低。综上所述，混凝土开裂会使栓钉抗拉拔刚度降低，这与 Jang 等[8]的研究结果一致。

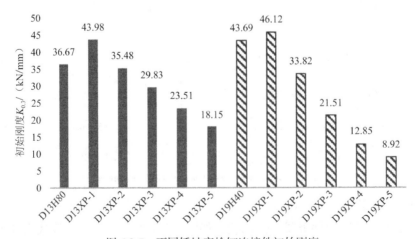

图 6.2-7　不同锈蚀率栓钉连接件初始刚度

4. 延性系数

为了比较不同锈蚀率下栓钉连接件混凝土破坏延性行为，定义延性系数 η 如式(6.2-1)所示，延性系数越大表明栓钉连接件拉拔延性越好。

$$\eta = U_{\max}/U_N \tag{6.2-1}$$

式中，$U_{\max}$ 为栓钉连接件拉拔最大位移（mm）；U_N 为栓钉连接件拉拔峰值位移（mm）。

图 6.2-8 所示为不同锈蚀率下栓钉连接件延性系数 η 的变化规律。由图可知，D13XP 组锈蚀率从 0.43% 增长至 4.04% 时，延性系数提高 24.37%；D19XP 组锈蚀率从 0.13% 增长至 3.55% 时，延性系数提高 68.46%；D13XP 及 D19XP 两组栓钉连接件的延性系数均随着锈蚀率的增长逐渐变大，即锈胀开裂能够改善栓钉连接件拉拔脆性行为。此外，栓钉连接件混凝土劈裂破坏延性系数高于混凝土锥体破坏延性系数。

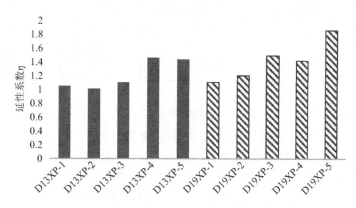

图 6.2-8　不同锈蚀率栓钉连接件延性系数

6.3　盐雾环境下栓钉抗剪性能

盐雾环境下栓钉腐蚀后，会导致栓钉截面积减小，抗剪性能下降。为研究盐雾环境下早强低收缩混凝土组合梁的栓钉抗剪性能，设计了 6 个标准推出试验，以栓钉不同的锈蚀率（0、5%、7.5%、10%）及混凝土不同龄期（3d、7d、28d）为试验参数，研究栓钉锈蚀对破坏模式的影响以及在竖向剪切荷载作用下试件的抗剪性能，重点关注试件的破坏模式、开裂荷载、极限荷载、应变分布及荷载-滑移曲线，并根据试验现象及结果，分析栓钉的力学性能退化机理，建立栓钉在盐雾环境下抗剪刚度及承载力的力学计算式。

6.3.1　试验方案设计

1. 试验参数设计

1）栓钉锈蚀率

钢-混凝土组合梁如长期暴露于滨海盐雾环境中，混凝土板受到盐雾离子的侵蚀，栓钉更易于锈蚀，导致栓钉抗剪截面减小且钉身与混凝土之间的粘结力丧失，锈渍体积的膨胀也导致初始裂缝的出现。为研究栓钉长期受盐雾环境侵蚀导致的组合梁抗剪性能的退化，本文设计了 4 组标准推出试验，试验仅控制栓钉锈蚀，不同的栓钉锈蚀率对应不同的锈蚀年限。

2）混凝土龄期

为加快施工、缓解运能，组合梁往往采用分段预制、接缝现浇的方式浇筑，对于混凝土的早期强度有一定的要求。本文设计了 3 组标准推出试验，以研究钢-混凝土组合结构在混凝土早龄期的抗剪性能，同时验证早强低收缩混凝土早期抗剪的优越性。

2. 试件尺寸设计

结合欧洲规范（Eurocode 4）和日本钢结构协会（JSSC）规定的试件尺寸并进行改进，设计了本次推出试验试件，如图 6.3-1 所示。

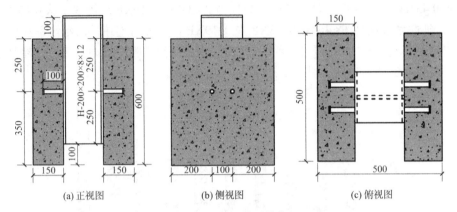

(a) 正视图　　　　　　(b) 侧视图　　　　　　(c) 俯视图

图 6.3-1　推出试验试件（单位：mm）

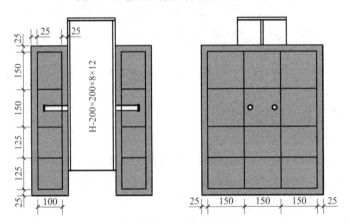

图 6.3-2　钢筋布置（单位：mm）

其中，混凝土板采用与依托工程相同的自制 C60 早强低收缩混凝土，尺寸为 500mm×600mm×150mm；混凝土板中使用直径为 12mm 的 HRB400 钢筋制作钢筋笼，钢筋布置如图 6.3-2 所示；中间工字钢梁采用牌号为 Q235 的 20a 工字钢梁，尺寸为 200mm×200mm×8mm×12mm，为防止翼缘受压后局部应力过大提前屈服，钢梁顶部焊接一块尺寸为 200mm×200mm 的钢板作为加载面；栓钉与工程实际一致，材料为 ML15AL，直径为 22mm，埋深为 100mm，在距钢梁底部 350mm 处布置 1 排，以钢梁腹板为对称轴对称布置 2 个，间距为 100mm。

本次试验共设置 6 个标准推出试件，主要考虑因素包括栓钉锈蚀率及混凝土龄期：根据栓钉锈蚀程度（对应现场不同的锈蚀年限）的不同设计，取 0、5%、7.5%、10%共 4 种目标锈蚀率；选取 3d、7d、28d 共 3 个龄期进行对比。最终确定的试件参数如表 6.3-1 所示。

试件参数

表 6.3-1

试件编号	锈蚀率/%	龄期/d	试件数/个	备注
LQ-28&XS-0	0	28	1	对照组
XS-5	5	28	1	锈蚀率因素
XS-7.5	7.5	28	1	
XS-10	10	28	1	
LQ-3	0	3	1	龄期因素
LQ-7	0	7	1	

3. 试验材料

本试验中涉及的材料主要为混凝土、钢筋和栓钉。混凝土采用自制的 C60 早强低收缩混凝土（添加玄武岩纤维），钢筋笼采用 HRB400 钢筋，钢梁采用 Q235 钢板。

4. 试件制作

根据试件尺寸设计在钢厂中精准下料，先在钢梁顶部焊接承载钢板，然后将栓钉焊接于钢梁对应位置（图 6.3-3），接着在钢梁表面涂刷防水金属漆，24h 后金属漆干透，再重复涂刷一次，之后刮去涂刷过程中不小心粘到剪力钉上的防水漆，并将锈蚀用的导线从剪力钉根部引出固定好（图 6.3-4）。

 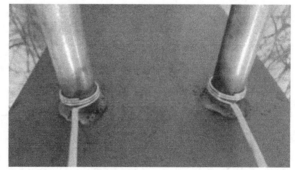

图 6.3-3　试件钢梁　　　　　　　　图 6.3-4　锈蚀用导线

混凝土浇筑前先制作钢筋笼，然后制作并拼装好浇筑用木模板，采用自制 C60 早强低收缩混凝土现浇混凝土板，制作成型的试件见图 6.3-5、图 6.3-6。

图 6.3-5　推出试件浇筑完成　　　　　　图 6.3-6　铺薄膜保水养护

5.试件锈蚀方法

研究混凝土结构耐久性的主要试验方法为天然暴露法和实验室加速法，其中天然暴露法的试验条件与实际工程一致，试验结果最为准确，但氯离子的侵蚀及混凝土内部钢材部分的锈蚀是一个漫长的过程[9]，为加快试验周期，本试验选用实验室加速法锈蚀试件（图 6.3-7、图 6.3-8）。

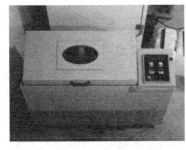

图 6.3-7 盐雾箱

图 6.3-8 直流电源

本试验采用恒定电流加速锈蚀法对试件进行锈蚀，通过控制恒定电流的大小即可较为准确地控制锈蚀的质量，达到目标锈蚀率。根据 Clark 和 Saifullah[10]的研究，通电锈蚀的电流密度i不应大于 $500\mu A/cm^2$，否则腐蚀表面会出现假性粘结退化，导致无法达到目标锈蚀量，因此本试验中电流密度选用 $500\mu A/cm^2$，相应的电流强度I为 45mA。根据试验参数的设计，设置 0、5%、7.5%、10%共 4 种锈蚀工况，达到目标锈蚀率所需的理论时间如表 6.3-2 所示。

试件锈蚀时间   表 6.3-2

试件编号	LQ-28&XS-0	XS-5	XS-7.5	XS-10
目标锈蚀率/%	0	5	7.5	10
锈蚀时间/d	0	14.31	21.47	28.62

本次试验相应的加速锈蚀装置如图 6.3-9 所示，由于仅控制栓钉的锈蚀，在钢梁部分制作完成后，将钢梁除栓钉表面外其他的裸露部分涂刷两层防水金属漆，以防止钢梁参与锈蚀，便于控制锈蚀率。本试验从栓钉根部引出导线，用数字万用表测试通路，再用硅橡胶密封以防止砂浆渗入并再次测量通路。如图 6.3-10 所示。

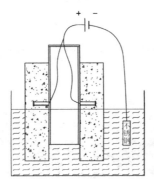

图 6.3-9 加速锈蚀装置示意图

(a) 栓钉根部引出导线　　　　　(b) 硅橡胶密封

图 6.3-10　栓钉局部锈蚀方法

　　试件 28d 养护完成后，将试件竖直放置于浓度为 5% 的 NaCl 溶液中，浸泡 5d，保证混凝土孔隙中的 NaCl 溶液处于饱和状态，以便提供良好的导电介质。

6. 试验加载系统

　　试验加载系统如图 6.3-11 所示，从上往下依次为压力加载机头、试件及砂垫层。

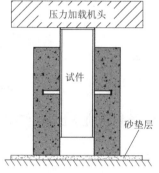

图 6.3-11　试验加载系统

7. 试验测试系统及测点布置

　　本试验需要测量的内容包括试件顶部竖向荷载、钢-混凝土界面相对滑移量以及混凝土和钢梁特殊部位的应变。其中，试件顶部荷载通过试验压力机输出的荷载读取；钢-混凝土界面相对滑移量通过 LVDT 位移传感器测量，使用泰斯特动态应变测试箱采集数据，以保证数据测量的精确性和采集的连续性；LVDT 位移传感器布置如图 6.3-12 所示，4 个位移传感器分别记为 L1、L2、R1、R2，在混凝土板待测高度位置粘贴角钢作为位移计测头的测量面，位移计通过磁力表座安装在钢梁上，为保证所测的数据为同一水平高度的滑移，磁力表座需粘贴在钢梁上与测点同一高度的位置。

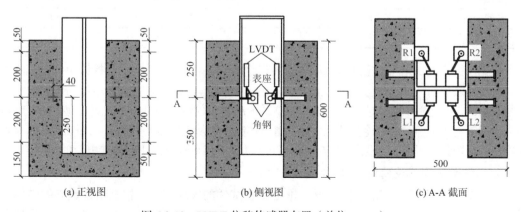

(a) 正视图　　　　　　　(b) 侧视图　　　　　　　(c) A-A 截面

图 6.3-12　LVDT 位移传感器布置（单位：mm）

为了测量试件在直剪作用下混凝土板及钢梁的应变，着重关注栓钉所处高度位置的应变变化，在混凝土板内表面布置 4 组混凝土应变片；为分析混凝土板加载过程中竖向的应变分布，应变片上下位置各布置 1 个竖向应变片，钢梁内表面应变片也同样布置。其中，混凝土应变片采用 BX120-50AA 型号，钢应变片采用 BX120-5CA 及 BX120-5AA 型号。具体布置如图 6.3-13 所示。

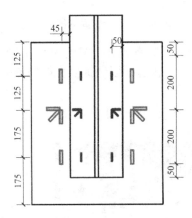

图 6.3-13　应变片布置（单位：mm）

6.3.2　栓钉锈蚀推出试验结果

1. 栓钉锈蚀情况

图 6.3-14　栓钉锈蚀情况

试验完成后将栓钉取出（图 6.3-14），采用 ASTM 建议的方法除锈，用无水乙醇清洗表面后再放入超声波清洗仪清洗，烘干后取出称重，用质量损失率即试验前后的栓钉质量差值与原质量的比值作为栓钉的锈蚀率。经测量，栓钉的实际锈蚀率与目标锈蚀率的偏差如表 6.3-3 所示，偏差均在 6% 以内，表明栓钉锈蚀非常接近预期效果。

栓钉锈蚀率偏差 表 6.3-3

试件编号	XS-0	XS-5	XS-7.5	XS-10
目标锈蚀率/%	0	5	7.5	10
实际锈蚀率/%	0	4.87	7.21	9.43
偏差/%	0	2.6	3.87	5.7

根据锈蚀率测试结果，栓钉的实际锈蚀率较预期锈蚀率小，原因主要是栓钉上的电流不稳定。栓钉锈蚀初期，锈蚀产物不多的情况下，电路电阻较小，此时栓钉实际电流与预期设计电流是一致的，但随着中期锈蚀产物持续增多，锈蚀产物对栓钉表面进行了包裹，使得栓钉电阻增大而导致锈蚀电流变小。栓钉锈蚀后期，由于锈蚀产物从混凝土与栓钉接触面溢出，电路重新恢复到电阻较小的状态并保持稳定，导致锈蚀过程中存在电流未达到设计电流的情况。

2. 试件破坏模式及荷载-滑移曲线

图 6.3-15 所示为栓钉未锈蚀工况下推出试验试件的破坏模式。根据试件最终的破坏情况，混凝土板表面未出现裂缝，仅有栓钉下部 5mm 厚的局部混凝土碎裂剥落，但该损伤非

混凝土压碎所致，且栓钉底部与钢板之间完全分离，说明该工况下推出试验以栓钉剪断为破坏模式，主要原因是本试验中混凝土材料采用的强度较高。随着栓钉锈蚀率的增加，所有试件均表现为栓钉剪断破坏。

(a) 混凝土板侧　　　　　　(b) 钢梁侧

图 6.3-15　推出试验试件破坏模式

图 6.3-16 给出了栓钉不同锈蚀率下的荷载-滑移曲线，可以看出，各试件的荷载-滑移曲线趋势基本一致，展示了较明显的非线性特征。随着栓钉锈蚀率的增加，栓钉的极限受剪承载力逐渐减小，出现这种现象的原因主要是栓钉锈蚀导致受剪截面减小。由图 6.3-16 可知，栓钉锈蚀率为 0、5%、7.5% 及 10% 工况下栓钉极限承载力分别为 529.28kN、490.34kN、389.84kN 及 312.09kN，相比栓钉未锈蚀的工况，承载力降低率分别为 7.36%、26.35%、41.03%。由图 6.3-16 中栓钉荷载-滑移曲线的初始段可以看出，随着栓钉锈蚀率的增加，栓钉荷载-滑移曲线的初始斜率总体呈逐步下降的趋势，值得注意的是，栓钉锈蚀率为 7.5% 时，荷载-滑移曲线的初始斜率较其他工况大，出现这种情况的原因是栓钉锈蚀后，锈蚀产物将栓钉与混凝土之间的空隙填满，降低了栓钉与混凝土之间的滑移。而当栓钉锈蚀率为5% 时，在锈蚀率与锈蚀产物共同作用下，其荷载-滑移曲线的初始斜率要小于栓钉未锈蚀以及锈蚀率为 7.5% 的工况。当栓钉锈蚀率在 10% 时，此时栓钉截面损失率太大，因此其荷载-滑移曲线的初始斜率最小。对于本试验而言，栓钉锈蚀率 7.5% 是一个相对临界锈蚀状态，导致锈蚀率出现了不同的规律。

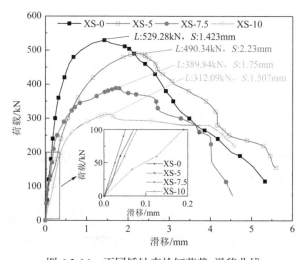

图 6.3-16　不同锈蚀率栓钉荷载-滑移曲线

6.3.3 锈蚀栓钉的剪切刚度及受剪承载力计算式

1. 锈蚀栓钉的剪切刚度计算式

当钢梁与混凝土板协同受力时，栓钉受到剪切作用，出现滑移，栓钉所受剪力与其变形值的比值称为剪切刚度。剪切刚度直接影响到组合梁中混凝土与钢梁部分协同工作能力的好坏。国内外对栓钉的剪切刚度进行了广泛的研究，并提出了一系列剪切刚度的计算方法，主要参见《钢结构设计标准》GB 50017—2017[11]、日本规范[12]、欧洲规范[13]以及 0.8mm 割线法[14]。

《钢结构设计标准》提出剪力连接件刚度系数按下式计算：

$$K = N_v^c \tag{6.3-1}$$

式中，N_v^c 为栓钉极限受剪承载力（单位为 kN/mm），即认为栓钉达到极限受剪承载力时，其滑移量为 1mm。

日本规范将极限受剪承载力 1/3 大小处的割线斜率作为剪切刚度，计算式为：

$$K = \frac{1}{3} P_{RK}/s \tag{6.3-2}$$

式中，P_{RK} 为推出试验得到的栓钉极限承载力；s 为 $\frac{1}{3} P_{RK}$ 对应的滑移量。

欧洲规范建议栓钉剪切刚度由下式确定：

$$K = 0.7 P_{RK}/s \tag{6.3-3}$$

式中，P_{RK} 为推出试验得到的栓钉极限承载力（规范规定乘以 0.9 的折减系数）；s 为 $0.7 P_{RK}$ 对应的滑移量。

1988 年，Wang[14]在推出试验数据基础上，结合栓钉自身的受力情况，建议用钢-混凝土界面滑移达到 0.8mm 的割线进行栓钉剪切刚度的计算。

根据上述刚度的计算方法，结合本书试验结果，得到栓钉的剪切刚度如表 6.3-4 所示。

剪切刚度计算结果（单位：kN/m）   表 6.3-4

试件编号	XS-0	XS-5	XS-7.5	XS-10
《钢结构设计标准》	132.32	122.59	97.46	78.02
日本规范	342.11	169.28	277.53	133.26
欧洲规范	245.23	108.20	164.63	115.55
0.8mm 割线法	154.05	113.15	106.82	85.72

通过表 6.3-4 可以看出，根据本书试验得到的栓钉剪切刚度，采用《钢结构设计标准》计算的剪切刚度结果较小，较为保守；采用日本规范和欧洲规范计算剪切刚度时对应的滑移量较小，因此计算得到的剪切刚度相对较大。从栓钉剪切刚度随其锈蚀率的变化规律看，《钢结构设计标准》以及 0.8mm 割线法计算得到的剪切刚度随锈蚀率的增大逐渐减小，而日本规范和欧洲规范计算得到的剪切刚度随着锈蚀率的增大，整体趋势为逐渐减小。值得注意的是，当锈蚀率为 7.5%时，栓钉剪切刚度相比 5%是增大的，根据对栓钉的荷载-滑移曲线的初始斜率分析可知，出现这种情况是由于栓钉锈蚀后产生的锈蚀物填充了栓钉与混凝土之间的空隙以及栓钉锈蚀后受剪截面减小所致。

综合栓钉剪切刚度的变化规律以及相关数值，采用日本规范和欧洲规范更符合试验现象，另外，采用欧洲规范计算得到的剪切刚度较日本规范小。从工程应用的角度看，采用欧洲规范计算结果偏保守，可用于工程设计。

2. 锈蚀栓钉极限受剪承载力计算公式

栓钉极限受剪承载力的主要影响因素[15]为剪力钉尺寸和所用材料特性，且推出试验得到的栓钉受剪承载力为组合梁中栓钉受剪承载力的下限[16]。基于以上研究结论，Ollgaard 等[17]在总结前人推出试验结果的基础上提出了考虑栓钉受剪截面面积和材料性能的受剪承载力计算式。为方便工程应用，欧洲规范[13]、美国 AASHTO 规范[18]及《钢结构设计标准》GB 50017—2017[11]中均给出了受剪承载力计算式。

根据本书推出试验中栓钉的实际锈蚀率，可将栓钉锈蚀后的横截面面积换算为其直径，并根据不同的规范计算式，得到栓钉的受剪承载力。另外，根据推出试验荷载-滑移曲线得到了栓钉的受剪承载力试验值。具体结果如表 6.3-5 和图 6.3-17 所示。

试件受剪承载力试验值与理论值对比（单位：kN）　　　　表 6.3-5

试件编号	XS-0	XS-5	XS-7.5	XS-10
直径/mm	22	21.46	21.19	20.94
欧洲规范	103.86	98.8	96.37	94.07
美国 AASHTO 规范	137.94	131.22	127.99	124.93
《钢结构设计标准》	113.6	108.06	105.41	102.88
试验值	132.32	122.59	97.46	78.02

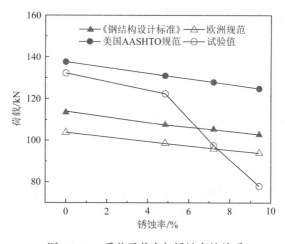

图 6.3-17　受剪承载力与锈蚀率的关系

由图 6.3-17 可知，当栓钉锈蚀率小于 5%时，本试验所得的受剪承载力介于《钢结构设计标准》与美国 AASHTO 规范计算结果之间；当锈蚀率为 7.5%时，试验结果略大于欧洲规范计算结果而小于《钢结构设计标准》计算结果；当锈蚀率为 10%时，试验值是最小的。另外，本试验中，当锈蚀率小于 5%时，随着锈蚀率增加，推出试验得到的受剪承载力变化率略大于其他规范；当锈蚀率大于 5%时，推出试验得到的受剪承载力变化率进一步增大。

因此，使用各国规范的理论计算式预测栓钉锈蚀后的受剪承载力是偏大的，且低估了栓钉受剪承载力的退化速度。

为了基于现有规范计算方法对锈蚀剪力钉的受剪承载力进行预测，引入与锈蚀率相关的折减系数λ对规范受剪承载力计算式进行修正，此处λ的意义为根据推出试验结果对规范计算式进行校核。图 6.3-18 给出了推出试验的试验值与各规范计算得到的受剪承载力的比值，并将上述数值进行拟合，可得到λ的具体函数表达式，从图中可以看出，本书拟合计算式的R^2均大于 0.8，拟合效果较好。将λ代入各规范计算式，得到如下三种锈蚀剪力钉受剪承载力计算式。

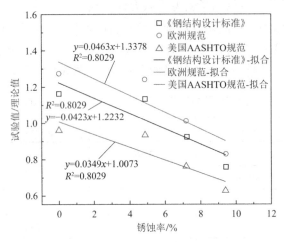

图 6.3-18　受剪承载力折减系数拟合

$$\begin{cases} V = 0.43(-0.0423S + 1.2232)A_s\sqrt{E_c f_c} \leqslant 0.7(-0.0423S + 1.2232)A_s f_u \\ \qquad\qquad\qquad\qquad\qquad\qquad\qquad 《钢结构设计标准》 \\ V = 0.29(-0.0463S + 1.3378)ad^2\sqrt{E_c f_{ck}}/Y_v \leqslant 0.8(-0.0463S + 1.3378)A_s f_u/Y_v \\ \qquad\qquad\qquad\qquad\qquad\qquad\qquad 欧洲规范 \\ V = 0.5(-0.0349S + 1.0073)\phi A_s\sqrt{E_c f_c} \leqslant \phi(-0.0349S + 1.0073)A_s f_u \\ \qquad\qquad\qquad\qquad\qquad\qquad\qquad 美国 AASHTO 规范 \end{cases} \tag{6.3-4}$$

式中，S为栓钉锈蚀率（%）；E_c为混凝土弹性模量（MPa）；f_c为混凝土抗压强度设计值（MPa）；A_s为栓钉顶杆的横截面面积（mm²）；f_u为栓钉极限抗拉强度设计值（MPa）；a为栓钉长度影响系数，$a = 0.2(h/d + 1) \leqslant 1.0$，$h$、$d$分别为栓钉的高度和直径（mm）；$f_{ck}$为混凝土圆柱体标准抗压强度设计值（MPa）；$Y_v$为安全系数，取 1.25；$\phi$为抗力系数，取 0.85。

从图 6.3-18 可以看出，三种锈蚀栓钉受剪承载力拟合公式中，随着栓钉锈蚀率的增加，按欧洲规范得出的受剪承载力衰减得最快，其次是《钢结构设计标准》，按美国 AASHTO 规范得出的受剪承载力衰减速度最小。因此，欧洲规范对锈蚀栓钉受剪承载力的计算偏于保守。

为比较不同锈蚀栓钉受剪承载力预测值，对上述计算式以及文献[9]、[19]、[20]提出的计算式进行了对比分析。推出试件所用混凝土为 C60，其中$f_c = 27.5\text{MPa}$，$f_{cu} = 60\text{MPa}$，$E_c = 3.6 \times 10^4\text{MPa}$；栓钉直径为 22mm，$f_u = 400\text{MPa}$，$E_s = 2.05 \times 10^5\text{MPa}$。根据不同计算式得到锈蚀栓钉的受剪承载力对比如图 6.3-19 所示。

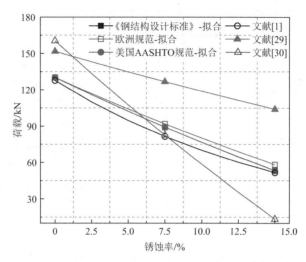

图 6.3-19　不同计算式得到的锈蚀栓钉受剪承载力对比

由图 6.3-19 可知，由于采用了同一试验数据进行拟合，本书基于不同规范提出的锈蚀栓钉受剪承载力预测计算式的结果比较接近，且与文献[1]的计算结果比较一致。文献[29]的计算结果相比本书统计的所有计算方法，高估了锈蚀栓钉的承载力，从工程应用的角度看偏于不安全；文献[30]得到的栓钉受剪承载力随着锈蚀率增大，衰减幅度为最大，当栓钉锈蚀程度较严重时，会低估栓钉的受剪承载力，预测结果过于保守。综上所述，本书及文献[1]提出的锈蚀剪力钉受剪承载力计算式在结构安全性与经济性方面可达到一定的平衡，比较适合在工程中应用。

6.4　盐雾环境下钢-混凝土梁抗弯性能

栓钉连接件的锈蚀是导致钢-混凝土组合结构耐久性及力学性能降低的重要因素。为研究栓钉锈蚀对钢-混凝土组合梁负弯矩区受力性能的影响，采用恒电流加速锈蚀法对钢-高延性混凝土（ECC）组合梁栓钉进行了锈蚀试验。本节通过静力单调加载对 4 组不同栓钉锈蚀率的组合梁在负弯矩作用下的开裂荷载、界面滑移、跨中挠度及极限承载力等进行了测试；分析了栓钉锈蚀对组合梁正常使用阶段的负弯矩区刚度的影响；基于试验结果及钢-混凝土界面滑移理论，建立了正常使用阶段考虑栓钉锈蚀的组合梁负弯矩区抗弯刚度计算模型。

6.4.1　试验设计

1.试件尺寸及工况设计

钢-混凝土组合梁从上往下依次由混凝土板、钢筋笼、栓钉及工字梁组成。试件尺寸及配筋如图 6.4-1～图 6.4-4 所示。

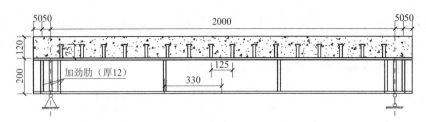

图 6.4-1　试件尺寸设计图（单位：mm）

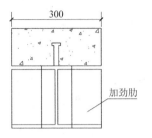

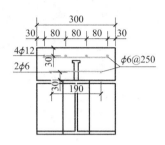

图 6.4-2　试件截面尺寸设计图（单位：mm）　　图 6.4-3　试件截面配筋设计图（单位：mm）

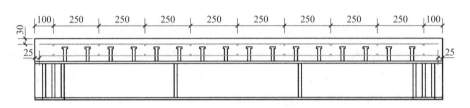

图 6.4-4　试件配筋设计图（单位：mm）

　　混凝土板采用 C60 早强低收缩混凝土，板宽 300mm，厚 120mm。混凝土板中的钢筋材料为 HRB400，共配有 2 层钢筋网，顶层钢筋网为 4 根 12mm 直径的纵筋，间距为 80mm；底层钢筋网为 2 根 6mm 直径的纵筋，间距为 190mm；沿梁长方向布置 9 根横向钢筋（间距 250mm），纵筋配筋率为 1.536%。钢梁使用 Q235 牌号 20b 标准工字钢，梁高 200mm，上下翼缘宽 102mm，翼缘厚 11.4mm，腹板厚 9mm，在钢梁支座及三等分点处设置横隔板以提高梁的抗扭性能。同时，为防止梁在加载过程中失稳，将支座处横隔板延长至梁宽，如图 6.4-5 所示；栓钉直径为 16mm，埋深为 75mm，为避免群栓效应，栓钉沿梁纵向均匀布置，间距为 125mm，横向则布置于腹板正上方。

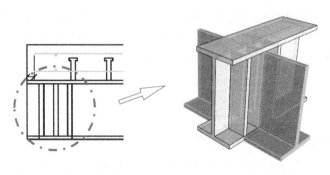

图 6.4-5　支座稳定性装置

本次试验共设置 4 个钢-混凝土组合梁试件，主要考虑因素为栓钉的锈蚀率。根据栓钉锈蚀程度（对应现场不同的锈蚀年限）的不同设计 0、5%、7.5%、10% 共 4 种目标锈蚀率。试件参数如表 6.4-1 所示。

试件参数　　　　　　　　　　　　　表 6.4-1

试件编号	锈蚀率/%	受力区域	试件数	备注
MF-0	0	负弯矩区	1	开裂情况
MF-5	5	负弯矩区	1	
MF-7.5	7.5	负弯矩区	1	
MF-10	10	负弯矩区	1	

2. 试件制作

制作钢-混凝土组合梁试件时，根据试件尺寸设计在钢厂中精准下料，先在钢梁对应位置焊接横隔板，然后将栓钉焊接于钢梁对应位置（图 6.4-6）。

将跨中截面腹板上的应变片（图 6.4-7）贴好，这样后续涂防水漆时可以顺便保护这部分应变片。为避免梁体加载过程中失稳侧倾，在支座中心线加焊钢板（图 6.4-8）以扩大底座。

图 6.4-6　组合梁钢梁部分　　　图 6.4-7　跨中截面应变片　　图 6.4-8　支座加强

在钢梁表面涂刷防水金属漆，待 24h 后金属漆干透，再重复涂刷一次，之后刮去涂刷过程中不小心粘到栓钉上的防水漆。如图 6.4-9 所示。

图 6.4-9　防水漆涂层

在实验室存梁区拼装木模板（图 6.4-10），拼装完成后从每根栓钉根部引出腐蚀用导线（图 6.4-11）。混凝土浇筑前先制作钢筋笼，绑扎完成后在顶层纵筋中间位置粘贴应变片，然后在模板内侧及钢梁上表面刷油。使用预制混凝土垫块在模板中定位钢筋笼；浇筑混凝土并振捣密实（图 6.4-12）；试件浇筑 24h 后，拆掉模板（图 6.4-13），在试件表面洒水并铺塑料薄膜（图 6.4-14），在薄膜上扎孔以便于后续保水养护。

图 6.4-10　模板拼装　　　　　　　　图 6.4-11　腐蚀用导线

图 6.4-12　混凝土浇筑

图 6.4-13　脱模　　　　　　　　　　图 6.4-14　洒水养护

3. 试件锈蚀方法

钢-混凝土组合梁锈蚀原理与前文相同，相应的加速锈蚀试验设计如图 6.4-15 所示。根据试验参数，设置 0、5%、7.5%、10%共 4 种锈蚀工况，锈蚀电流强度为 26mA，达到目标锈蚀率所需的时间如表 6.4-2 所示。

试件锈蚀时间　　　　　　　　　　　　　　表 6.4-2

试件编号	MF-0	MF-5	MF-7.5	MF-10
目标锈蚀率/%	0	5	7.5	10
锈蚀时间/d	0	7.69	11.54	15.38

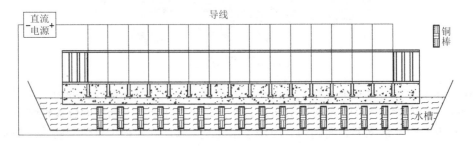

图 6.4-15　组合梁锈蚀示意图

试件 28d 养护完成后，搭建帆布水槽，在底部垫上木条，然后将试件倒扣放置于浓度为 5% 的 NaCl 溶液中，调整液面低于钢梁顶面 1cm 位置，浸泡 5d，保证混凝土孔隙中 NaCl 溶液处于饱和状态。如图 6.4-16 所示。

图 6.4-16　组合梁锈蚀现场

试验完成后，从试件中取出栓钉，清洗并测量质量，可以看到锈蚀后的栓钉表面有一层均匀的锈蚀层，最终栓钉的实际锈蚀率与目标锈蚀率的偏差如表 6.4-3 所示，偏差均在 5% 以内。

栓钉锈蚀率偏差　　　　　　　　　　　　　　　　表 6.4-3

试件编号	MF-0	MF-5	MF-7.5	MF-10
目标锈蚀率/%	0	5	7.5	10
实际锈蚀率/%	0	4.81	7.17	9.54
偏差（%）	0	3.8	4.4	4.6

4. 试验加载系统

使用图 6.4-17 所示的加载系统进行四点弯曲试验，从上往下依次为压力机机头、加载点垫块、试验梁、滚轴支座、承载梁、承台及底部千斤顶。在组合梁一侧支座上放置四氟乙烯板模拟活动铰支座。加载点垫块设置于梁三等分横隔板处，即纯弯段长度为 660mm。

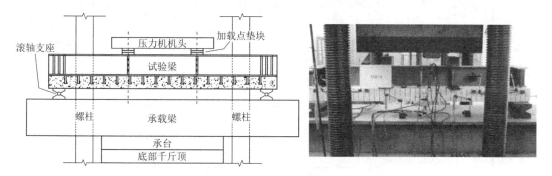

图 6.4-17　试件加载系统

5. 试验测试系统及测点布置

本试验需要测量的内容包括千斤顶荷载、梁体跨中及三等分点处挠度、钢-混凝土界面纵向相对滑移量以及跨中截面混凝土和钢梁的应变分布。其中，千斤顶荷载通过事先标定好的力传感器实时监测；梁体跨中挠度及钢-混凝土界面纵向相对滑移量通过 LVDT 位移传感器测量（图 6.4-18）。挠度测点分别为跨中及三等分横隔板处的梁横向中心，从左往右分别记为 W1、W2、W3；滑移测点为组合梁一侧的支座处及四等分点，从左往右分别记为 S1～S5，在混凝土板待测截面位置粘贴角钢作为位移计测头的测量面。位移计通过磁力表座安装在钢梁上，需要注意的是，为保证所测的数据为同一截面的滑移，磁力表座需粘贴在钢梁上与测点同一竖直截面的位置。

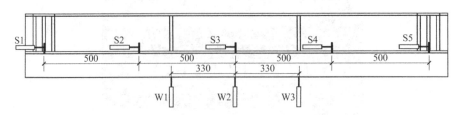

图 6.4-18　梁体位移测点布置（单位：mm）

为了测量试件在弯矩作用下混凝土桥面板、钢梁及钢筋的应变，着重关注跨中截面的应变变化。如图 6.4-19 所示，混凝土板跨中截面两侧沿高度方向各均匀布置 2 个横向应变片，间距为 40mm；顶面沿横梁方向均匀布置 6 个横向应变片，间距为 50mm。钢梁腹板跨中截面两侧沿高度方向各均匀布置 4 个横向应变片，间距为 40mm；下翼缘沿横梁方向均匀布置 2 个横向应变片，间距为 40mm；在顶层钢筋网 4 根纵筋的中心各布置一个应变片。如图 6.4-20 所示。其中，混凝土应变片采用 BX120-50AA 型号，钢应变片采用 BX120-5AA 型号。

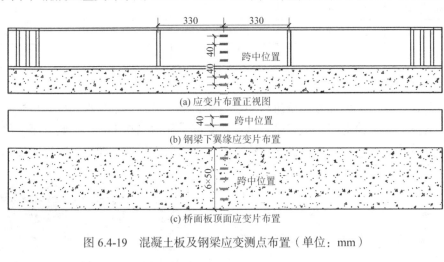

(a) 应变片布置正视图

(b) 钢梁下翼缘应变片布置

(c) 桥面板顶面应变片布置

图 6.4-19　混凝土板及钢梁应变测点布置（单位：mm）

图 6.4-20　纵筋应变测点布置图

6.4.2　盐雾环境下钢-混凝土组合梁试验结果

1.试验现象及试件破坏模式

1）试验现象

为研究盐雾环境下钢-混凝土组合梁负弯矩区开裂极限荷载，试件加载如图 6.4-21 所示。在荷载为 50～80kN 时，混凝土板侧面在加载点位置出现竖向微裂缝，并在表面快速竖向发展，此时混凝土顶板的横向裂缝也开始同步出现，从侧面位置的裂缝开始发展；荷载达到 300kN 左右时，梁体出现肉眼可见的弯曲下挠，期间钢-混凝土界面破坏较为剧烈，跨中截面也开始出现侧面的裂缝并在混凝土顶板横向发展，此时加载点处的裂缝已超过 0.2mm；荷载达到 400kN 时，跨中挠度发展迅速，过程中持续伴随开裂的声响，此时混凝土早已退出工作，梁体钢筋受拉、钢梁受压、栓钉受剪，之后钢筋、钢梁和栓钉逐渐快速屈服，由于混凝土的握裹力及栓钉的抗剪性能，钢筋并未达到极限伸长率而拉断；梁在荷载达到 450kN 左右时完全破坏，加载点处的裂缝全截面贯通，荷载跌落后缓慢降低，抗弯刚度陡降。最终缓慢卸载，梁体挠度回复约 10mm，栓钉未剪断，钢-混凝土界面滑移明显，裂缝主要分布于纯弯段内，支座处出现弯剪斜裂缝。

图 6.4-21　盐雾环境下组合梁试件加载

试件的荷载-挠度曲线如图 6.4-22～图 6.4-25 所示。

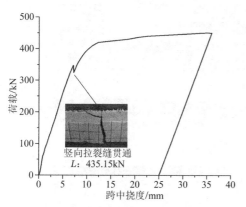

图 6.4-22　试件 MF-0 荷载-挠度曲线

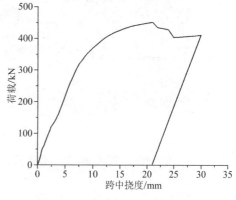

图 6.4-23　试件 MF-5 荷载-挠度曲线

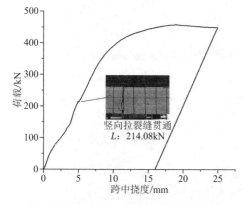

图 6.4-24　试件 MF-7.5 荷载-挠度曲线

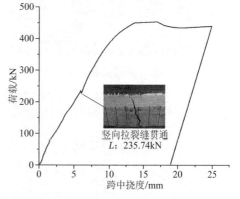

图 6.4-25　试件 MF-10 荷载-挠度曲线

试件的抗弯强度统计如表 6.4-4 所示。

组合梁试件抗弯强度统计　　　　　　　　　表 6.4-4

试件	初始抗弯刚度/ （kN/mm）	开裂荷载/kN	裂缝贯通荷载/kN	峰值荷载/kN	峰值荷载对应挠度 /mm	最终挠度/mm
MF-0	72.73	60.74	347.38	450.28	35	25
MF-5	62.79	54.3	—	451.72	21.015	21
MF-7.5	58.91	43.4	214.08	457.77	19.007	16
MF-10	52.7	30.1	235.74	453.89	17.0	19

2）试件破坏模式

负弯矩区加载的试件破坏后，混凝土板顶面及侧面两个加载点之间较为均匀地分布着竖向裂缝（图 6.4-26），加载点处的裂缝全截面贯通（图 6.4-27），支座附近也有弯剪斜裂缝，但为加载后期出现，远远迟于跨中竖向裂缝出现和贯通的时间，梁端钢-混凝土界面的滑移较小，肉眼轻易不可见，但混凝土板下缘的裂缝均为斜向裂缝（图 6.4-28），经分析为混凝土板顶面受拉且内部受栓钉约束而产生鱼骨状斜裂缝，最终混凝土板全截面开裂（图 6.4-29、图 6.4-30），钢筋屈服但未被拉断，钢梁上翼缘受压屈服。因此，负弯矩区加载试件的破坏模式为：混凝土板受拉破坏＋钢梁受压屈服＋加载点栓钉受剪屈服。

图 6.4-26　试件竖向裂缝

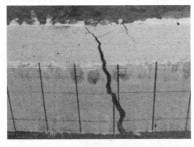

图 6.4-27　加载点混凝土板裂缝贯通

图 6.4-28　混凝土板下缘斜裂缝

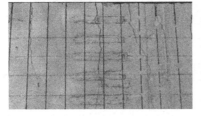

图 6.4-29　跨中顶面裂缝

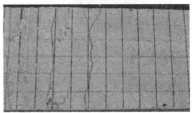

图 6.4-30　加载点顶面裂缝

2. 极限承载力

钢-混凝土组合结构在负弯矩作用下达到极限状态时，混凝土板受拉开裂丧失工作性能，钢筋受拉屈服，组合梁截面中性轴位置稳定且钢梁的受拉、受压区均处于屈服状态，此时中性轴处于钢梁内部，当截面形式满足式(6.4-1)、式(6.4-2)的条件时，组合梁负弯矩区的极限受弯承载力可采用塑性设计方法计算[21]。

下翼缘：
$$\frac{b}{t} \leqslant 8\sqrt{\frac{345}{f_y}} \tag{6.4-1}$$

腹板：
$$\frac{h_0}{t_w} \leqslant \frac{376}{13\alpha - 1}\sqrt{\frac{345}{f_y}} \quad (\alpha > 0.5) \tag{6.4-2}$$

式中，b 为钢梁腹板到同侧翼缘边缘距离（mm）；t 为钢梁翼缘厚度（mm）；f_y 为钢材屈服强度（MPa）；h_0 为钢梁腹板高度（mm）；α 为钢梁受压高度比例系数，按 $\alpha = \frac{A_{sc} - A_{sb}}{h_0 t_w}$，$A_{sc} = \frac{A_s f_d + A_r f_{sd}}{2f_d}$ 计算，A_{sc}、A_{sb}、A_s、A_r 分别为钢梁受压区、下翼缘、全截面面积及纵筋面积，f_d、f_{sd} 分别为钢材和钢筋的抗拉强度设计值。

组合梁负弯矩正截面的受力状态如图 6.4-31 所示，经计算，钢梁受压区面积 A_{sc} 为 2136.5mm²，受压区高度为 113.4mm，受压区与受拉区截面形心距离 y_0 为 148.5mm，上、下层钢筋形心到受压区截面形心距离 y_1、y_2 分别为 188.6mm 和 128.6mm，钢梁受压高度比例系数 α 为 0.576，$\frac{b}{t} = 3.857 \leqslant 8\sqrt{\frac{345}{f_y}} = 7.44$，$\frac{h_0}{t_w} = 19.55 \leqslant \frac{376}{13\alpha - 1}\sqrt{\frac{345}{f_y}} = 53.91$，满足第一类截面的截面类型要求，因此，采用塑性设计方法计算极限受弯承载力。

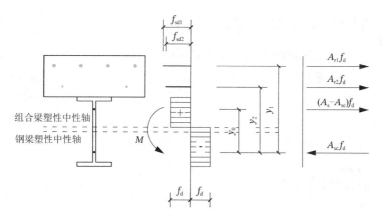

图 6.4-31　组合梁负弯矩正截面受力状态

根据规范[21]，计算钢-混凝土组合梁极限承载力需考虑界面滑移效应的作用，引入滑移效应折减拟合系数 k（取 0.96），得到负弯矩作用下极限受弯承载力为：$M = k(M_s + \sum M_r) = 151.56$kN·m，对应的竖向压力为 434.32kN，与试验值差距在 3.5% 左右，各试件极限受弯承载力均稳定在 450kN 左右，说明钢梁未发生明显的锈蚀。同时，证明使用栓钉作为剪力连接件的钢-混凝土组合梁在负弯矩作用下的极限受弯承载力由钢梁、受拉钢筋控制，与栓钉关系不大。但在工程中，钢-混凝土界面滑移效应与剪力连接程度有关，栓钉锈蚀后受剪截面减小，相应的剪力传递效果降差，对于完全抗剪连接的设计而言，很有可能达不到完全抗剪连接的效果，因此对于栓钉锈蚀的组合梁，滑移效应折减拟合系数k不可以简单地取0.96，在按式(6.4-3)、式(6.4-4)计算k时应按式(6.4-5)计算N_V^c[21]。

$$k = 1 - 0.048e^{-0.43r} \tag{6.4-3}$$

$$r = \frac{n_r N_V^c}{\min(A_c f_{cd}, A_s f_d)} \tag{6.4-4}$$

$$N_V^c = 0.29\lambda\alpha d^2 \sqrt{E_c f_{ck}} \leqslant 0.8\lambda A_s f_u \tag{6.4-5}$$

3. 钢-混凝土组合梁中性轴变化分析

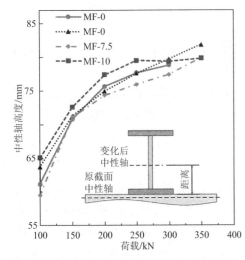

图 6.4-32　中性轴位置随荷载的变化

图 6.4-32 所示为中性轴位置随荷载的变化趋势，可以看出，随着荷载的增加，每个试件的中性轴不断向上移动。同时，在相同荷载下，中性轴的位置随锈蚀速率的增加而增大。当锈蚀速率上升时，中性轴的变化速率也随之增加，其原因在于栓钉提供界面粘结力因锈蚀而降低，界面性能劣化，导致钢与混凝土的协同工作性能下降。裂缝的出现和发展使组合梁的整体力学性能进一步劣化。

综上可知，简支梁受负弯矩作用下，混凝土开裂前梁体正截面的应力分布满足平截面假定，开裂后混凝土退出工作，钢梁在未屈服前自身也满足平截面假定；栓钉的锈蚀使得梁抗弯性能退化加速，塑性发展得更快，中性轴上移的速度随锈蚀率增大而加快；中性轴的最终位置与塑性方法计算极限承载力的塑性中和轴的位置基本相同。

6.4.3　盐雾环境下钢-混凝土组合梁刚度理论

一般情况下，负弯矩区域的等效刚度可采用挠度计算间接得到。钢-混凝土组合梁的挠度w主要包括基于转换截面法计算的弹性挠度w_f和基于滑移理论计算的附加挠度Δw，如式(6.4-6)所示。本节采用换算截面法计算组合梁的弹性挠度，并考虑受拉刚化效应的影响；然后计算两点加载的钢-混凝土组合梁的滑移，以及准确的附加挠度；在此基础上，考虑栓钉腐蚀的影响，给出负弯矩作用下钢-混凝土组合梁的计算式。

$$w = w_f + \Delta w \tag{6.4-6}$$

1. 组合梁带裂缝时的刚度

1）弹性挠度

对于弹性挠度，可以将钢和混凝土换算成同一材料（如混凝土）进行计算。对于两点对称加载的梁，弹性挠度w_f为

$$w_f = \frac{P(L/2-b)}{12E_s I_{eq}}\left[2(L/2-b)^2 + 3b(L-b)\right] \tag{6.4-7}$$

式中，P为集中荷载；b为两个集中力之间的距离；L为梁的有效跨度；E_s为钢梁的弹性模量；I_{eq}为考虑混凝土裂缝发展的组合梁的有效惯性矩。混凝土发生初始裂缝后，虽然裂缝段混凝土对承载力没有贡献，但混凝土的存在降低了裂缝间钢筋的应力，平均应变小于裂缝段应变，从而产生受拉刚化效应。在正常使用阶段，受拉刚化效应对挠度的影响不可

忽视。采用美国 ACI 318 建议的有效惯性矩计算式如下：

$$I_{eq} = \left(\frac{M_{cr}}{M}\right)^3 I_0 + \left[1 - \left(\frac{M_{cr}}{M}\right)^3\right] I_{cr} \leqslant I_0 \qquad (6.4\text{-}8)$$

式中，I_0 为混凝土开裂前全连接组合梁与重心轴的转换截面惯性矩；I_{cr} 为混凝土开裂后钢梁与钢筋组合的换算截面的有效惯性矩；M 为荷载作用下的截面弯矩；M_{cr} 为开裂弯矩。

2）附加挠度

钢-混凝土界面滑移是导致组合梁附加挠度增大的主要因素。为了计算附加挠度，应获得准确的界面滑移值。在组合梁界面滑移计算中，一般忽略钢筋与混凝土之间的粘结滑移，只需要考虑钢-混凝土界面滑移效应的影响。为了得到负弯矩区域界面滑移的计算公式，做以下基本假设：

（1）钢-混凝土界面处剪力沿梁长均匀连续，与界面滑移成正比。

（2）同一截面的钢梁与混凝土板的曲率相同，满足平截面假设。

（3）不考虑混凝土的拉伸性能和钢筋的剪切性能，其余材料假定为线弹性。

钢-混凝土界面滑移可根据上述假设进行估算。组合梁负弯矩区微段荷载与变形如图 6.4-33 所示。可得负弯矩作用下钢-混凝土界面滑移为

$$s = \frac{\beta P}{\alpha^2} \left(\frac{e^{\alpha x - \alpha L} + e^{-\alpha x} - e^{-\alpha L} - e^{-\frac{1}{2}\alpha b}}{e^{-\alpha L} + e^{-\frac{1}{2}\alpha b}} \right) \qquad (6.4\text{-}9)$$

其中

$$\alpha^2 = \frac{K}{p E_s} \left(\frac{d_c^2}{I_s} + \frac{1}{A_s} + \frac{1}{A_r} \right) \qquad (6.4\text{-}10)$$

$$\beta = -\frac{d_c}{2 E_s I_s} \qquad (6.4\text{-}11)$$

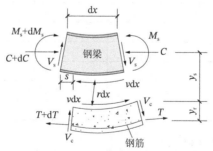

V_c、V_s—分别为混凝土微段和钢梁微段的垂直剪力；T、C—分别为钢梁和钢筋的轴向力；M_s—钢梁所承载的弯矩；y_r、y_s—分别为钢筋质心、钢梁质心到钢-混凝土界面的距离；v—沿钢-混凝土界面纵向均匀分布的剪力；r—单位长度下钢-混凝土界面处的压力

图 6.4-33　微段荷载与变形

式中，P 为加载合力；B 为两个集中力之间的距离；X 为计算点到梁跨中截面的距离；K、p 分别为栓钉头剪力刚度和栓钉头间距；A_s 和 A_r 分别为钢梁和钢筋的横截面面积；I_0 为钢梁截面的转动惯量。则由界面滑移的理论值可得到跨中截面的附加挠度为

$$\Delta w = \frac{\beta P (e^{-\alpha L} - 1)}{\alpha^3 h \left(e^{-\alpha L} + e^{-\frac{1}{2}\alpha b} \right)} \qquad (6.4\text{-}12)$$

3）刚度折减系数

计算由滑移引起的附加挠度和由换算截面估计的弹性挠度，可得负弯矩作用下组合梁的总挠度为

$$w = w_f + \xi w_f = (1 + \xi)w_f \tag{6.4-13}$$

式中，ξ 为刚度修正系数。总挠度是弹性挠度和附加挠度的总和，附加挠度是弹性挠度的折减。修正系数 ξ 可由下式计算：

$$\xi = \eta \cdot \frac{1 - e^{\alpha L}}{\alpha^3 (1 + e^{\alpha(L - b/2)})} \tag{6.4-14}$$

其中

$$\eta = \frac{12\beta E_s I_{eq}}{h[2 \cdot \left(\dfrac{L}{2} - b\right)^3 + 3b \cdot \left(\dfrac{L}{2} - b\right)(L - b)]} \tag{6.4-15}$$

η 仅与几何尺寸相关，考虑到混凝土板裂缝发展的组合梁等效抗弯刚度 B 可由式(6.4-16)计算。在此基础上，可以通过折减刚度修正系数 ξ 来评估锈蚀螺柱的影响。

$$B = \frac{E_s I_{eq}}{(1 + \xi)} \tag{6.4-16}$$

为验证刚度修正系数的有效性，由式(6.4-13)计算的挠度值和本次试验中未腐蚀试件的挠度值见表 6.4-5。很明显，在上述荷载范围内，用有效刚度计算的混凝土裂缝发展过程中挠度计算值与试验值吻合较好。但试验结果表明，螺栓的锈蚀会进一步降低组合梁的刚度，试件 MF-10（锈蚀率 9.54%）在 50kN 荷载作用下跨中挠度为 0.93mm，与 0.58mm 的计算值相比偏差超过 60%。因此，有必要在此基础上考虑螺栓锈蚀的影响。

组合梁挠度 表 6.4-5

荷载/kN	试验值（试件 MF-0）/mm	计算值/mm	试验值/计算值
50	0.64	0.58	1.11
100	1.60	1.57	1.02
150	2.67	2.69	0.99
200	3.74	3.74	1.00
250	4.74	4.74	1.00
300	5.87	5.73	1.02

4）负弯矩作用下的界面滑移

在一个栓钉间距范围内的组合梁段中，钢-混凝土界面可以表示为栓钉的刚度 K 与滑移量 s 的乘积，也可以表示为均布剪力 ν 与栓钉间距 p 的乘积，即

$$p\nu = Ks \tag{6.4-17}$$

式中，K 为栓钉的抗剪刚度。由于微段水平方向合力为 0，可得

$$\begin{cases} \mathrm{d}T = -\nu\,\mathrm{d}x \\ \mathrm{d}C = -\nu\,\mathrm{d}x \end{cases} \tag{6.4-18}$$

分别对混凝土板和钢梁右侧形心取矩可得

混凝土板：

$$V_c\,\mathrm{d}x - \frac{1}{2}r\,\mathrm{d}x^2 = \nu y_r\,\mathrm{d}x \tag{6.4-19}$$

钢梁：

$$dM_s + V_s\,dx = \nu y_s\,dx - \frac{1}{2}r\,dx^2 \tag{6.4-20}$$

两式相加得

$$dM_s + (V_s + V_c)\,dx = d_c\nu\,dx \tag{6.4-21}$$

根据前文"2）附加挠度"第（2）项假设，钢梁和混凝土板协同变形，二者在同一截面上曲率相等，则有

$$M_s = \phi EI_s \tag{6.4-22}$$

式中，E、I_s 分别为钢梁的弹性模量与截面惯性矩。所以钢梁与钢筋之间的滑移应变即钢梁与混凝土之间的滑移应变（忽略混凝土与钢筋间的滑移）为二者各自的滑移应变扣除受拉应变后的应变之和，即

$$\varepsilon = s' = \phi y_s - \frac{T}{EA_s} + \phi y_r - \frac{T}{EA_r} = \phi d_c - \left(\frac{T}{EA_s} + \frac{T}{EA_r}\right) \tag{6.4-23}$$

对式(6.4-23)求导，得

$$s'' = d_c\frac{d\phi}{dx} - \frac{dT}{dx}\left(\frac{1}{EA_s} + \frac{1}{EA_r}\right) \tag{6.4-24}$$

将式(6.4-22)代入式(6.4-21)，将式(6.4-17)代入式(6.4-18)，可得

$$\frac{d\phi}{dx} = \frac{Ksd_c}{pEI_s} - \frac{V_s + V_c}{EI_s} \tag{6.4-25}$$

$$\frac{dT}{dx} = -\nu = -\frac{Ks}{p} \tag{6.4-26}$$

将式(6.4-25)、式(6.4-26)代入式(6.4-24)并整理得

$$s = \frac{\beta P}{\alpha^2}\left(\frac{e^{\alpha x - \alpha L} + e^{-\alpha x} - e^{-\alpha L} - e^{-\frac{1}{2}\alpha b}}{e^{-\alpha L} + e^{-\frac{1}{2}\alpha b}}\right) \tag{6.4-27}$$

式中各参数的含义见前文。

5）附加挠度表达式的推导

对滑移函数求导，可得滑移应变表达式为

$$\varepsilon = \frac{\beta P}{\alpha}\left(\frac{e^{\alpha x - \alpha L} - e^{-\alpha x}}{e^{-\alpha L} + e^{-\frac{1}{2}\alpha b}}\right) \tag{6.4-28}$$

因此，由滑移引起的附加曲率可表示为 $\Delta\phi = \varepsilon/h$，$h$ 为钢梁形心到钢梁顶端的距离。附加曲率沿梁长积分，并根据边界条件：$x = 0$ 时，$\theta(0) = 0$（跨中转角为 0），可得附加转角为

$$\Delta\theta = \frac{\beta P}{\alpha^2 h}\left(\frac{e^{\alpha x - \alpha L} + e^{-\alpha x} - e^{-\alpha L} - 1}{e^{-\alpha L} + e^{-\frac{1}{2}\alpha b}}\right) \tag{6.4-29}$$

将附加转角沿梁长积分，并根据边界条件：$x = L/2$ 时，$\Delta w = 0$（梁端挠度为 0），可得跨中附加挠度为：

$$\Delta w = \frac{\beta P(e^{-\alpha L} - 1)}{\alpha^3 h\left(e^{-\alpha L} + e^{-\frac{1}{2}\alpha b}\right)} \tag{6.4-30}$$

2. 锈蚀后的刚度修正

1）锈蚀栓钉刚度

本小节讨论栓钉锈蚀对组合梁刚度影响的机理，并提出考虑栓钉锈蚀影响的方法。根据试验结果，锈蚀会降低栓钉的抗剪刚度。栓钉刚度减小，钢–混凝土界面滑移增大，导致附加挠度增大，最终表现为钢梁与混凝土板组合作用减小，组合梁刚度减小。研究结果表明，栓钉锈蚀后组合梁刚度降低的原因与钢筋锈蚀后钢筋混凝土梁承载能力降低的原因相似（图 6.4-34），主要包括以下几点：

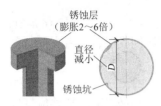

图 6.4-34　锈蚀机理

（1）锈蚀会使横截面面积减小，导致栓钉的剪切刚度降低。

（2）锈蚀会在栓钉表面产生铁锈坑，更容易引起应力集中。

（3）锈蚀会在栓钉表面产生松散的氧化物，体积会膨胀 2～6 倍，导致栓钉周围混凝土开裂损坏，而松散产物会影响螺柱与混凝土的协同性能。

从锈蚀机理出发确定锈蚀对组合梁刚度的影响，重点研究锈蚀对螺柱面积的减小和混凝土板–钢梁协同工作性能的降低两个因素。由于主要研究组合梁在正常使用阶段的刚度计算，因此忽略了锈蚀引起的应力集中而导致栓钉承载力降低的问题。考虑锈蚀影响，对栓钉刚度进行折减，其影响系数 λ_c 计算式为

$$\lambda_c = X_c Y_c \tag{6.4-31}$$

式中，$X_c = (1 - c)$，为有效面积系数；$Y_c = e^{\gamma\sqrt{c}}$，为协同工作系数，γ 为待定系数；c 为锈蚀速率。锈蚀栓钉的抗剪刚度为

$$K_c = \lambda_c K_0 = (1 - c) \times e^{\gamma\sqrt{c}} \times K_0 \tag{6.4-32}$$

为确定 γ 系数，减小单个试验值的误差，将理论值与混凝土开裂阶段到塑性阶段组合梁试件的平均挠度试验值进行拟合，其中荷载范围为 50～350kN，取平均荷载 200kN，拟合如图 6.4-35 所示，确定系数为 $\gamma = -1.35$。考虑栓钉锈蚀的组合梁刚度修正系数 ξ_c 可表示为

$$\xi_c = \eta \times \frac{1 - e^{\sqrt{\lambda_c}\alpha L}}{\lambda_c^{1.5}\alpha^3\left(1 + e^{\sqrt{\lambda_c}\alpha(L - b/2)}\right)} \tag{6.4-33}$$

因此，考虑栓钉锈蚀的钢–混凝土组合梁在负弯矩区域的抗弯刚度计算式为

$$B_c = \frac{E_s I_{eq}}{(1 + \xi_c)} \tag{6.4-34}$$

2）理论验证

本小节通过相关文献中锈蚀栓钉的钢–混凝土组合梁跨中挠度试验结果验证式(6.4-34)的准确性，计算式所需的截面尺寸和材料强度与文献一致。得到不同锈蚀率下跨中截面荷载-挠度曲线对比如图 6.4-36 所示。

考虑混凝土开裂和栓钉锈蚀，不同荷载和不同锈蚀速率下的挠度计算值与试验值对比见表 6.4-6。可以看出，计算得到的挠度值与试验值吻合较好，表明该方法能有效预测锈蚀栓钉负弯矩区钢–混凝土组合梁的挠度。在低荷载水平下，混凝土开裂和栓钉锈蚀计算值均明显大于试验值，说明在开裂荷载无法确定的情况下，上述考虑锈蚀的计算方法在一定程度上是安全的。荷载达到140kN后，挠度试验值明显高于计算值，分析是由于钢梁腐蚀明显所致。

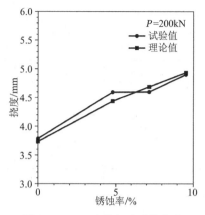

图 6.4-35　理论值与试验值拟合

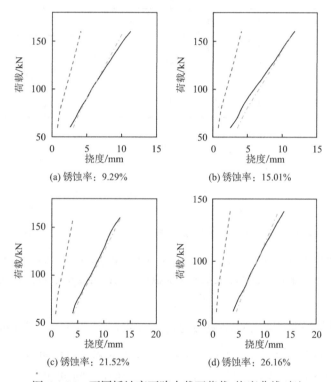

(a) 锈蚀率: 9.29%　　　　　　(b) 锈蚀率: 15.01%

(c) 锈蚀率: 21.52%　　　　　　(d) 锈蚀率: 26.16%

图 6.4-36　不同锈蚀率下跨中截面荷载-挠度曲线对比

注: ——— 试验值;

　　— - — 考虑开裂及锈蚀的计算值;

　　— — — 仅考虑开裂的计算值。

挠度计算值与试验值对比　　　　　　　　　　表 6.4-6

荷载/kN	对比项	挠度/mm			
		锈蚀率 9.29%	锈蚀率 15.01%	锈蚀率 21.52%	锈蚀率 26.15%
60	计算值	3.06	3.56	4.20	4.71
	试验值	2.47	2.61	3.94	4.02

荷载/kN	对比项	挠度/mm			
		锈蚀率 9.29%	锈蚀率 15.01%	锈蚀率 21.52%	锈蚀率 26.15%
80	计算值	4.25	4.92	5.76	6.44
	试验值	4.09	4.14	5.54	6.24
100	计算值	5.76	6.59	7.65	8.50
	试验值	5.66	5.98	7.45	8.49
120	计算值	7.26	8.27	9.53	10.55
	试验值	7.44	7.96	9.20	10.97
140	计算值	8.74	9.91	11.38	12.57
	试验值	9.22	9.81	10.83	13.67
160	计算值	10.17	11.51	13.20	—
	试验值	11.17	11.84	13.05	—

参考文献

[1] 徐沛. 通电、干湿及盐雾条件下钢筋混凝土锈胀细观试验研究[D]. 深圳: 深圳大学, 2017.

[2] KÖLIÖ A, HONKANEN M, LAHDENSIVU J, et al. Corrosion products of carbonation induced corrosion in existing reinforced concrete facades [J]. Cement and concrete research, 2015, (78): 200-207.

[3] 孙杨. 电加速腐蚀钢混构件粘结性能退化机理和规律[D]. 哈尔滨: 哈尔滨工业大学, 2018.

[4] DONG B, FANG G, LIU Y, et al. Monitoring reinforcement corrosion and corrosion-induced cracking by X-ray microcomputed tomography method[J]. Cement and concrete research, 2017, 100: 311-321.

[5] VIDAL T, CASTEL A, FRANCOIS R. Analyzing crack width to predict corrosion in reinforced concrete[J]. Cement & concrete research, 2004, 34(1): 165-174.

[6] AUYEUNG Y, BALAGURU P, CHUNG L. Bond behavior of corroded reinforcement bars[J]. Materials journal, 2000, 97(2): 214-220.

[7] PAPADOPOULOS M P, APOSTOLOPOULOS C A, ZERVAKI A D, et al. Corrosion of exposed rebars, associated mechanical degradation and correlation with accelerated corrosion tests[J]. Construction & building materials, 2011, 25(8): 3367-3374.

[8] JANG J B, SUH Y P. The experimental investigation of a crack's influence on the concrete

breakout strength of a cast-in-place anchor[J]. Nuclear engineering & design, 2006, 236(9): 948-953.

[9] 龚匡晖. 氯离子作用下钢-混凝土组合梁的耐久性研究[D]. 长沙: 中南大学, 2009.

[10] CLARK L A, SAIFULLAH M. Effect of corrosion on reinforcement bond strength[C]//Structural Faults and Repair, V.3, M. Forde, ed. Proc., 5th Int. Conf. ENGINEERING TECHNICAL PRESS, 1993: 113-119.

[11] 住房和城乡建设部. 钢结构设计标准: GB 50017—2017[S]. 北京: 中国建筑工业出版社, 2017.

[12] 日本道路协会. 道路桥示方书[M]. 东京: 丸善株式会社, 2001.

[13] European Committee for Standardization. Eurocode 4: Design of composite steel and concrete structures: general rules and rules for buildings[S]. European Commission, 2005.

[14] WANG Y C. Deflection of steel-concrete composite beams with partial shear interaction[J]. Journal of structure engineering, 1998, 124(10): 1159-1165.

[15] HANSWILLE G, PORSCH M, USTUNDAG C. Resistance of headed studs subjected to fatigue loading: Part I: Experimental study[J]. Journal of constructional steel research, 2007, 63(4): 475-484.

[16] SLUTTER R G, DRISCOLL G C. Flexural strength of steel-concrete composite beams[J]. Journal of the structural division, 1965, 91(2): 71-99.

[17] OLLGAARD J G, SLUTTER R G, FISHER J W. Shear strength of stud connectors in lightweight and normal weight concrete[J]. Engineering journal of AISC, 1971, 2(8): 55-64.

[18] American Association of State Highway and Transportation Officials. Bridge design specifications[S]. Washington D. C., AASHTO LRFD, 2012.

[19] 吴麟. 栓钉锈蚀钢-混凝土组合梁性能试验研究[D]. 杭州: 浙江大学, 2013.

[20] 石卫华. 考虑耐久性的钢-混凝土组合梁结构力学性能研究及可靠性分析[D]. 长沙: 中南大学, 2013.

[21] 住房和城乡建设部. 钢-混凝土组合桥梁设计规范: GB 50917—2013[S]. 北京: 中国计划出版社, 2013.